Manual de

INVESTIGAÇÃO CIBERNÉTICA

Alesandro Gonçalves Barreto
Beatriz Silveira Brasil

Manual de INVESTIGAÇÃO CIBERNÉTICA à luz do Marco Civil da Internet

BRASPORT

Editor: Sergio Martins de Oliveira
Diretora: Rosa Maria Oliveira de Queiroz
Gerente de Produção Editorial: Marina dos Anjos Martins de Oliveira
Revisão e copidesque: Camila Britto da Silva
Editoração Eletrônica: Abreu's System
Capa: Use Design

B273m Barreto, Alesandro Gonçalves
Manual de investigação cibernética à luz do Marco Civil da Internet / Alesandro Gonçalves Barreto; Beatriz Silveira Brasil – Rio de Janeiro: Brasport, 2016.

ISBN: 978-85-7452-805-2

1. Investigações Criminais 2. Crimes cibernéticos 3. Marco Civil da Internet. I. Brasil, Beatriz Silveira II. Título.

CDD: 005.8

Ficha Catalográfica elaborada por bibliotecário – CRB7 6355

BRASPORT Livros e Multimídia Ltda.
Rua Pardal Mallet, 23 — Tijuca
20270-280 Rio de Janeiro-RJ
Tels. Fax: (21)2568.1415/2568.1507
e-mails: marketing@brasport.com.br
vendas@brasport.com.br
editorial@brasport.com.br

www.brasport.com.br

Filial SP
Av. Paulista, 807 — conj. 915
01311-100 São Paulo-SP

À minha esposa Vanubia, pelo amor de outrora e de sempre. Você é muito especial e dá sentido à minha vida.

Às minhas filhas Karolinne e Camila, pela inspiração e incentivo.

Aos meus pais, Francisco e Graça (*in memoriam*), pela orientação para o melhor caminho.

Alesandro

Dedico este trabalho aos meus pais, que me ensinaram, com seus exemplos de vida, a lutar por meus objetivos, de forma incansável, sem perder a delicadeza, a honestidade e a mim mesma. Aos meus sogros e irmãos, pelo apoio incondicional. Ao Antonio Júnior, irmão de sangue e de alma.

Ao meu marido, Marcos Brasil, meu grande companheiro, que, com as bênçãos divinas, me sustenta em todas as provas da vida, que me ensina, todos os dias, o sentido do amor verdadeiro, compartilhando comigo dificuldades, esperança, força e alegrias.

Às minhas princesinhas, que também são minhas heroínas, que a cada dia me brindam com exemplos de amor, caridade, doçura e determinação. Ao meu filhinho, que veio para alegrar a nossa vida. À Mari e à Helô, que nos auxiliam na formação dos nossos filhos.

Dedico também ao Chicão, Durans, Ana Maria, Freitas, Alexandre, Italo, Alethea, Emerson, Karina, Roberto, Lucileno, Lúcio (*in memoriam*), Ronaldo, Leonardo, Francinaldo, Oziel, Alberto, Dani, Lima, Gaby, e a todos os meus amigos e colegas da Polícia Civil do Estado do Pará, que, mesmo com dificuldades, buscam prestar um serviço público de excelência, visando a preservação dos direitos humanos na internet e fora dela.

Beatriz

Agradecimentos

Aos integrantes do Núcleo de Inteligência da SSP-PI, companheiros de missão, especialmente aos amigos Venceslau Felipe, Everton Ferrer e Daniell Pires pela expertise na área. A elaboração desta obra não seria possível sem a colaboração e participação de todos vocês.

Ao meu amigo e eterno mestre Delegado Bonfim Filho, por seu empenho à nossa polícia e pelos ensinamentos a mim repassados.

Alesandro

Agradeço a todos os que contribuíram na formação desta obra, especialmente aos meus amigos da vida e aos policiais que lutaram, por tantos anos, dia a dia comigo, no enfrentamento a organizações criminosas, entre eles os DPCs Nilton Atayde, Rilmar Firmino, Raimundo Benassuly Jr., João Bosco Rodrigues Jr., Eugênia Andréa Andrade e Neyvaldo Silva, e a todos que compuseram a equipe da DRCT; ao meu orientador e à minha coorientadora, Edson Ramos e Silvia Almeida, e demais professores e colegas do Mestrado em Segurança Pública da UFPA; ao Dr. Thales Belo, que contribuiu na revisão de um dos temas do livro, bem como a todos os servidores da SEMAS; aos parceiros João Carlos Coelho, Henrique Jordão, Adilson Souza, José Gomes Fernandes e Mauro Luiz F. Silva e respectivas equipes, referências no combate às fraudes bancárias no Brasil; ao Prof. Eudes Mendonça; aos promotores e servidores da Promotoria de Justiça de Controle Externo da Atividade Policial de Belém e do GAECO, em especial aos Drs. Carlos Stilianidi Garcia, Alcenildo Silva e Milton Menezes Lobo, grandes parceiros nas operações; aos membros e servidores do TJ-PA, especialmente da 1ª Vara de Inquéritos Policiais da Comarca de Belém, onde destaco a Roseane Schowb e o Eduardo Chaves, de Combate a Organizações Criminosas, e da Escola Superior da Magistratura, especialmente à Dra. Luzia Nadja Nascimento, os quais sempre exerceram a sua função com maestria. Ao Dr. Ubiratan Cazetta, pelo inspirador exemplo jurídico e de ser humano. Aos amigos e incentivadores Dr. Clodomir Araújo, Dr. Miguel Vilhena (*in memoriam*), Dr. Altemar Paes e Capitão Davi Lopes. E ao Dr. Luiz Fernandes Rocha, grande expoente da segurança pública e do meio ambiente do Pará e do Brasil, brilhante chefe e grande amigo com que a vida me presenteou.

Beatriz

Prefácio

"Não perca a fé. Estou convencido de que a única coisa que me fez continuar foi que eu amava o que eu fazia. Você precisa encontrar o que você ama. E isso vale para o seu trabalho e para seus amores. Seu trabalho irá tomar uma grande parte da sua vida e o único meio de ficar satisfeito é fazer o que você acredita ser um grande trabalho. E o único meio de se fazer um grande trabalho é amando o que você faz. Caso você ainda não tenha encontrado (o seu grande trabalho ou seu amor), continue procurando. Não pare."

Steve Jobs no discurso de formatura na Universidade de Stanford em 2005

Atualmente, não conseguimos mais imaginar o mundo sem internet e sem os aplicativos de mídias sociais, que permeiam todas as relações sociais. E isso ocorreu há menos de dez anos, período no qual os hábitos da população se alteraram completamente, revelando uma dependência muito grande da internet para todas as atividades.

Mesmo as mentes mais privilegiadas não poderiam imaginar os avanços tecnológicos que se traduzem hoje em verdadeira revolução, a revolução cibernética, na qual as fronteiras são frágeis e as comunicações são instantâneas, mas os crimes multiplicaram-se em espécie e quantidade no meio virtual, sem que houvesse uma estrutura jurídica correspondente para a penalização das condutas criminosas praticadas na rede mundial de computadores. Isso exige um imenso esforço interpretativo da doutrina e da jurisprudência para preencher as lacunas existentes.

Por oportuno, esta obra explica os contornos da Lei nº 12.695/14, que estabeleceu o Marco Civil da Internet no Brasil e consistiu em uma iniciativa profícua com o fim de disciplinar matérias complexas e atuais.

Em meu modesto ponto de vista, a Lei nº 12.695/14 trouxe avanços quanto às questões principiológicas da utilização da internet, notadamente ao estabelecer "garantia da liberdade de expressão, comunicação e manifestação de pensamento" na internet e os direitos e garantias dos usuários.

Mas a norma jurídica deixou muito a desejar no que toca à responsabilidade criminal daqueles que infringirem as suas disposições. Poderia, de pronto, criminalizar certas condutas — sem ingressar no Direito Penal do Inimigo defendido por Günther Jackobs — daqueles que não obedecessem aos ditames legais ali estabelecidos.

O Direito Penal, por seu caráter fragmentário, pelo qual somente a violação dos interesses jurídicos mais relevantes para a sociedade deve ser criminalizada, não responde a todas transformações sociais de imediato. Assim, as condutas já tipificadas criminalmente devem ser adaptadas para o mundo virtual.

Assim, ressalto a maestria desta obra em esclarecer as circunstâncias dos crimes cibernéticos, incluindo os próprios e os impróprios, e culminando com uma doutrina brilhante acerca da tipificação das fraudes eletrônicas.

Quanto ao criminoso cibernético, por experiência na magistratura, destaco como principal característica a juventude, mesmo porque consentânea com a habilidade em manusear recursos tecnológicos, tudo ainda agravado pela sensação de não se sentir criminoso — pelo fato de não utilizar armas — e também porque, na maioria das vezes, pratica o crime na sala de sua casa, convivendo ali com familiares próximos.

Apenas ressalvo, por um ponto de vista particular, que os tribunais brasileiros ainda vacilam muito na correta tipificação das condutas criminosas no mundo cibernético, sem que haja uniformidade de entendimento. Tudo isso poderia ser equacionado por adequada criação de novos tipos penais diretamente ligados a delitos da área tecnológica.

De outra parte, o presente livro disserta muito bem sobre a preservação da evidência cibernética, a mais intrincada e nebulosa questão para as autoridades policiais e judiciais, tanto que não há hoje uniformidade sobre o tema. As evidências, ou provas, para o direito penal traduzem uma matéria imprescindível para uma escorreita prolação de uma sentença condenatória. Porém, como devem amparar uma análise subjetiva do juiz, revelam-se como um tema muito controverso.

A Lei nº 12.695/14 inovou sobremaneira ao possibilitar à autoridade policial e ao membro do MP fazer requerimentos cautelares para preservação dos registros de conexão e acessos às aplicações da internet, antes mesmo de qualquer decisão judicial.

Por outro viés, faz-se oportuno citar a recomendação da obra de que o atendimento personalizado às vítimas de cibercrimes fosse realizado em unidades policiais especializadas. Comungo de igual pensamento, somente realçando que o setor público de segurança deveria dar mais importância a essas unidades policiais, as quais poderiam centralizar todas as investigações de crimes tecnológicos, devendo serem dotadas de pessoal qualificado, e em número equivalente à demanda, e de modernos equipamentos tecnológicos de investigação.

Deve ser lembrado o aumento considerável na incidência desses crimes nas estatísticas policiais, às quais ainda deve ser acrescida a "cifra negra", que consiste naqueles crimes tecnológicos não reportados aos setores competentes. Além disso, em curto espaço de tempo, os crimes tecnológicos superarão as outras espécies de crime dadas a vulnerabilidade dos sistemas e a elevada exposição das pessoas em mídias sociais.

Por fim, ressalto a profundidade e atualidade da obra que muito me honrou prefaciar. Com certeza, tornar-se-á uma leitura obrigatória para juízes, delegados, promotores, assessores, advogados e a todos que pretendem entender os cibercrimes, sua investigação e todos os contornos policiais e jurídicos dessa atividade criminosa.

Retornando à frase inicial de Steve Jobs, registro que somente um imenso amor pelo trabalho pode justificar a elaboração desta obra, que resultou em uma profunda e exaustiva análise de temas tão atuais e polêmicos.

Antonio Carlos Almeida Campelo
Juiz Federal titular da 4ª Vara/PA, especializada em crimes contra o Sistema Financeiro Nacional e de Lavagem de Capitais no Pará

Sumário

Introdução

Com a revolução tecnológica, iniciada no Brasil nos anos 90, observa-se a redefinição global, especialmente possibilitada pelo uso da tecnologia da informação e do conhecimento, surgindo o ambiente virtual ou ciberespaço, onde são suprimidas as fronteiras, podendo-se atingir milhões de pessoas, em qualquer lugar do mundo e ao mesmo tempo.

A internet desponta como ferramenta importantíssima no cotidiano das pessoas, otimizando a distribuição de informações e conhecimentos, possibilitando que se gaste menos tempo em atividades rotineiras, aumentando os benefícios e diminuindo os custos.

No ambiente virtual, as pessoas podem se relacionar com outras, trabalhar, comprar, divertir-se, mas também podem vir a ser vítimas de diversos criminosos, cada vez mais especializados, sendo fundamental destacar que, quanto mais informações o usuário tiver acerca do uso seguro dos meios tecnológicos, menos vulnerável será na rede mundial de computadores, ressaltando-se que na própria internet é possível aprender como se precaver de fraudes, furtos de identidade, invasões de contas bancárias, clonagens de cartões, etc.

É importante ressaltar o posicionamento da Organização das Nações Unidas, ao reconhecer o exercício e a necessidade da proteção dos direitos humanos na internet, ressaltando que:

> The same rights that people have offline must also be protected online, in particular freedom of expression, which is applicable regardless of frontiers and through any media of one's choice, in accordance with article 19 of the Universal Declaration of Human Rights and the International Covenant on Civil and Political Rights.[1]

[1] United Nations. General Assembly. Revision of 30 June 2016.

Excelente trabalho é o realizado pelo Centro de Estudos, Resposta e Tratamento de Incidentes de Segurança no Brasil, CERT.br, que possui uma Cartilha de Segurança para Internet[2], a qual contém os seguintes capítulos:

- Segurança na internet.
- Golpes na internet.
- Ataques na internet.
- Códigos maliciosos.
- Spam.
- Outros riscos.
- Mecanismos de segurança.
- Contas e senhas.
- Criptografia.
- Uso seguro da internet.
- Privacidade.
- Segurança de computadores.
- Segurança de redes.
- Segurança em dispositivos móveis.
- Glossário.

O CERT.br também compila dados estatísticos acerca dos incidentes na internet que lhes são reportados, divulgando os resultados no site.

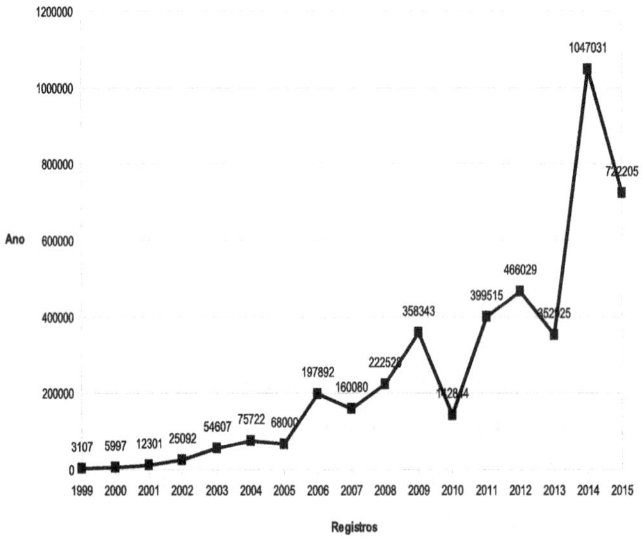

Figura 1. Adaptado de total de incidentes reportados ao CERT.br por ano (1999 a 2015)

No gráfico a seguir, referente aos incidentes reportados ao CERT.br no ano de 2015, observa-se que se destacam a ocorrência de *scams* (para a prática de outros crimes) e as fraudes.

---

2 http://cartilha.cert.br/.

Figura 2. Adaptado de incidentes reportados ao CERT.br — janeiro a dezembro de 2015

Para fins de melhor compreensão do gráfico, o CERT.br disponibiliza a seguinte legenda, no sítio www.cert.br[3]:

> ***Worm*:** notificações de atividades maliciosas relacionadas com o processo automatizado de propagação de códigos maliciosos na rede.
>
> **DoS (*Denial of Service*)**: notificações de ataques de negação de serviço, onde o atacante utiliza um computador ou um conjunto de computadores para tirar de operação um serviço, computador ou rede.
>
> **Invasão:** um ataque bem-sucedido que resulte no acesso não autorizado a um computador ou rede.
>
> ***Web*:** um caso particular de ataque visando especificamente o comprometimento de servidores *web* ou desfigurações de páginas na internet.
>
> ***scan*:** notificações de varreduras em redes de computadores, com o intuito de identificar quais computadores estão ativos e quais serviços estão sendo disponibilizados por eles. É amplamente utilizado por atacantes para identificar potenciais alvos, pois permite associar possíveis vulnerabilidades aos serviços habilitados em um computador.
>
> **Fraude**: segundo Houaiss, é "qualquer ato ardiloso, enganoso, de má-fé, com intuito de lesar ou ludibriar outrem, ou de não cumprir determinado dever; logro". Esta categoria engloba as notificações de ten-

[3] Idem. Disponível em: <http://www.cert.br/stats/incidentes/2015-jan-dec/tipos-ataque.html>. Acesso em: 11 jul. 2016.

tativas de fraudes, ou seja, de incidentes em que ocorre uma tentativa de obter vantagem.

Outros: notificações de incidentes que não se enquadram nas categorias anteriores.

Também são muito relevantes os indicadores da Central Nacional de Denúncias de Crimes Cibernéticos da SaferNet Brasil[4], disponíveis no sítio <http://indicadores.safernet.org.br/index.html>. No ano de 2014, destacaram-se no Brasil as denúncias de racismo (639), de pornografia infantil (277) e de incitação/apologia a crimes contra a vida (248).

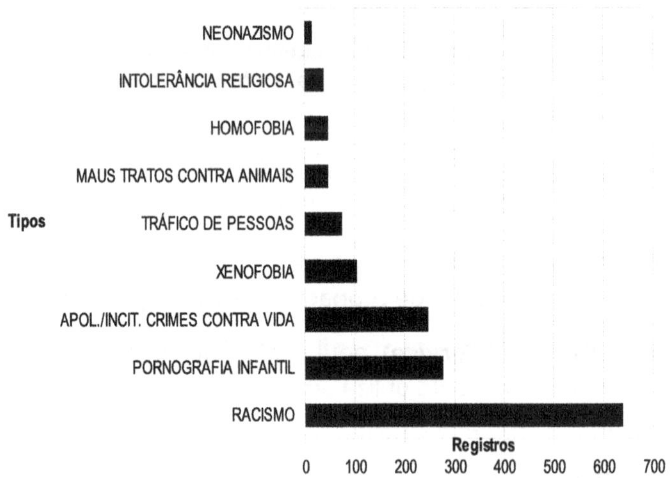

Figura 3. Adaptado de tipos de páginas mais denunciadas em 2014, SaferNet Brasil

O cotidiano policial demonstra que os crimes tecnológicos, ao diminuírem a exposição dos suspeitos, permitirem ataques em massa, bem como em razão da multilocalidade (vítima em uma cidade, golpista em outra), acabam estimulando a migração de antigos criminosos, que muitas vezes abandonam os assaltos a bancos para praticar fraudes pela internet, cujas penas, no processo penal, são bem mais brandas.

[4] A SaferNet Brasil "é uma associação civil de direito privado, com atuação nacional, sem fins lucrativos ou econômicos, sem vinculação político partidária, religiosa ou racial. Em nove anos, recebeu e processou 3.606.419 denúncias anônimas envolvendo 585.778 páginas (URLs) distintas (das quais 163.269 foram removidas) escritas em nove idiomas e hospedadas em 72.739 hosts diferentes, conectados à internet através de 41.354 números IPs distintos, atribuídos para 96 países em cinco continentes. As denúncias foram registradas pela população através dos sete hotlines brasileiros que integram a Central Nacional de Denúncias de Crimes Cibernéticos". Disponível em: <http://indicadores.safernet.org.br/>. Acesso em: 11 jul. 2016.

1. Direito e Tecnologia da Informação

No início da década de 1990, a internet se popularizou entre as universidades norte-americanas[5] e daí para o mundo, revolucionando as trocas de conhecimentos e informações, criando um ambiente virtual, paralelo ao real, sendo chamado de ciberespaço.

Nesse contexto, surgiram diversos conceitos úteis, os quais estão elencados a seguir, postos de forma genérica, sem almejar definições estritamente técnicas:

- **Protocolo:** conjunto de regras padronizadas que especificam o formato, a sincronização e a verificação de erros em comunicação de dados, permitindo formação de uma rede mundial de computadores.
- ***World wide web* (ou www):** são grandes pacotes de dados, em formato de texto ou mídia (imagens e arquivos de áudio e vídeo), compilados de modo que se possa navegar na rede, a partir de interligações (*links*) entre blocos, vinculados por parâmetros de busca.
- **Sites:** são as páginas na internet.
- ***Browser*:** são programas de navegação na rede, como o Mozilla Firefox, Explorer, etc.
- **URL ou *Uniform Resource Locator*:** é o endereço do site, que deve ser colocado no programa de navegação.

A revolução tecnológica, que ainda está em curso, não só no Brasil, como em todo o mundo, tem como características principais a diminuição das distâncias, com a extinção das fronteiras no mundo virtual; a multiplicidade de receptores, já que a informação pode atingir milhões

[5] Disponível em: <http://www.ufpa.br/dicas/net1/int-h199.htm>. Acesso em: 11 jul. 2016.

de pessoas; e a instantaneidade, ou seja, tudo pode ser transmitido em tempo real (*on-line*).

Nesse contexto de supervalorização da informação e do conhecimento, surge a necessidade de regulação jurídica das novas relações advindas.

1.1. Direito Digital no Brasil

A problemática que ora se apresenta é a seguinte: são mais de 117 milhões de usuários de internet no Brasil, alcançando 57,6% de penetração na população, com um crescimento de 2.253,1% no período compreendido entre os anos 2000 e 2015[6], havendo uma tentativa de fraude a cada 16,6 segundos no país, de acordo com o indicador Serasa Experian de maio de 2015[7]. Como fica, então, a regulamentação legal no Brasil das relações no ambiente virtual?

A Constituição da República Federativa do Brasil, de 1988, prevê, em diversos de seus dispositivos, princípios e garantias do uso da tecnologia pelos cidadãos em suas mais diversas relações e para o desenvolvimento do país (arts. 1º, 3º, 4º, 5º, 6º, 215, 218, 219, 220, etc.), visando garantir a liberdade e os direitos fundamentais dos indivíduos no ciberespaço, permitindo-lhes participação democrática nele e fora dele.

A ideia de vanguarda foi desenvolvida na Islândia, que contou com a participação popular para a elaboração do texto constitucional, por meio de canais e redes sociais na internet, no ano de 2012, o qual foi aprovado pela população, mas, posteriormente, rejeitado pelo Parlamento.

Essa forma de democracia colaborativa, onde a manifestação do povo ganha força através da disseminação do uso da internet, também ecoa em países como Irlanda, Bélgica, Holanda, Canadá e Brasil, onde os protestos e insatisfações políticas se intensificam no mundo virtual.

Também permeiam o panorama legal digital brasileiro a Lei nº 12.965/2014 — Marco Civil da Internet), detalhada nesta obra; o Código de Defesa dos Consumidores (CDC), com as alterações introduzidas pelo Decreto

---

[6] Internet Usage and Population in South America. Disponível em: <http://www.internetworldstats.com/stats15.htm>. Acesso em: 11 jul. 2016.

[7] Serasa Experian. Disponível em: http://noticias.serasaexperian.com.br/maio-registra-161-102-tentativas-de-fraude-contra-o-consumidor-revela-indicador-serasa-experian/>. Acesso em: 11 jul. 16.

nº 7.962, de 15 de março de 2013, que trata do comércio eletrônico; o Estatuto da Criança e do Adolescente (ECA), legislação avançada, que tipifica os crimes de pornografia infantojuvenil praticados em/com dispositivos eletrônicos; a Lei de Interceptações Telefônicas e Telemáticas, nº 9296/96; a Lei do Software, nº 9608/98; o Código Penal (com as alterações introduzidas pelas Leis nº 12.735/2012 e nº 12.737/2012); o Código de Processo Penal (CPP), entre outros.

No que se refere à cooperação internacional, destacam-se o Acordo de Assistência Judiciária em Matéria Penal entre o Governo da República Federativa do Brasil e o Governo dos Estados Unidos da América (MLAT) e Decreto nº 3.810, de 02 de maio de 2001, bem como a Convenção de Budapeste[8], da qual o Brasil não é signatário.

1.2. Marco Civil da Internet

A fim de estabelecer princípios, garantias, direitos e deveres para o uso da internet no Brasil, foi aprovada a Lei nº 12.965, de 23 de abril de 2014, conhecida como Marco Civil da Internet, que trouxe conceitos e procedimentos, propondo-se a acabar com a ausência de disciplina legal no ciberespaço.

> A situação pré-Marco Civil era de completa ausência de regulamentação civil da internet no país. Ao contrário do que alguns entusiastas libertários poderiam achar, a ausência de leis nesse âmbito não representa a vitória da liberdade e do *laissez-faire*. Ao contrário, gera uma grande insegurança jurídica. Uma das razões é que juízes e tribunais, sem um padrão legal para a tomada de decisões sobre a rede, acabam decidindo de acordo com regras muitas vezes criadas *ad hoc*, ou de acordo com as suas próprias convicções, resultando em inúmeras decisões judiciais contraditórias (LEMOS, 2014, p. 10).

No Capítulo I (Disposições Preliminares) da Lei nº 12.965/2014, tem-se o Art. 2º., que traz os fundamentos da disciplina do uso da internet no Brasil; no Art. 3º., os princípios não taxativos; no Art. 4º., os objetivos; no Art. 5º., conceitos fundamentais à compreensão da norma legal.

Já o Capítulo II traz os direitos (Art. 7º.) e garantias (Art. 8º.) dos usuários.

---

[8] Convenção do Conselho Europeu sobre o Cibercrime, firmada em Budapeste, Hungria, em 23 de novembro de 2001.

No Capítulo III (Da Provisão de Conexão e de Aplicações de Internet), tem-se a Seção I, que trata da Neutralidade de Rede; a Seção II, referente à Proteção aos Registros, aos Dados Pessoais e às Comunicações Privadas, englobando a Guarda de Registros de Conexão; a Guarda de Registros de Acesso a Aplicações de Internet na Provisão de Conexão e a Guarda de Registros de Acesso a Aplicações de Internet na Provisão de Aplicações. Já a Seção III prevê a Responsabilidade por Danos Decorrentes de Conteúdo Gerado por Terceiros e a Seção IV, a Requisição Judicial de Registros.

O Capítulo IV traz as metas e diretrizes aplicáveis ao Poder Público quanto ao desenvolvimento da internet no Brasil.

Por fim, o Capítulo V traz as disposições finais do diploma legal.

É válido destacar que o Marco Civil, apesar de visar primordialmente a tutela dos direitos civis na internet, também tem aplicação no Direito Penal e Processual Penal, uma vez que estabelece conceitos fundamentais, bem como disciplina formas de obtenção de provas quanto à materialidade e à identificação da autoria delitiva.

Destaque-se que os crimes ocorridos no ambiente virtual são muito reais e preocupam cada vez mais os usuários dos meios tecnológicos, e, uma vez praticado um ciberdelito, vislumbra-se a necessidade de identificação da autoria e colação de provas da materialidade, sendo grandes as dificuldades nesse procedimento, indo desde a pouca infraestrutura das unidades policiais à falta de qualificação técnica específica dos servidores, não só das polícias, como do Ministério Público e do Judiciário.

Nesse sentido, mostra-se fundamental conhecer as inovações trazidas pelo Marco Civil da Internet para, em conjunto com outros diplomas legais, elucidar a prática de crimes no ciberespaço, com a consequente responsabilização do infrator.

1.2.1. Histórico do Marco Civil da Internet no Brasil

O projeto do Marco Civil da Internet foi iniciado com a parceria da Secretaria de Assuntos Legislativos do Ministério da Justiça (SAL-MJ e a Fundação Getúlio Vargas, através do Centro de Tecnologia e Sociedade da Escola de Direito.

Desde o início, a proposta visou a garantia de direitos e não a restrição de liberdades. Havia uma preocupação de que as primeiras iniciativas fossem para criminalizar o usuário da internet em razão de vários projetos de lei que estavam em trâmite.

A plataforma digital criada para debater iniciativas que levaram à criação do Marco Civil foi hospedada em <http://culturadigital.br/marco-civil/>, onde foram promovidos vários debates e acrescentadas várias contribuições em duas fases: na primeira, foram debatidas ideias com fulcro em um texto preliminar produzido pelo Ministério da Justiça; já na segunda, discutiu-se com base na minuta de um projeto de lei.

Essa iniciativa brasileira resultou em milhares de comentários e contribuições que ajudaram a aperfeiçoar o texto do Marco Civil, inclusive com manifestações nos microblogs Twitter e Identi.ca.

A proposta foi encaminhada à Câmara dos Deputados através da Mensagem nº 326 de 2011, denominada como Projeto de Lei nº 126 de 2011, tendo como relator o deputado Alessandro Molon. Destaque-se que a participação popular também foi possível nessa fase através do e-Democracia, disponibilizado em <www.edemocracia.camara.gov.br>.

Ao chegar na Câmara, discutia-se o Projeto de Lei nº 84/99, sendo este responsável pela tipificação dos crimes cibernéticos. As discussões dos projetos foram feitas em paralelo, apesar de na época se ter suscitado a discussão do Marco Civil primeiro, em razão deste traçar princípios, direitos e deveres do usuário.

Alguns pontos foram bem polêmicos na discussão do projeto, entre eles a neutralidade da rede e a obrigação de empresas de sediarem os "data centers" (centros de processamento de dados) no Brasil, a fim de garantir que os dados fossem armazenados no país.

Em 12 de setembro de 2013, o Poder Executivo solicitou que o projeto de lei fosse incluído no regime de urgência, através da Mensagem nº 391 de 2013, conferindo o prazo de 45 dias para apreciação na Câmara dos Deputados. Depois, ao ser enviado ao Senado, o projeto do Marco Civil foi aprovado por unanimidade.

Foi levantada a questão da necessidade de se discutir o projeto por mais tempo, mas, na realidade, havia pressa para a aprovação, uma vez que o governo objetivava a sanção da nova lei durante a abertura do Encontro

Global Multissetorial sobre o Futuro da Governança da Internet — NET-Mundial, em 23 de abril de 2014[9].

No dia 23 de junho de 2014, o Marco Civil da Internet entrou em vigor, após sessenta dias de *vacatio legis*.

1.2.2. Fundamentos, Princípios e Conceitos no Marco Civil

1.2.2.1. Fundamentos

O Marco Civil da Internet é norma específica a regular as relações no ambiente virtual, trazendo em seu bojo os fundamentos da disciplina do uso da internet no Brasil.

A inspiração na formulação de tais fundamentos veio do texto constitucional, colocando-se como ideias centrais a preservação e o respeito à liberdade de expressão (arts. 5º e 220, CRFB/1988), elencando-se, ainda, como fundamentais:

- o reconhecimento da escala mundial da rede;
- os direitos humanos, o desenvolvimento da personalidade e o exercício da cidadania em meios digitais;
- a pluralidade e a diversidade;
- a abertura e a colaboração;
- a livre iniciativa, a livre concorrência e a defesa do consumidor; e
- a finalidade social da rede.

Observa-se que foram privilegiados no texto legal fundamentos democráticos, visando a proteção dos indivíduos nesse novo ambiente, promovendo o uso responsável e social da internet.

Muitas pessoas acreditam que, por estarem distantes de seus interlocutores, podem fazer o que quiserem na rede mundial de computadores, inclusive praticar crimes, escondendo-se atrás de personagens criados no ambiente virtual. Acabam por desvirtuar a ideia de internet como ferramenta tecnológica benéfica, para utilizá-la em prejuízo de terceiros.

---

[9] Encontro realizado em São Paulo.

Quando alguém, por exemplo, promove insultos a outrem em uma rede social, ofendendo-o em razão de sua religião, ou, ainda, quando revende na internet passagens aéreas compradas com cartões clonados, conseguindo comercializá-las a preços bem abaixo de mercado, está atentando contra os fundamentos do Marco Civil da Internet, desvirtuando a função social da internet.

1.2.2.2. Princípios

Os princípios estão expressos no Art. 3º do Marco Civil da Internet, não excluindo outros princípios decorrentes do regime democrático:

- Garantia da liberdade de expressão, comunicação e manifestação de pensamento, nos termos da Constituição Federal.
- Proteção da privacidade.
- Proteção dos dados pessoais, na forma da lei.
- Preservação e garantia da neutralidade de rede[10].
- Preservação da estabilidade, segurança e funcionalidade da rede, por meio de medidas técnicas compatíveis com os padrões internacionais e pelo estímulo ao uso de boas práticas.
- Responsabilização dos agentes de acordo com suas atividades, nos termos da lei.
- Preservação da natureza participativa da rede.
- Liberdade dos modelos de negócios promovidos na internet, desde que não conflitem com os demais princípios estabelecidos nesta Lei.

A preocupação com a proteção dos usuários da internet mais uma vez é manifestada no diploma legal, seja garantindo-lhes voz (expressão, comunicação, manifestação do pensamento e participação) na rede, seja protegendo-lhes a intimidade e a privacidade, ou, ainda, assegurando-lhes acesso seguro e de qualidade ao mundo digital.

A própria formulação do Marco Civil da Internet é exemplo de participação popular através da rede, ilustrando os princípios que defende.

[10] Regulamentada através do Decreto nº 8.771, de 11 de maio de 2016.

1.2.2.3. Conceitos

A Lei nº 12.965/2014 trouxe conceitos fundamentais, introduzindo, no mundo jurídico, terminologias outrora restritas a outras áreas do conhecimento.

Com a conceituação trazida pelo Marco Civil da Internet é possível padronizar ofícios, petições, representações, mandados judiciais, etc., bem como compreender de forma mais cristalina a dinâmica do ambiente virtual, em seus termos gerais.

No Art. 5º da Lei nº 12.965/2014 estão elencados os seguintes conceitos:

a) Internet

A rede mundial de computadores ou internet possui definição técnica, sendo:

> o sistema constituído do conjunto de protocolos lógicos, estruturado em escala mundial para uso público e irrestrito, com a finalidade de possibilitar a comunicação de dados entre terminais por meio de diferentes redes (BRASIL, 2014).

Ou seja, de um modo geral, pode-se dizer que se trata de um conjunto de redes interligadas entre si, com alcance global, onde trafegam dados diversos, de características públicas ou privadas.

b) Terminal

O terminal é o computador ou qualquer dispositivo que se conecte à internet, tais como celular, *netbook*, *notebook*, *tablet*, etc.

c) Endereço de protocolo de internet

O endereço IP é o código atribuído a um terminal (computador, por exemplo) de uma rede para permitir sua identificação, definido segundo parâmetros internacionais.

Para um terminal se conectar à internet, deve contar com um provedor de conexão, o qual realizará a atribuição ou autenticação de um endereço de IP, que estará à disposição do usuário durante toda a conexão.

Esse endereço IP pode ser fixo, ou seja, permanece à disposição do usuário mediante contrato específico com o provedor de conexão, não sofrendo alterações a cada nova conexão à internet, ou, ainda, dinâmico, que se modifica a cada nova conexão.

Para melhor compreender a diferença, basta imaginar a rede de computadores da Delegacia Geral da Polícia Civil: se o administrador da rede atribuir um IP fixo, todos os terminais ali conectados terão o mesmo número de IP. No entanto, se os IPs forem dinâmicos, cada terminal que se conectar à rede receberá um número de IP que não esteja sendo utilizado por algum outro computador. A cada nova conexão, poder-se-á receber um novo endereço IP.

Atualmente, o Brasil já está superando a versão 4 (IPv4), que transfere endereços de protocolos de 32 *bits*, cuja grafia se divide em quatro octetos (ex.: 189.99.101.10), e passando à versão 6 (IPv6), de 128 *bits*.

Por esse motivo, para verificar a autoria de um crime praticado no ambiente virtual, deve-se buscar todo o registro de conexão, a fim de verificar para qual usuário aquele IP fora atribuído, no dia e na hora do delito, com o fuso horário respectivo.

Em razão de, por vezes, haver o compartilhamento do sinal da internet entre vizinhos, por exemplo, ou até por parte de algum provedor, o número do IP atribuído poderá ser o mesmo para mais de um usuário. Já vislumbrando essa possibilidade, é fundamental que no pedido ao juízo conste que os provedores identifiquem, além de todo o registro de conexão, as portas lógicas de acesso e o número MAC (quando possível) dos terminais conectados.

d) Administrador de sistema autônomo

O administrador de sistema autônomo[11] é a pessoa física ou jurídica que administra blocos de endereço IP específicos e o respectivo sistema autônomo de roteamento, o qual deve ser cadastrado no Registro.br, que é o responsável pelas atividades de registro e manutenção dos nomes de domínios que usam o .br, bem como por executar o serviço de distribuição de endereços IPv4 e IPv6 e de números de sistemas autônomos (ASN) no país.

Assim, tem-se que os administradores de sistemas autônomos são os provedores de serviço, capazes de fornecer endereços de IP aos usuários, entre eles os provedores de *backbone* e de conexão, pois conectam os clientes à internet.

---

[11] Maiores informações técnicas disponíveis em: <http://www.ietf.org/rfc/rfc1930.txt>. Acesso em: 11 jul. 2016.

e) Conexão à internet

A conexão à internet foi definida como a habilitação de um terminal (computador, celular, *tablet*, etc.) para envio e recebimento de pacotes de dados (imagens, vídeos, textos, etc.) pela internet, mediante a atribuição ou autenticação de um endereço IP.

Para se conectar à internet é necessário que um provedor de conexão forneça um endereço IP ao usuário.

f) Registro de conexão

O conjunto de informações referentes à data e hora de início e término de uma conexão à internet, sua duração, o endereço IP utilizado pelo terminal para o envio e recebimento de pacotes de dados, além do fuso horário respectivo, formam os registros de conexão.

Esses registros são muito úteis em uma investigação, especialmente se os suspeitos estiverem utilizando IPs dinâmicos (aqueles que podem mudar a cada nova conexão) como forma de individualizar a autoria delitiva.

Por exemplo, ao analisar os registros de conexão, será possível verificar se o suspeito estava conectado à internet no dia e na hora em que o fato criminoso foi praticado.

g) Aplicações de internet

Tem-se por aplicações de internet o conjunto de funcionalidades que podem ser acessadas por meio de um terminal (computador, *tablet*, celular, etc.) conectado à internet, como, por exemplo, sites de bancos, redes sociais, contas de e-mails, entre outros.

Chama-se de **provedor de aplicação** aquele que coloca uma aplicação disponível na rede mundial de computadores, possibilitando o acesso por parte dos internautas já conectados (por um provedor de conexão).

Assim, sistematizando:

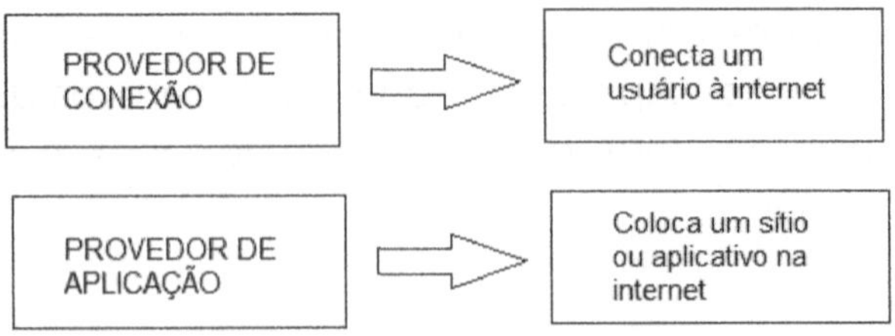

Figura 4. Provedor de conexão e provedor de aplicação

São exemplos de provedor de conexão a Tim, a Vivo, a Oi, entre outras, e de provedor de aplicação a Google (Gmail), a Microsoft, o Facebook, etc.

h) Registros de acesso a aplicações de internet

Ao conjunto de informações referentes à data e hora de uso de uma determinada aplicação de internet a partir de um determinado endereço IP chama-se de registros de acesso a aplicações de internet.

Para identificar quem postou uma ameaça em uma rede social, por exemplo, é necessário solicitar ao provedor de aplicações que informe o IP, data, hora e fuso horário daquela ação, ou seja, que encaminhe os registros de acesso respectivos.

Note-se que, se através de um terminal conectado à internet e, por meio de aplicações de internet, o indivíduo pratica crimes, já se verifica a perfeita adequação de conceitos trazidos pelo Marco Civil a questões criminais.

2. Crimes Cibernéticos

2.1. Conceito

Os crimes tecnológicos são aqueles que envolvem o uso de tecnologias (computador, internet, caixas eletrônicos), sendo, em regra, crimes meios — ou seja, apenas a forma em que são praticados é que é inovadora. Têm como subespécie os crimes virtuais, informáticos ou cibernéticos (praticados pela internet), onde, apesar de se concretizarem em ambientes virtuais, os delitos trazem efeitos no mundo real.

Rossini (2004) define delito informático como a conduta

> típica e ilícita, constitutiva de crime ou contravenção, dolosa ou culposa, comissiva ou omissiva, praticada por pessoa física ou jurídica, com o uso da informática, em ambiente de rede ou fora dele, e que ofenda, direta ou indiretamente, a segurança informática, que tem por elementos a integridade, a disponibilidade e a confidencialidade.

A Convenção de Budapeste (2001)[12], por sua vez, define cibercrime como

> os atos praticados contra a confidencialidade, integridade e disponibilidade de sistemas informáticos, de redes e dados informáticos, bem como a utilização fraudulenta desses sistemas, redes e dados.

A situação do cibercrime no Brasil é extremamente preocupante, uma vez que no campo virtual os lucros das atividades ilícitas são altíssimos, ressaltando-se que, diante da legislação branda e da impunidade, condutas ilícitas na internet estão atraindo quadrilhas que antes atuavam em crimes como roubo a bancos e tráfico de drogas.

---

[12] Disponível em: <http://www.coe.int/t/dg1/legalcooperation/economiccrime/cybercrime/Documents/Convention%20and%20protocol/ETS_185_Portugese.pdf>. Acesso em: 11 jul. 2016.

Assolini (2016)[13] esclarece que uma característica peculiar dos cibercriminosos brasileiros é a de que eles concentram as fraudes contra pessoas e empresas brasileiras, sendo uma das razões para isso justamente a legislação vaga, que não pune esses criminosos de forma eficaz, com os bandidos virtuais passando pouco ou nenhum tempo presos. Afirma que, por conta dessa percepção de impunidade, os cibercriminosos brasileiros ostentam seus lucros e vendem seus produtos e serviços despreocupadamente, como se estivessem dentro da lei, inclusive com promoções chamativas em redes sociais e sites.

> The Brazilian underground generates quite a lot of cyberthreats — mainly banking Trojans and phishing campaigns. These attacks can be quite creative and are designed to reflect the local landscape. In 2014, Brazil was ranked the most dangerous country for financial attacks, and the Brazilian banking Trojan, the ChePro family, was ranked the second most widespread Trojan after ZeuS (ASSOLINI, 2016).

Assim, verifica-se a extrema relevância e atualidade deste livro, como forma de auxiliar as agências legais no enfrentamento da cibercriminalidade.

2.2. Classificação

Os crimes cibernéticos podem ser classificados em:

a) Puros ou próprios — São aqueles em que os sistemas informatizados, bancos de dados, arquivos ou terminais (computadores, *smartphones*, *tablets*, por exemplo) são atacados pelos criminosos, normalmente após a identificação de vulnerabilidades, seja por meio de programas maliciosos ou, ainda, por engenharia social (golpista engana a vítima, fazendo com que forneça informações pessoais e/ou estratégicas). Aqui, o dispositivo informatizado e/ou seu conteúdo é o alvo dos criminosos.

Para Norton Symantec[14], esse tipo de crime informático apresenta como principais características: geralmente acontece apenas uma vez (por exemplo, quando a vítima baixa sem saber um Cavalo de Troia que instala um programa de registro de digitação no computador); frequentemente é facilitado por softwares de atividades ilegais; em muitos casos, aproveita-se de falhas ou vulnerabilidades de segurança.

---

[13] ASSOLINI, Fabio. Beaches, carnivals and cybercrime: a look inside the Brazilian underground. Kaspersky Lab, 2016.

[14] Disponível em: <http://br.norton.com/cybercrime-definition>. Acesso em: 11 jul. 2016.

São exemplos:

ARTIGO (C.P.B.)	DESCRIÇÃO	EXEMPLO
Art. 154-A — Invasão de dispositivo informático	Invadir dispositivo informático alheio, conectado ou não à rede de computadores, mediante violação indevida de mecanismo de segurança e com o fim de obter, adulterar ou destruir dados ou informações sem autorização expressa ou tácita do titular do dispositivo ou instalar vulnerabilidades para obter vantagem ilícita.	Invadir e-mail, páginas de redes sociais, sites, blogs, etc., de outra pessoa; instalar programas maliciosos no computador de outrem.
Art. 163 — Dano	Destruir, inutilizar ou deteriorar coisa alheia.	Enviar um vírus pela internet que destrua equipamento ou dados armazenados.
Art. 266 — Interrupção ou perturbação de serviço telegráfico, telefônico, informático, telemático ou de informação de utilidade pública	Interromper ou perturbar serviço telegráfico, radiotelegráfico ou telefônico, impedir ou dificultar-lhe o restabelecimento: § 1º Incorre na mesma pena quem interrompe serviço telemático ou de informação de utilidade pública, ou impede ou dificulta-lhe o restabelecimento.	Causar a interrupção de serviço telemático por meio de ataque de negação de serviço, por exemplo.
Art. 313-A — Inserção de dados falsos em sistema de informações	O funcionário autorizado inserir ou facilitar a inserção de dados falsos, alterar ou excluir indevidamente dados corretos nos sistemas informatizados ou bancos de dados da administração pública com o fim de obter vantagem indevida para si ou para outrem ou para causar dano.	Entrar na rede computadorizada de uma instituição da administração pública e realizar alterações. Aqui é quando só o funcionário AUTORIZADO pode fazer, por exemplo, por ter a senha de acesso.
Art. 313-B — Modificação ou alteração não autorizada de sistema de informações	O funcionário modificar ou alterar sistema de informações ou programa de informática sem autorização ou solicitação de autoridade competente.	Entrar na rede computadorizada de uma instituição da administração pública e realizar alterações.

b) Impuros ou impróprios — São aqueles onde o dispositivo tecnológico é utilizado como meio para a prática do delito, propiciando a sua execução ou o seu resultado. Aqui, apenas o veículo em que o crime é praticado é que envolve tecnologia, sendo perfeitamente adequadas diversas figuras típicas previstas no Código Penal Brasileiro ou em leis penais especiais.

Nesse sentido é o entendimento do STF[15]:

> Não se trata de colmatar lacuna da lei incriminadora por analogia: uma vez que se compreende na decisão típica da conduta criminada, o

[15] STF. HC nº 76689-PB. Rel. Min. Sepúlveda Pertence. Em 22 set. 1998.

> meio técnico empregado para realizá-la pode até ser de invenção posterior à edição da lei penal: a invenção da pólvora não reclamou a redefinição do homicídio para tornar explícito que nela se compreendia a morte dada a outrem mediante arma de fogo.

Para Norton Symantec[16], os presentes tipos de crimes cibernéticos têm como características essenciais: interações repetidas com a vítima, visando aproveitar-se da relação para cometer o crime; normalmente, eles usam programas que não são classificados como de atividades ilegais, como, por exemplo, aplicativos de conversação instantânea.

Podem ser exemplificados:

ARTIGO	DESCRIÇÃO	EXEMPLO
Art. 122 do CPB — Induzimento, instigação ou auxílio a suicídio	Induzir ou instigar alguém a suicidar-se ou prestar-lhe auxílio para que o faça.	Ensinar técnicas que auxiliem no suicídio ou estimular tal ato.
Art. 138 do CPB — Calúnia	Caluniar alguém, imputando-lhe falsamente fato definido como crime.	Comentários acerca de fato criminoso inexistente, imputado dolosamente a outrem nas redes sociais.
Art. 139 do CPB — Difamação	Difamar alguém, imputando-lhe fato ofensivo à sua reputação.	Postar ofensas a terceiros em redes sociais ou por meio de boatos eletrônicos, ofendendo sua honra objetiva.
Art. 140 do CPB — Injúria	Injuriar alguém, ofendendo sua dignidade ou o decoro.	Enviar um e-mail ou mensagem instantânea à pessoa, ofendendo sua honra subjetiva.
Art. 147 do CPB — Ameaça	Ameaçar alguém, por palavra, escrito ou gesto, ou qualquer outro meio simbólico, de causar-lhe mal injusto e grave.	Mandar mensagem instantânea prometendo prejudicar o interlocutor.
Art. 153 do CPB — Divulgação de segredo	Alguém divulgar, sem justa causa, conteúdo de documento particular ou de correspondência confidencial, de que é destinatário ou detentor, e cuja divulgação possa produzir dano a outrem.	Espalhar correspondência eletrônica cujo conteúdo seja reservado.
Art. 155, nº 4, Inciso II, do CPB — Furto mediante fraude	Subtrair, para si ou para outrem, coisa alheia móvel, com abuso de confiança, ou mediante fraude, escalada ou destreza.	Fazer transferência eletrônica indevida por meio do internet banking da vítima, ou sacar quantia em ATM, após clonar o cartão de outrem, com o uso de "chupa-cabra".

[16] Disponível em: <http://br.norton.com/cybercrime-definition>. Acesso em: 11 jul. 2016.

ARTIGO	DESCRIÇÃO	EXEMPLO
Art. 158 do CPB — Extorsão	Constranger alguém, mediante violência ou grave ameaça, e com o intuito de obter para si ou para outrem indevida vantagem econômica, a fazer, tolerar que se faça ou deixar fazer alguma coisa.	Exigir que alguém pague quantia em dinheiro para que não tenha vídeo íntimo seu divulgado na internet.
Art. 171 do CPB — Estelionato	Obter, para si ou para outrem, vantagem ilícita, em prejuízo alheio, induzindo ou mantendo alguém em erro, mediante artifício, ardil ou qualquer outro meio fraudulento.	Por exemplo, por meio do comércio eletrônico, onde o site é fraudulento e as mercadorias não existem.
Art. 180 do CPB — Receptação	Adquirir, receber, transportar, conduzir ou ocultar, em proveito próprio ou alheio, coisa que sabe ser produto de crime, ou influir para que terceiro, de boa-fé, a adquira, receba ou oculte.	Receber dinheiro em conta corrente, oriundo de transferência bancária ilícita pela internet.
Art. 184 do CPB — Violação de direito autoral	Violar direitos de autor e os que lhe são conexos.	Copiar vídeos, músicas e textos, por exemplo, da internet, sem mencionar a fonte.
Art. 208 do CPB — Ultraje a culto e impedimento ou perturbação de ato a ele relativo	Escarnecer de alguém publicamente, por motivo de crença ou função religiosa; impedir ou perturbar cerimônia ou prática de culto religioso; vilipendiar publicamente ato ou objeto de culto religioso.	Postar ofensas em redes sociais, em razão da religião.
Art. 233 do CPB — Ato obsceno	Praticar ato obsceno em lugar público, aberto ou exposto ao público.	Publicar fotografia na internet com gestos obscenos.
Art. 286 do CPB — Incitação ao crime	Incitar, publicamente, a prática de crime.	Postar textos fomentando a prática de crimes, chamando pessoas a praticarem delitos.
Art. 287 do CPB — Apologia de crime ou criminoso	Fazer, publicamente, apologia de fato criminoso ou de autor de crime.	Demonstrar na internet, apoio a alguma prática criminosa ou ao seu autor.
Art.298 do CPB — Falsificação de documento particular	Falsificar, no todo ou em parte, documento particular ou alterar documento particular verdadeiro. Equipara-se a documento particular o cartão de crédito ou débito (alteração trazida pela Lei nº 12.737/12).	Falsificar documentos ou clonar cartões bancários, por meio do uso de card skimming ("chupa-cabra").
Art. 307 do CPB — Falsa identidade	Atribuir-se ou atribuir a terceiro falsa identidade para obter vantagem, em proveito próprio ou alheio, ou para causar dano a outrem.	Criação de perfis falsos em redes sociais.
Art. 345 do CPB — Exercício arbitrário das próprias razões	Fazer justiça pelas próprias mãos, para satisfazer pretensão, embora legítima, salvo quando a lei o permite.	Invadir o computador de um suspeito, em razão de ele ter invadido o seu antes.

ARTIGO	DESCRIÇÃO	EXEMPLO
Art. 50 das L.C.P. (Decreto Lei 3.688/41) – Jogo de azar	Estabelecer ou explorar jogo de azar em lugar público ou acessível ao público, mediante o pagamento de entrada ou sem ele.	Participar de jogos clandestinos on-line.
Art. 20 da Lei nº 7.716/89 – Preconceito ou discriminação de raça, cor, etnia, etc.	Praticar, induzir ou incitar a discriminação ou preconceito de raça, cor, etnia, religião ou procedência nacional.	Discriminar outrem na internet.
Arts. 241 e ss. do E.C.A.	Pornografia infantojuvenil na internet.	Produzir, armazenar, enviar imagens ou vídeos com conteúdo pornográfico de crianças e adolescentes.

c) Classificação da Convenção de Budapeste (2001)[17] – Embora o Brasil não seja signatário da Convenção sobre o Cibercrime, é importante conhecer sua classificação, para fins didáticos:

- **Título 1 –** Infrações contra a confidencialidade, integridade e disponibilidade de sistemas informáticos e dados informáticos: acesso ilegítimo; intercepção ilegítima; interferência em dados; interferência em sistemas; uso abusivo de dispositivos.
- **Título 2 –** Infrações relacionadas com computadores: falsidade informática; burla informática.
- **Título 3 –** Infrações relacionadas com o conteúdo: infrações relacionadas com pornografia infantil.
- **Título 4 –** Infrações relacionadas com a violação do direito de autor e direitos conexos.

Ainda para fins acadêmicos, é interessante mencionar a Lei Complementar nº 109/2009, Lei do Cibercrime[18], de Portugal, que surgiu a fim de adaptar o direito interno daquele país à Convenção sobre Cibercrime do Conselho da Europa, estabelecendo as disposições penais materiais e processuais, bem como as disposições referentes à cooperação internacional em matéria penal, relativas ao domínio do cibercrime e da recolha de prova em suporte eletrônico.

[17] Disponível em: <http://www.coe.int/t/dg1/legalcooperation/economiccrime/cybercrime/Documents/Convention%20and%20protocol/ETS_185_Portugese.pdf>. Acesso em: 11 jul. 2016.
[18] Disponível em: <http://www.pgdlisboa.pt/leis/lei_print_articulado.php?tabela=leis&artigo_id=&nid=1137&nversao=&tabela=leis>. Acesso em: 11 jul. 2016.

2.3. Sujeito Ativo

O senso comum, inspirado talvez em filmes e pela publicidade, percebia o criminoso cibernético como pessoa jovem, feia, mas muito estudiosa e com conhecimentos extraordinários no ramo da informática.

Para Glenny (2008)[19], a maioria (95%) dos cibercriminosos é do sexo masculino, possuindo pouca habilidade em se comunicar, tendo aprendido a prática do *cracking* com 13, 14 ou 15 anos, ou seja, antes mesmo de ter valores morais consolidados, fazendo do mundo virtual seu palco de talentos, sem precisar se relacionar diretamente com as pessoas.

Hoje, no entanto, esses estereótipos foram quebrados. Qualquer um pode vir a ser criminoso especializado, até porque a própria internet ensina as técnicas dos mais diversos crimes, indo desde a captura de senhas e identidades às grandes fraudes em sistemas, passando por tráfico de drogas e de armas, contratação de assassinos profissionais, divulgação e prática de pornografia infantojuvenil, etc.

Assolini (2016)[20] ressalta que a atuação dos cibercriminosos brasileiros é intensamente desenvolvida e difundida, pois o indivíduo consegue localizar na internet praticamente todos os serviços que se possa imaginar, desde a criptografia para *malware*, hospedagem, programação, código para o ataque aos roteadores domésticos, virais no Facebook, spam, etc.

Paesani (2010)[21] afirma que o perfil dos criminosos cibernéticos se destaca pela autoconfiança e pelo sentimento de anonimato e impunidade, especialmente em razão do contato com a vítima ser normalmente à distância. Acrescenta:

> Esta visão é confirmada por um especialista italiano da Polícia do Estado (STRANO) que afirma: "essa nova modalidade de criminosos informáticos é composta por sujeitos não violentos e solitários, que cometem crimes que não cometeriam fora do espaço cibernético. Isso inclui o perfil das pessoas mais variadas. Para essas pessoas, a tela do computador funciona como escudo de proteção que se projeta no mecanismo do pensamento; ou seja, a falta de percepção da ilegalidade do comportamento, dos riscos assumidos e do dano causado à vítima".

---

[19] GLENNY, Misha. McMáfia: o crime organizado sem fronteiras.

[20] ASSOLINI, Fábio. Beaches, carnivals and cybercrime: a look inside the Brazilian underground. Kaspersky Lab, 2016.

[21] PAESANI, Liliana Minardi. O papel do direito contra o crime cibernético.

No ambiente virtual, devem ser bem distinguidas duas figuras: as dos *hackers*, que possuem grande conhecimento de informática e segurança de redes, utilizando-o para proteção e em defesa dos menos favorecidos, também conhecidos como *white hats* (chapéus brancos)[22], e a dos *crackers* ou *black hats* (chapéus pretos)[23], os quais utilizam seus conhecimentos para práticas criminosas ou antiéticas.

Tem-se também a figura dos pichadores digitais, os quais alteram páginas da internet, substituindo seu conteúdo por desenhos, vídeos ou músicas, em atuação semelhante a pichadores de muros, normalmente deixando assinaturas ou indicações de seus codinomes, como forma de protesto, normalmente de cunho político. Não confundi-los com os cibervândalos, que agem simplesmente para causar danos a outrem, nem com os ciberterroristas, que utilizam seus conhecimentos em prol de uma causa política extrema, representando um verdadeiro perigo na rede.

É válido destacar que aqueles que utilizam técnicas de manipulação e conhecimento na área da telefonia são chamados de *phreakers* e não de *hackers* ou *crackers*.

2.4. Sujeito Passivo

No que tange ao sujeito passivo, observa-se que qualquer pessoa pode acabar sendo vítima de crimes cibernéticos, uma vez que os criminosos utilizam técnicas cada vez mais apuradas de engenharia social, aliadas às novas tecnologias, atingindo, assim, muitas pessoas.

Para ilustrar, tem-se notícia de associação criminosa, presa no Pará, que invadia contas bancárias pela internet, a fim de subtrair o saldo ali existente, transferindo para a conta de terceiros. Paralelamente a isso, mediante a compra de bancos de dados diversos, os criminosos identificavam o número da linha telefônica das vítimas e procuravam as operadoras de telefonia, solicitando que fosse ativado um novo chip com aquele mesmo numeral (da vítima), alegando roubo do celular anterior. Quando a instituição bancária desconfiava das transferências ocorridas na conta da vítima e tentava manter contato telefônico com esta, falava, na verdade, com golpista, que tinha "subtraído" a linha telefônica daquela. As vítimas acreditavam que sua linha estava com defeito e, só após

---

[22] São contratados para testar sistemas de segurança em organizações.

[23] Têm como objetivo ganho pessoal ou agem com o intuito de causar prejuízo a terceiro.

procurar a operadora, verificava que tinha sido feito o resgate do chip pelo criminoso.

Verifica-se que os golpes são cada vez mais bem elaborados, sendo perfeitamente possível ludibriar qualquer pessoa e até mesmo instituições.

A título de ilustração, destaca-se a operação "Playboy", realizada pela Polícia Civil do Estado do Pará, em conjunto com o setor de segurança de uma instituição bancária, que culminou com a prisão de associação criminosa que praticava nova forma de golpe.

Figura 5. Associação criminosa especializada em fraudes em caixas eletrônicos presa em Belém, pela Delegacia de Repressão a Crimes Tecnológicos (DRCT), durante a operação "Playboy".[24] Crédito da foto: ASCOM — PCPA

Tal associação criminosa especializada adulterava os teclados traseiros de abertura de caixas eletrônicos, a fim de salvar a senha do empregado do banco, por ocasião em que este abria os caixas para abastecer o terminal. A senha era então enviada via *bluetooth* a um *notebook* dos criminosos que ficava em um carro nas proximidades do banco. Detalhe é que, tanto para instalar os teclados adulterados quanto para abrir os caixas, os delinquentes se enrolavam em manta térmica, visando evitar que os alarmes fossem ativados. De posse da senha, os criminosos abriam os caixas, subtraíam os valores e depois fechavam os terminais, sem causar quaisquer danos aparentes.

[24] Disponível em: <http://www.policiacivil.pa.gov.br>. Acesso em: 11 jul. 2016.

É importante frisar que, conforme Assolini (2016)[25], os cribercriminosos brasileiros preferem atentar contra os próprios compatriotas.

2.5. Lugar do Crime Multilocal

O lugar do crime é definido nos termos do Art. 70, do CPP, que adota a Teoria do Resultado, ou seja, a competência será, em regra, determinada pelo lugar em que se consumar o delito, ou, no caso de tentativa, pelo lugar em que for praticado o último ato executório.

No entanto, é extremamente difícil estabelecer com clareza o local de consumação de um crime cibernético, especialmente em razão da ausência de fronteiras no ciberespaço.

Os cibercrimes na grande maioria das vezes se caracterizam por serem plurilocais, quando vítima e agente estão em locais distintos, ou, ainda, quando a execução do delito se inicia em um lugar e a consumação ocorre em outro, mas no mesmo país.

Caso a conduta criminosa seja praticada em um país e o resultado venha a ser produzido em outro, aplica-se o Art. 6º do Código Penal Brasileiro, que trata dos chamados crimes à distância, inspirado pela Teoria da Ubiquidade, ou seja, considera-se praticado o crime no lugar em que ocorreu a ação ou omissão, no todo ou em parte, bem como onde se produziu ou deveria produzir-se o resultado.

Nos crimes praticados no ciberespaço, faz-se imprescindível a interpretação constitucional e teleológica do Código de Processo Penal, priorizando-se a celeridade, a economia processual e a busca da verdade real, devendo se entender por competente o juízo em que for facilitada a escorreita produção probatória, proporcionando o adequado processamento dos criminosos cibernéticos[26]:

> A regra geral da competência é definida pelo lugar da infração. Interpretação literal do art. 70 do CPP (a competência será, de regra, determinada pelo lugar em que se consumar a infração, ou, o caso de tentativa, pelo lugar em que for praticado o último lugar da execução) pode dar a impressão de a norma ser absoluta. Deve ser conjugada

---

[25] ASSOLINI, Fábio. Beaches, carnivals and cybercrime: a look inside the Brazilian underground. Kaspersky Lab, 2016.

[26] STJ. CC nº 2.104-ES. Rel. Min. Edson Vidigal.

> com o princípio reitor dos critérios de fixação de competência, ou seja, facilitar a apuração do delito. Exsurge, pois, evidente interesse processual. Essa visão teleológica recomenda afastar a exceção para integral ajuste do princípio. No local da ação delituosa permanecem, quase sempre, as provas do crime.

No caso dos delitos cibernéticos, mais apropriada é a adoção da Teoria da Ubiquidade, por ser mais completa, pois, com a volatilidade das evidências de crimes digitais, aliada ao fluxo intenso de informações, nem sempre será possível definir com clareza onde ocorreu a ação e onde houve o resultado. Em muitas ocasiões nem o criminoso nem a vítima está no local onde se consumou a ação delituosa, nem foi neste que houve o abalo social.

Por exemplo, criminoso subtrai quantia em dinheiro de conta bancária de terceiros, pela internet, e, conforme a jurisprudência dominante nos Tribunais Superiores, a atribuição para as investigações (e competência jurisdicional) seria da polícia judiciária do local da agência da vítima. Se o criminoso está em São Paulo, a vítima tem conta em Belém, mas mora em Macapá, a atribuição seria da polícia de Belém, cidade que não foi tocada nem pelo criminoso, nem pela vítima, nem por possíveis testemunhas.

Recentemente, o STJ[27] esclareceu que o local em que foi subtraída a coisa, no caso das transferências bancárias pela internet, é uma construção jurídica, não sendo equivalente ao local físico em que está a coisa subtraída, sendo esse entendimento extensivo aos demais delitos cujo local de crime seja o ciberespaço, devendo ser levado em alta consideração, por ocasião em que se buscar estabelecer a competência de julgamento de crime virtual.

No mesmo julgado, decidiu-se que, em casos de furto mediante fraude cometido por associação de *crackers* pela internet, deve prevalecer o local onde se encontram estabelecidos os agentes, por ser neste lugar que são planejadas e executadas as ações delituosas, apesar dos valores subtraídos se situarem virtualmente em lugar distinto. Justifica tal alegação o fato de que inúmeros serão os locais da subtração, mas não se modifica o lugar de onde partem a ordem e os atos fraudulentos para prática dos crimes. Logo, é no local onde está estabelecida a associação

[27] STJ. Conflito de Competência (CC) 132346-RS. Rel. Min. Rogerio Schietti Cruz.

criminosa (crime de natureza permanente) que deve ser promovida a investigação, a instrução processual e o julgamento do feito, visando à satisfação dos princípios da celeridade e efetividade.

Julgados como o anteriormente mencionado representam um grande avanço, pois visam adequar o posicionamento da Corte à realidade cibernética, e, em que pese se referir aos crimes de furtos de valores pela internet, seus fundamentos são aplicáveis, pela sua consistência, genericamente a todos os cibercrimes.

No CC 106.625[28], apreciou-se o caso de uma matéria supostamente ofensiva publicada em revista, que foi posteriormente disponibilizada em blog, tendo o STJ decidido que a competência para o julgamento das ações propostas contra a revista seria do juízo de onde o periódico foi impresso e, no caso do blog, o juízo deve ser o do local em que o seu responsável se encontrava quando as notícias foram divulgadas.

Entretanto, não se pode adotar como regra tal posicionamento do STJ, pois nem sempre está claro ou é possível identificar de pronto onde estava o autor do suposto ilícito por ocasião em que o publicou na internet, sendo necessário o deferimento de ordem judicial para a obtenção dos registros de acesso ao site onde foram feitas as publicações (IP, data, hora e fuso horário) e, depois, o fornecimento, por parte do provedor de conexão, do cadastro do usuário a quem fora atribuído aquele IP, no dia e na hora dos fatos apurados. Ou seja, é preciso saber qual juízo é competente para apreciar a medida cautelar, para só depois saber onde estava o seu autor quando publicou o conteúdo ofensivo na rede mundial de computadores. Esses casos são de clara necessidade de aplicação da Teoria da Ubiquidade, devendo ser considerado como local do crime o da publicação criminosa ou onde a vítima tomou conhecimento desta.

No Conflito de Competência (CC) 107.938[29], discutiu-se a competência para processar e julgar os crimes praticados pela internet, especialmente postagens de cunho racista em redes sociais. Decidiu-se que, em que pese a competência ser de regra a do juízo do local de onde são enviadas as mensagens discriminatórias, não houve no caso concreto como identificar, por enquanto, os autores das ofensas, impondo a manuten-

[28] STJ. Conflito de Competência (CC) 106625-DF. Rel. Min. Arnaldo Esteves Lima.
[29] STJ. Conflito de Competência nº 107938. Rel. Min. Jorge Mussi.

ção do feito no âmbito do juízo que primeiro tomou conhecimento da investigação.

Assim, em se tratando do local de crime virtual uma ficção jurídica, é imprescindível a interpretação da legislação processual pautada na Teoria da Ubiquidade, para se considerar, caso a caso, o lugar do crime onde ocorreu a ação ou o resultado, visando a busca da verdade real e a escorreita aplicação da lei penal.

3. Preservação de Evidência Cibernética

A evidência digital é de grande valia e deve ser tratada da mesma forma que a de outro local de crime. Caracteriza-se por ser volátil, anônima (em princípio), alterável e/ou modificável, bem como pode ser eliminada a qualquer instante. Arquivos temporários, *cookies*, horário de inicialização de um computador e *logs* de acesso são exemplos de evidências digitais.

A preservação da evidência em crimes praticados na internet é uma das grandes dificuldades com que a investigação depara. O caminho é bem longo desde a procura da vítima na delegacia de polícia até a expedição da ordem judicial determinando ao provedor a disponibilização dos registros de conexão e acesso a aplicações de internet.

É importante diferenciar a preservação do arquivo de dados. Na preservação, os dados já existem e se encontram armazenados, estando protegidos de alteração ou deterioração em sua qualidade. No arquivo de dados, haverá a guarda e manutenção de dados com produção em curso.

A preservação é de grande importância em razão da volatilidade dos dados na internet[30], podendo estes ser rapidamente manipulados, alterados ou deletados. Nesse ínterim, o usuário responsável pela postagem de conteúdo ofensivo poderá modificar ou excluir o conteúdo, dificultando a individualização da autoria e materialidade delitiva.

Essa interação do criminoso com a máquina gera o que se chama de impressão digital virtual. Cabe ao responsável pela investigação a iden-

---

[30] Werner K. Heisenberg formulou a Teoria da Incerteza, a qual, aplicada à preservação de evidência digital, orienta que, ao examinar a parte de um sistema, invariavelmente os outros componentes serão alterados; logo, caso não se puder evitar alterações, deve-se documentá-las.

tificação, coleta e análise da evidência de maneira correta. A integridade e a autenticidade da informação devem ser demonstradas através da cadeia de evidências:

- A informação obtida é a representação dos dados originais extraídos da aplicação de internet.
- Os passos para a preservação da evidência foram seguidos e o conteúdo não sofreu alteração.

Para proceder de forma correta, a autoridade policial poderá trilhar dois caminhos: solicitar um mandado de busca ou oficiar diretamente ao provedor de aplicação de internet.

O Marco Civil possibilita que a autoridade policial e o Ministério Público façam o requerimento cautelar para preservação dos registros de conexão bem como os de acesso a aplicações de internet. No primeiro caso, os de conexão serão mantidos por um ano, havendo a possibilidade de prorrogação do prazo, desde que haja solicitação das autoridades mencionadas. No caso dos registros de acesso a aplicações de internet, o prazo para manutenção dos respectivos registros é de seis meses, também havendo possibilidade de prorrogação.

Ressalte-se, por oportuno, que essa preservação perderá sua eficácia caso não haja protocolo de representação judicial no prazo de sessenta dias a contar da data do requerimento de preservação de evidência ou haja indeferimento do pedido.

Assim, recomenda-se à autoridade solicitante de preservação de conteúdo que informe ao provedor de conexão ou de aplicação de internet que já foi protocolada representação judicial visando os respectivos registros de acesso.

Logo que tomar conhecimento do crime cometido, o delegado de polícia deverá expedir ofício direcionado ao provedor de conexão ou de aplicação de internet, indicando formas de localização do suposto ilícito, como perfil do usuário, conta de e-mail, URL e outros dados úteis que individualizem o fato e apontem os indícios referentes à autoria.

3.1. Modelo de Solicitação de Preservação de Registros de Provedor de Conexão

Ofício nº ____/___/2015 ________ (UF), ___ de _________ de 201_.

Ref. Inquérito Policial nº ____

EMENTA: Preservação de Registros de Conexão.

Ao Ilmo. Sr.

MD. Diretor da Empresa _______________________

Provedor de Conexão __________________________

_____________ – UF.

Senhor Diretor,

Tramita nesta Delegacia inquérito policial para apurar______________.

O investigado fez uso do terminal móvel ___________ para o cometimento do delito em apuração.

Há necessidade, para tanto, da preservação dos registros de conexão do usuário do telefone (___) ______________, no período compreendido entre ____________ e ____________.

Informo ainda que, tão logo seja possível, representarei ao Poder Judiciário pela expedição da competente ordem judicial que autorizará o envio dos registros dos quais ora se solicita a preservação.

Assim sendo, com base no art. 13, § 2º do Marco Civil da Internet, **SOLICITO** ao **Provedor DE CONEXÃO**, com a finalidade de subsidiar investigação policial em curso, que preserve os registros de conexão (o conjunto de informações referentes à data e hora de início e término de uma conexão à internet, sua duração e o endereço IP utilizado pelo terminal para o envio e recebimento de pacotes de dados) relacionados ao terminal móvel ___________ pelo período compreendido entre ____________ e ____________.

Solicito, ainda, que o presente pedido deva permanecer em sigilo conforme preconiza o art. 13, § 4º do Marco Civil da Internet.

As informações referentes à preservação devem ser encaminhadas diretamente para o e-mail (e-mail institucional), bem como em mídia e/ou impressas para o endereço ______________________.

Atenciosamente,

____

Delegada de Polícia Civil

3.2. Modelo de Solicitação de Preservação de Registros de Aplicações de Internet

Ofício nº ____/___/2015   ________ (UF), ___ de ________ de 201_.

Ref. Inquérito Policial nº ____

EMENTA: Preservação de Registros de Aplicação de Internet.

Ao Ilmo. Sr.

MD. Diretor da Empresa __________________________

Provedor de Aplicação de Internet ____________________________

_______________ – UF.

Senhor Diretor,

Tramita nesta Delegacia inquérito policial para apurar________________.

A investigação apontou que a autoria criminosa está relacionada com a conta de e-mail ___________________ que, durante o período compreendido entre ________________ e ________________, enviou vários e-mails que configuram, em tese, os delitos de _________________.

Há necessidade, para tanto, da preservação dos registros de acesso ao endereço eletrônico _________________, referentes ao período acima mencionado.

Informo ainda que, tão logo seja possível, representarei ao Poder Judiciário pela expedição da competente ordem judicial que autorizará o envio desses registros, cuja preservação ora é solicitada.

Assim sendo, com base no art. 15, § 2º do Marco Civil da Internet, **SOLICITO** ao **Provedor DE APLICAÇÃO DE INTERNET**, com a finalidade de subsidiar investigação policial em curso, que preserve os registros de acesso a aplicações de internet (o conjunto de informações referentes à data e hora de uso de uma determinada aplicação de internet a partir de um determinado endereço IP) relacionados à conta de e-mail _________________, do período compreendido entre _________________ e _________________.

Solicito, ainda, que a presente deva permanecer em sigilo conforme preconiza o art. 13, § 4º do Marco Civil da Internet.

A fim de dinamizar as investigações, as informações referentes à preservação devem ser encaminhadas diretamente para o e-mail (e-mail institucional), bem como em mídia e/ou impressas para o endereço______________________.

Atenciosamente,

____

Delegada de Polícia Civil

3.3. Preservação Através do *Facebook Records*

O Facebook possibilita, através da plataforma *Law Enforcement Online*, a solicitação da preservação de perfis e seus dados sem a necessidade de ordem judicial. O acesso é feito através de <https://www.facebook.com/records>, portal este que também é utilizado em casos envolvendo o Instagram. Para ter acesso, é necessário que o solicitante esteja encarregado de uma investigação em andamento. Destaque-se que não será criado um novo perfil da rede social do solicitante, apenas ocorrerá a vinculação de um e-mail institucional ao caso que será aberto no provedor de aplicação, sendo viabilizado o acesso *on-line* ao grupo Facebook.

Em casos de situação de emergência que envolva perigo para uma criança, risco de morte ou danos corporais a qualquer pessoa, as informações serão enviadas de forma mais rápida e efetiva. Nessa situação, não haverá necessidade, em um primeiro momento, de ordem judicial para a obtenção desses dados.

Essas solicitações não estão acessíveis ao usuário comum nem repassam dados em casos de litigância em conteúdo civil diretamente ao solicitante. Nesse caso, o usuário privado (não responsável por uma investigação) poderá apenas acessar a sua página e, por meio do menu configurações, baixar suas informações.

Quando solicitado pelo responsável de uma investigação, o Facebook preservará o perfil indicado pelo prazo de noventa dias contados do requerimento de preservação. Assim, a autoridade policial ou o Ministério Público devem enviar a ordem judicial o quanto antes. É importante ressaltar que, apesar de estabelecer um prazo de noventa dias, o Facebook, como provedor de aplicação de internet, deve manter esses registros de acesso pelo prazo de seis meses nos termos do Marco Civil da Internet.

A solicitação de preservação não poderá ser imprecisa. Para tanto, deverá conter:

- autoridade responsável pela denúncia, com identificação e matrícula funcional;
- endereço de e-mail institucional;
- telefone direto para contato;

- endereço de e-mail, número do documento de identificação do usuário (http://www.facebook.com/profile.php?id=1000000XXXXXXXX) ou nome de usuário (http://www.facebook.com/username) do perfil do Facebook.

A plataforma para auxílio às autoridades policiais ainda faz uma diferença entre registros de informações da conta e das que contenham conteúdo de comunicação. Para o primeiro caso, necessita de uma ordem judicial o fornecimento de cabeçalho de mensagens e endereços de IP (*logs* de acesso com início e fim de cada conexão), além de registros básicos de usuários, tais como: nome completo, endereço, conta de e-mail, telefone registrado em caso de verificação de segunda etapa, dentre outros dados úteis. Quando se tratar de conteúdo de comunicações, em tempo real, incluindo mensagens (conteúdo de mensagens *inbox*), fotos, vídeos, publicações no mural e informações de localização, a plataforma exige um mandado de busca telemático ou de interceptação telemática para fornecê-lo.

No momento da representação para a expedição de mandado judicial, a autoridade solicitante deverá mostrar a necessidade de constar no respectivo documento a proibição, por parte da empresa de notificação, de ordem judicial ao suspeito, a fim de que a investigação não seja comprometida.

Assim, é imprescindível que a autoridade policial solicite logo essa preservação e, a partir desse momento, o Facebook passará a armazenar esse conteúdo.

É importante mencionar, ainda, que não há necessidade de tradução do mandado para a língua inglesa. Seu encaminhamento deverá ser *on-line* através da plataforma, bem como pelo endereço físico do escritório do Facebook no Brasil.

Por fim, ressalte-se que, em razão da rede social Instagram fazer parte do mesmo grupo econômico do Facebook, a plataforma *on-line* também poderá ser utilizada para a solicitação de preservação de conteúdo.

3.4. WeChat e Preservação de Evidência *On-line*

Em sua política de privacidade, consta que o aplicativo coleta, preserva e divulga as informações, a fim de cumprimento de lei em decorrência de ordem judicial ou em resposta a um pedido de autoridade para cumprimento de lei ou regulamento aplicável[31].

O WeChat coleta as seguintes informações:

- Dados de localização.
- Informações técnicas: endereço IP, operadora de celular, dados e versão do dispositivo utilizado, informações de configuração do navegador *web* ou de outro programa para acessar o serviço, termos de busca utilizados, perfis sociais visitados, metadados de fotografias enviadas.

O aplicativo oferece um canal para que autoridades solicitem a preservação de evidências *on-line*, visando garantir que esses dados não sejam descaracterizados ou destruídos até o envio da respectiva ordem judicial.

No seu manual de procedimentos[32], o aplicativo informa o conteúdo que responde quando solicitado:

- **Pedidos de preservação:** preservação de dados específicos, enquanto não é enviada a ordem judicial do caso investigado.
- **Solicitações de emergência:** nos casos de uma emergência envolvendo risco de morte, lesões corporais graves ou qualquer risco de dano a uma criança.

O pedido deverá ser claro, com a menção ao dispositivo do Marco Civil da Internet, contendo ainda: a autoridade requerente, com a sua respectiva função e matrícula; o número de telefone para contato; o e-mail institucional; o endereço físico; o prazo para a resposta. Além do mais, há

---

[31] WeChat. Privacy Policy. Última modificação em 20 de fevereiro de 2014. Disponível em: <http://www.wechat.com/pt/privacy_policy.html>. Acesso em: 12 jul. 2016.

[32] WeChat. Law Enforcement Data Request Guidelines. Última modificação em 08 de outubro de 2013. Disponível em: <http://www.wechat.com/pt/law_enforcement_data_request.html>. Acesso em: 12 jul. 2016.

necessidade de colocar o WeChat ID ou a conta do usuário e a relação desta com a investigação em andamento.

Os pedidos deverão ser preenchidos no idioma inglês e encaminhados para o e-mail lawenforcement@wechat.com e aos cuidados do Departamento Jurídico para WeChat International Pte. Ltd., c/o Level 29, Three Pacific Place, 1 Queen's Road East, Wanchai, Hong Kong.

3.4.1. Modelo de Formulário de Preservação de Evidência no WeChat

WECHAT – LAW ENFORCEMENT DATA REQUEST GUIDELINES[33]

– LEGAL PROCESS REQUEST/PRESERVATION REQUEST FORM

Please use this form only if you are a Requesting Authority making a Request in accordance with the WeChat *Law Enforcement Data Request Guidelines*.

Requesting Authority:	
Request Contact's Details: (i) Requesting Authority (ii) Agent Name and Rank (iii) Badge/Identification Number (iv) E-mail Address (must be from the Requesting Authority's e-mail domain address) (v)Direct phone number (vi) Address	
Detailed description of the Request, including the relationship of the Request (and the data being requested) to the relevant law enforcement investigation:	
The user to which the Request relates (including their identification/WeChat ID/account details):	
Detailed description of specific data being requested from us regarding the relevant user/account and its relationship to the investigation to which the Request relates:	
The basis of the Request, including the provisions of any specific legislation being relied upon:	
Request response date:	
[Expected determination date for the application for valid legal authority:]	

I declare that to the best of my knowledge, all information contained in this Request Form is true and correct. The order/warrant/direction is attached to this form/I declare that I intend to take all necessary steps to apply for valid legal authority and I undertake to provide to you forthwith a copy of any valid legal authority obtained or confirmation that the Preservation Request be released, as the case may be, pending the outcome of the relevant application.

Signature

Identification Number

Date

[33] WeChat. Idem.

3.4.2. Modelo de Formulário para Solicitação de Emergência

EMERGENCY DISCLOSURE REQUEST FORM

Please use this form only if you are a Requesting Authority making an Emergency Request in accordance with the WeChat *Law Enforcement Data Request Guidelines*.

Requesting Authority:	
Request Contact's Details: (i) Requesting Authority (ii) Agent Name and Rank (iii) Badge/Identification Number: (iv) E-mail Address (must be from the Requesting Authority's e-mail domain address) (v) Direct phone number (v) Address	
Detailed description of the nature of the emergency and why the threat is imminent (i.e. description of why there is an imminent emergency involving risk of death, serious physical injury to a person or any risk of harm to a child; and why the normal legal process for disclosure would be insufficient):	
The identity of the person who is in danger of death or serious physical injury, or the child who is at imminent risk of harm:	
The user to which the Request relates (including their identification/account details):	
Detailed description of specific data being requested from us regarding the relevant user/account and why that information is necessary to prevent the emergency:	
The basis of the Request, including the provisions of any specific legislation being relied upon:	
Request response date:	

I declare that to the best of my knowledge, all information contained in this Emergency Disclosure Request Form is true and correct.

Signature

Identification number

Date

3.5. Ata Notarial e Certidão do Escrivão de Polícia: Materializando o Ilícito

A captura de tela ou *printscreen* normalmente é utilizada para documentar um fato ocorrido em um provedor de aplicação de internet. Essa conduta, no entanto, tem gerado questionamentos sobre a sua validade jurídica em razão de ser produzida unilateralmente e ser facilmente modificável.

Quando for utilizada a tecla *printscreen* ou for feito um *screenshot* (foto da tela), copia-se a tela que está aparecendo no terminal, transformando-a em imagem, sem, entretanto, salvar os metadados[34] que compõem esse conteúdo, perdendo informações importantes sobre este, como as propriedades de criação, localização geográfica, etc. Além do mais, com qualquer editor de imagens é possível modificar o conteúdo apresentado, eis que fora produzido unilateralmente.

As redes sociais, por exemplo, possuem uma infinidade de dados nem sempre capazes de serem alcançados apenas com uma simples captura de tela. No Facebook, por exemplo, há diversos metadados associados a uma conta individual que precisam ser salvos de forma correta para que se tenha um valor probatório.

Além disso, existem outras formas para preservar um conteúdo que foi disponibilizado na internet, inclusive através do uso de softwares específicos, que fazem o *download* de tudo o que consta na página investigada, como o HTTRACK[35], que é um software que permite copiar sites inteiros para uma pasta no seu disco rígido e, em seguida, visualizá-los quando você estiver desconectado da internet. Recomenda-se que seja salvo em uma mídia não regravável e, em seguida, encaminhado o conteúdo à perícia, com a formulação dos quesitos relacionados.

Já há decisões judiciais no sentido de que a mera cópia da tela do computador não tem o valor de prova, seja por ser confeccionada sem a participação do consumidor, seja por não se submeter ao contraditório e à ampla defesa na sua elaboração[36,37].

---

34 Modo de apresentação dos itens em uma página, tais como textos, figuras, vídeos e sons.

35 Disponível em <http://www.xnavigation.com.br/view/614/httrack/website/copier/download.html>. Acesso em: 12 jul. 2016.

36 TJDFT. ACJ — Apelação Cível do Juizado Especial. Rel. 20141110005018ACJ. Rel. Luís Gustavo B. de Oliveira. Julgado em 27 jan. 2015.

37 TJSP. 24ª Câmara Cível Apelação Cível Nº 0000592-84.2014.8.19.0087 Apelante: Maria Vilma Rosa da Silva. Apelado: Sky Brasil Serviços Ltda. Relator: Des. Sérgio Seabra Varella.

Visando acompanhar a evolução da sociedade, o novo CPC trata, em seus arts. 439 a 441, dos documentos eletrônicos:

> Art. 439. A utilização de documentos eletrônicos no processo convencional dependerá de sua conversão à forma impressa e da verificação de sua autenticidade, na forma da lei.
>
> Art. 440. O juiz apreciará o valor probante do documento eletrônico não convertido, assegurado às partes o acesso ao seu teor.
>
> Art. 441. Serão admitidos documentos eletrônicos produzidos e conservados com a observância da legislação específica.

É importante mencionar que o documento formado perante um oficial público é considerado igualmente público, o qual, conforme o disposto no Art. 405 do novo CPC, faz prova não só da sua formação, como também dos fatos que o escrivão, o chefe de secretaria, o tabelião ou o servidor declarar que presenciaram.

Ressalte-se que, conforme o Art. 407 do novo CPC, o documento lavrado por oficial público incompetente ou sem a observância das formalidades legais, mas subscrito pelas partes, tem a mesma eficácia probatória do documento particular, e, no que tange a este, caso as declarações nele constantes sejam escritas e assinadas ou somente assinadas, presumem-se verdadeiras em relação ao signatário (Art. 408 do novo CPC), destacando-se que, caso se refira à declaração de ciência de determinado fato, tal documento prova a ciência, mas não o fato em si, incumbindo o ônus de prová-lo ao interessado em sua veracidade.

Já os arts. 422 e 423, do novo CPC, esclarecem que:

> Art. 422. Qualquer reprodução mecânica, como a fotográfica, a cinematográfica, a fonográfica ou de outra espécie, tem aptidão para fazer prova dos fatos ou das coisas representadas, se a sua conformidade com o documento original não for impugnada por aquele contra quem foi produzida.
>
> § 1º As fotografias digitais e as extraídas da rede mundial de computadores fazem prova das imagens que reproduzem, devendo, se impugnadas, ser apresentada a respectiva autenticação eletrônica ou, não sendo possível, realizada perícia.
>
> § 3º Aplica-se o disposto neste artigo à forma impressa de mensagem eletrônica.

> Art. 423. As reproduções dos documentos particulares, fotográficas ou obtidas por outros processos de repetição, valem como certidões sempre que o escrivão ou o chefe de secretaria certificar sua conformidade com o original.

Dessa forma, do novo contexto legal, depreende-se que a simples junção aos autos de investigação de mera imagem capturada da tela de terminal não é suficiente para compor o conjunto probatório, mormente quando apresentada por parte interessada e produzida de forma unilateral. A fim de conferir confiabilidade para a utilização dos *prints* e *screenshots* como provas, é necessário que sejam coletados e conferidos por quem detenha fé pública — nesse caso, escrivão de polícia ou outro servidor que, por meio de lei própria, tenha esse atributo, ou, ainda, por meio de ata notarial, em cartório de registro de notas.

3.5.1. Ata Notarial

A finalidade da ata notarial é determinar a existência de um fato que tenha relevância jurídica. É lavrada por um notário, dotada de fé pública, que não poderá emitir nenhum juízo de valor sobre o que está vendo, apenas deve narrar o que está observando, sem nenhuma alteração do conteúdo. Apesar de ser um instrumento ainda pouco conhecido, tem sido utilizado bastante na preservação de fatos ocorridos na internet.

Sobre a sua utilização, Fredie Didier pontua[38]:

> Por se tratar de documento público, a ata notarial faz prova não só da sua formação, mas também dos fatos que o tabelião declarar que ocorreram em sua presença (art. 405, CPC). Quando utilizada em juízo, no entanto, é preciso ter em mente que se trata, normalmente, de meio de prova produzido unilateralmente. Por mais que o tabelião goze de fé pública, a documentação normalmente é feita sem a presença da parte contra quem o documento é produzido no processo — que, por isso mesmo, não pode interferir no procedimento probatório, tal como teria o direito (fundamental) de fazer caso a mesma diligência fosse realizada em juízo. Com isso queremos dizer que a ata notarial é um excelente meio de documentação de fatos, sobretudo

[38] DIDIER JR., Fredie; BRAGA, Paula Sarno; OLIVEIRA, Rafael Alexandria de. Curso de direito processual civil: teoria da prova, direito probatório, ações probatórias, decisão, precedente, coisa julgada e antecipação dos efeitos da tutela. 10. ed. Vol. 2. Salvador: Ed. Jus Podivm, 2015, p. 214.

> por prescindir da deflagração de um procedimento judicial — como o da produção antecipada de prova (art. 381 e seguintes, CPC) — para alcançar finalidade que dela se espera. Isso, contudo, não afasta a necessidade de o juiz dar-lhe o valor que, no caso concreto, ela merece, inclusive repetindo, se for o caso, a diligência outrora efetivada pelo tabelião, a fim de que a parte contra quem foi produzida possa, como lhe é de direito, participar da produção da prova.

Dentre as várias situações em que foi empregada, a ata notarial já foi utilizada para constatação de página na internet[39], ofensas proferidas em fórum de debate na internet[40] e crime contra a honra publicado em comentário de blog[41].

Sua lavratura compete com exclusividade ao tabelião de notas conforme Art. 7º, inc. III da lei nº 9.935 de 1994.

O novo Código de Processo Civil, em seu Art. 384, diz:

> Art. 384. A existência e o modo de existir de algum fato podem ser atestados ou documentados, a requerimento do interessado, mediante ata lavrada por tabelião.
>
> Parágrafo único. Dados representados por imagem ou som gravados em arquivos eletrônicos poderão constar da ata notarial.

Verifica-se que o referido dispositivo legal estabelece a possibilidade de se atestar ou documentar a existência ou modo de existir de algum fato através de ata notarial, incluindo dados representados por imagens ou sons gravados.

3.5.2. Certidão de Servidor Público Dotado de Fé Pública

Em que pese muito se falar da necessidade de ata notarial para materializar e dar validade a evidências digitais, a Polícia Civil do Estado do Pará inovou, ao considerar alternativa com igual valor probante a coleta da evidência na unidade policial, com a lavratura de certidão por parte do

---

[39] TJ-SP Apelação Cível nº 0002565-91.1997.8.26.0405. Rel. Des. Francisco Loureiro, São Paulo, 21 jun. 2011.

[40] TJ-RS. Recurso Cível nº 71003022951. Terceira Turma Recursal. Reparação de Danos Rel. Des. Carlos Eduardo Richinitti.

[41] TJ-PE. Processo: 1136442-4, Acórdão: 37747, Fonte: DJ: 1381, Data Publicação: 30/07/2014, Órgão Julgador: 2ª Câmara Criminal, Data Julgamento: 10 jul. 2014.

escrivão de polícia ou outro servidor que detenha fé pública, atribuída por lei.

Tal hipótese se coaduna com os preceitos trazidos pela Carta Magna de 1988, uma vez que, por ser gratuita, permite o acesso democrático à Justiça, possibilitando que qualquer cidadão que tenha sido vítima de um crime cibernético veja processado seu ofensor, com a escorreita coleta probatória. Os custos da ata notarial podem fazer com que a demanda de registros de crimes cibernéticos seja reprimida. Destaque-se, entretanto, que, em razão da atribuição, só é cabível a certidão policial em casos que configurem crimes, ou seja, se forem ilícitos unicamente civis ou administrativos, deve-se recorrer à ata notarial.

No momento do registro do boletim de ocorrência, o policial deverá anotar todos os dados que possam individualizar a conduta, tais como: pessoas que compartilharam ou tiveram conhecimento da exposição do conteúdo íntimo; dia, hora e local e quem primeiro teve conhecimento; URLs nas quais o conteúdo foi postado; bem como outros elementos que possam ser úteis no decorrer da investigação. Caso algumas informações não estejam disponíveis de pronto, o delegado deverá expedir ordem de missão aos policiais com o intuito de obtê-las a fim de complementar a investigação. Tanto a polícia como a vítima devem estar atentas para a volatilidade da evidência, devendo preservá-la o mais rápido possível, não esquecendo de solicitar ao provedor de internet que preserve o conteúdo e os dados de postagem. Essas providências devem ser feitas cumulativamente, pois a conduta supostamente ilícita irá repercutir na esfera cível e penal.

3.5.3. Procedimentos para a Lavratura de Ata Notarial e Certidão de Servidor Público Dotado de Fé Pública

No momento da lavratura da ata notarial ou certidão, o elaborador deve ser objetivo e impessoal no relato dos fatos, não fazendo constar qualquer juízo de valor no corpo do documento, apenas relatando o que viu e/ou ouviu.

No bojo do documento, deverá constar o requerimento da parte interessada para que o tabelião/escrivão intervenha na elaboração da ata ou certidão, bem como a indicação de local, hora, dia, mês e ano de sua realização.

Tanto a ata notarial quanto a certidão lavrada por escrivão de polícia podem seguir os procedimentos relatados a seguir:

a) Constatar um fato na internet:

- Descrição do caminho percorrido, descrevendo a metodologia adotada.
- Data e horário do acesso.
- Acesso ao conteúdo da URL mencionada pelo requerente.
- Transcrição do conteúdo, caso se trate de texto ou de áudio com a gravação do conteúdo em mídia não regravável, indicando a URL completa.
- No caso de vídeo, gravação em mídia ótica, bem como a descrição, em síntese, das cenas vistas.
- Capturar trechos do conteúdo e anexar ao documento.

b) Acesso a conteúdo de telefone celular: normalmente apresentado pela vítima ou por seu representante legal para verificar o envio ou recebimento de mensagens de texto, acesso a conteúdo de internet, acesso a *webmail* ou qualquer outra função que esteja armazenada no celular do requerente. Tal diligência não substitui a perícia técnica, se for o caso. Deve conter:

- Descrição do aparelho telefônico, constando marca, modelo, cor, IMEI, número de série do chip e o respectivo número de telefone com DDD.
- Etapas que percorreu até acessar o conteúdo (metodologia): softwares, aplicativos e pastas acessadas.
- Captura de telas e transcrição fiel do conteúdo.
- Gravação do conteúdo em mídia não regravável.

c) Constatar e-mail enviado ou recebido na internet:

- Descrição do caminho percorrido (metodologia).
- Acesso ao conteúdo do e-mail, que deverá ser aberto pelo requerente na presença do tabelião/escrivão. Deve mencionar apenas o endereço de e-mail acessado, sem a necessidade da senha.
- Acessar o cabeçalho do e-mail e apontar de onde a mensagem foi enviada, registrando o caminho específico seguido por ela, além de data, remetente, destinatário, assunto e momento do envio.

- Transcrição do conteúdo que se encontra no corpo do texto do e-mail. No caso de anexos, deve-se extrair e anexar em mídia não regravável.
- Captura de telas e imagens.
- Gravação do conteúdo em mídia não regravável.

d) Acesso a conteúdo de *apps* de comunicação via internet (WhatsApp, Viber, Telegram):

- Descrição do caminho percorrido (metodologia).
- Identificar os interlocutores associados na aplicação com o respectivo número de telefone.
- Inserir as mensagens trocadas referentes aos diálogos.
- Mencionar os grupos de usuários nos quais o conteúdo foi mencionado.
- Captura de telas e imagens.
- Gravação do conteúdo em mídia não regravável.

e) Conteúdo postado no Facebook:

- Descrição do caminho percorrido (metodologia).
- Endereço de e-mail do requerente e do responsável pela postagem do conteúdo, com o respectivo nome de usuário ou número de identificação da conta do perfil no Facebook.
- Dia e hora da postagem.
- Informar URLs nas quais o conteúdo se encontra disponibilizado.
- Informar quantas curtidas e compartilhamentos foram feitos no respectivo conteúdo, com a identificação dos usuários que assim procederam, bem como se ações foram feitas para o grupo de amigos ou para usuários selecionados (nível de alcance da postagem).
- Captura de telas e imagens.
- Gravação do conteúdo em mídia não regravável.

f) Conteúdo postado no Twitter:

- Descrição do caminho percorrido (metodologia).
- Dia, local e hora da postagem do conteúdo.
- Informações sobre a conta do requerente e do responsável pela postagem do conteúdo no Twitter, caso possua, tais como: nome do usuário e *login* (@xxxxxxxxx), localização caso disponibilize, seguidores e seguidos.

- Transcrição integral do conteúdo.
- URL na qual o conteúdo se encontra disponibilizado com o *link* encurtado.
- Alcance do *tweet* com informações de quantos viram e interagiram com o conteúdo postado.
- Captura de telas e imagens.
- Gravação do conteúdo em mídia não regravável.

g) Conteúdo postado no Instagram:

- Descrição do caminho percorrido (metodologia).
- Dia, local (caso disponibilizado) e hora da postagem do conteúdo. Caso seja acessado alguns dias após o fato, não se pode precisar a data da postagem.
- Informações do requerente e do responsável pela postagem do conteúdo (nome de usuário e *login*, seguidores e seguidos, número de *posts*).
- Comentários e número de pessoas que curtiram.
- Caso tenha informações sobre a localização do conteúdo postado, deverão ser consignadas no documento.
- Captura de telas e imagens.
- Gravação do conteúdo em mídia não regravável.

3.6. Modelos

3.6.1. Requerimento para a Lavratura de Ata Notarial para a Constatação de um Fato na Internet

ILMA. TABELIÃ DO CARTÓRIO DO ____º OFÍCIO DE NOTAS ______________.

Requerimento para a Lavratura de Ata Notarial

Requerente, (qualificação, nome completo, filiação, RG, CPF, endereço, vem, à presença de Vossa Senhoria, expor os fatos para ao final requerer:

No dia xx de xxxxxx de 201x, a requerente teve uma foto e um vídeo íntimos seus expostos no aplicativo xxxxxxxx através dos usuários xxxxxx e xxxxxxxx, além dos grupos xxxxxxxxx, xxxxxxxx e xxxxxxx, conforme imagem abaixo:

[IMAGEM]

O vídeo íntimo foi, ainda, postado no site de compartilhamento de vídeos XXXXXX através das URLs: xxxxxxxxxxxxx e xxxxxxxxxx.

Esses fatos têm causado sérios constrangimentos à requerente e seus familiares, em razão da exposição de sua intimidade em redes sociais e aplicativos de mensagens instantâneas.

Dessa forma, com fulcro no Art. 236 da Constituição Federal; Art. 384, CPC e Arts. 6º e 7º da Lei Federal nº 8.935/94, vem requerer que V. Sa. se digne em mandar confeccionar ATA NOTARIAL dos fatos ora narrados, verificando na rede mundial de computadores através dos *links* supracitados, bem como no celular apresentado, constando no documento o conteúdo do sítio com data e horário, descrição de imagens das páginas acessadas, impressão de *links* e telas acessadas, integrantes dos grupos ou usuário que difundiram o conteúdo íntimo e tudo mais que for necessário, consubstanciando a materialidade do ilícito, com riqueza de detalhe, para que possa ser constatada por meio de uma simples leitura.

Local e Data.

Requerente

CPF

3.6.2. Ata Notarial de Constatação de Conteúdo em Provedor de Aplicação de Internet

REPÚBLICA FEDERATIVA DO BRASIL
ESTADO DO ________ – COMARCA DE ______________
____OFÍCIO DE NOTAS

LIVRO DE ATA NOTARIAL Nº ____TRASLADO

ATA NOTARIAL DE CONSTATAÇÃO DE CONTEÚDO ÍNTIMO EM PROVEDOR DE APLICAÇÃO DE INTERNET

Saibam quantos virem esta ATA NOTARIAL lavrada neste Cartório do ____Ofício de Notas, situado ______________, que, no dia ____, a Sra. ______________ (qualificação), solicitou ao Cartório que eu, tabelião, utilizasse a internet para acessar as seguintes URLs:

a) Xxxxxxxxxxxxxxxx
b) Xxxxxxxxxxxxxxxx

Acessei as referidas URLs, nesta data, no horário de ________, em computador situado na sede deste Tabelionato, utilizando o navegador xxxxx, tendo obtido os seguintes resultados:

Ao acessar os endereços ______________ do site de compartilhamento de conteúdo pornográfico ______________ foram exibidos os seguintes vídeos e páginas, onde havia conteúdo de atos sexuais de caráter privado envolvendo a requerente, no respectivo provedor de aplicação de internet.

[IMAGEM]
[IMAGEM]
[IMAGEM]

Nada mais havendo, procedi ao arquivamento do requerimento, arquivos e vídeos gravados em DVD, juntamente com as imagens das URLs acessadas nesta Ata Notarial, que faço imprimindo em preto e branco, bem como os documentos trazidos pela requente. Para constar lavro a presente Ata, para os efeitos legais. Ao final, esta Ata foi lida em voz alta, achada conforme e assinada pela requerente ______________, e por mim, ________________, Tabelião. Dou fé. Transladada hoje. Está conforme.

Local e Data

Em testemunho (   ) da verdade.

____
XXXXXXXXXXX
Tabelião

3.6.3. Ordem de Missão Policial em Casos de Crimes Cibernéticos

ORDEM DE MISSÃO

Autoridade Policial:
Equipe policial:
Destino:
Viatura:
Prazo para a missão:

- DADOS CONHECIDOS DA MISSÃO:

Houve a publicação de imagens íntimas da vítima _____________, conforme Boletim de Ocorrência nº _____________, difundidas através do aplicativo _________ e do site _____________, nas seguintes URLs _____________ e _____________.

DILIGÊNCIAS A SEREM REALIZADAS:

1. Localizar e qualificar testemunhas a fim de que possam prestar esclarecimentos sobre o fato.
2. Identificar e qualificar os responsáveis pelo compartilhamento e para quais usuários e grupos o conteúdo foi divulgado.
3. Identificar os indivíduos presentes na produção da mídia, a fim de prestarem declarações.
4. Coletar outras informações úteis ao deslinde das investigações.

Ao final, elaborar relatório circunstanciado da missão policial.

_____________, ____ de __________ de 201__.

____

Delegado de Polícia Civil

3.6.4. Certidão Lavrada por Escrivão de Polícia, para a Preservação de Conteúdo Exposto em *App* de Troca de Mensagens Instantâneas

CERTIDÃO

CERTIFICO que a requerimento do Sr(a) XXXXXXXXXXXXX (qualificação completa), o qual apresentou o aparelho telefônico de marca XXXXX, modelo XXXXXX, IMEI XXXXXXXX, cor XXXXXXXX, acompanhado de SIM *card* com número XXXXXXXXXXXXX, com cartão de memória do tipo micro SD com X GB de armazenamento, que, ao acessar as aplicações XXXXXXXX e XXXXXXXX, verificou-se o conteúdo de comunicação e mídias constantes, tendo sido obtido os seguintes resultados:

1 — Ao inicializar a aplicação XXXXXXXX (descrever o caminho até chegar no conteúdo a ser analisado), foi exibida troca de mensagens de texto e mídias entre interlocutores identificados como XXXXXX e XXXXXX, associados na aplicação aos números de terminal móvel celular +55(XX)XXXX -XXXX e +55(XX)XXXX-XXXX, com o conteúdo que passo a transcrever na íntegra.

"XXXXXXXXXXXXXXXX (inserir todas as mensagens trocadas referentes aos diálogos, devendo transcrever na íntegra, sem cortes ou edições)"

Foram encontrados também fotos e vídeos, onde havia conteúdo de atos sexuais de caráter privado envolvendo o requerente, além de mensagens de voz alusivas a estes.

[IMAGEM]

[IMAGEM]

Nada mais havendo, pede o solicitante que sejam arquivados os conteúdos encontrados em mídia, bem como impressas as imagens identificadas, o que faço, imprimindo-as em cores, anexando-as em tamanho reduzido à presente certidão.

Para constar, lavro a presente certidão. Ao final, este documento foi lido em voz alta, achado conforme e assinado pelo requerente e por mim. O referido é verdade e dou fé. Cartório do Xº Distrito Policial.

_____________, ____ de __________ de 201__.

Fulano de Tal

Escrivão de Polícia Civil

Mat. XXXX.XXXX-XXX

3.7. Rede 24 por 7

A ideia de preservação da evidência em crimes cibernéticos surgiu em um encontro de integrantes de países que compõem o G8[42]. No ano de 1997 foi criado um subgrupo denominado *High-Tech Crime*, visando garantir a persecução do criminoso cibernético em qualquer lugar do planeta.

Nesse contexto, fora criada uma rede de contato entre esses países, pois os canais de cooperação internacional não eram um meio rápido e eficaz; logo, a nova rede visa a preservação rápida e pontual das evidências eletrônicas sob pena de não se lograr êxito na localização e prisão dos criminosos cibernéticos.

Essa rede é composta por pontos de contato nos países, disponíveis 24 horas por dia e sete dias por semana, os quais se comunicam diretamente e da forma mais rápida possível (e-mail, telefone, etc.) e posteriormente formalizam o procedimento através de preenchimento de um pedido formal de cooperação.

Esses pontos de contato devem garantir a prestação de assistência imediata, aconselhamento técnico, preservação e recolhimento de dados, bem como a prestação de informações necessárias à elucidação do fato e ainda à localização de suspeitos. Sem essa coleta e compartilhamento de informações, a cooperação tornar-se-ia limitada e, às vezes, impossível.

Esse modelo direto de cooperação ainda está previsto na Convenção de Budapeste sobre o Cibercrime. Há previsão, em seu artigo 35, acerca da rede 24 horas, sete dias por semana. O intuito é assegurar a prestação de assistência imediata a investigações de crimes relacionados com dados e sistemas informáticos ou com intuito de recolhimento de provas. A citada convenção assegura, ainda, que as partes deverão garantir, para o bom funcionamento da rede, pessoal capacitado para atender às solicitações de auxílio.

Assim, caso haja necessidade de preservação de evidência em uma investigação em andamento, o condutor da investigação deverá procurar a Superintendência da Polícia Federal no seu estado e oficiar solicitando

---

[42] Grupo de países que formam as oito maiores economias do planeta, integrado por Canadá, França, Alemanha, Itália, Japão, Rússia, Reino Unido e Estados Unidos.

providências para a guarda de conteúdo. Ressalte-se, por oportuno, que essa solicitação não substitui a cooperação tradicional entre os países, e que a solicitação desses dados preservados deve ser feita por esse meio.

3.7.1. Cooperação Direta entre as Polícias

A cooperação direta não necessita de intervenção do Poder Judiciário, podendo ser apontada como exemplo dessa forma de colaboração a realizada pelo intercâmbio de informações policiais através da Interpol[43]. A troca de informações entre o Coaf no Brasil e as unidades de inteligência financeira nos outros países seria outro exemplo.

A cooperação policial internacional pode ser definida como "ato pelo qual a autoridade local busca a realização de uma diligência investigativa no território de outro país[44]".

Essa cooperação poderá ser efetuada de várias formas, dentre as quais:

- Manutenção e atualização de banco de dados de criminosos, com os respectivos *modus operandi*.
- Localização e prisão de criminosos.
- Identificação e realização da oitiva de testemunhas.
- Obtenção de provas.
- Realização de ações coordenadas de operações policiais.
- Estabelecimento de canais oficiais de comunicação para que se tenha um atendimento 24 por 7.
- Intercâmbio de informações de inteligência.
- Informações sobre antecedentes criminais e organizações criminosas.

A operação "Tapete Persa"[45] é um bom exemplo de como a cooperação policial internacional é importante na apuração de abuso sexual e pedofilia na internet. Após cumprimento de mandado de busca realiza-

---

[43] A Interpol, Organização Internacional de Polícia Criminal, foi criada em 1923. Entre as suas atribuições, facilita a cooperação policial transfronteiriça, com intercâmbio rápido e eficaz no tratamento de informações de natureza policial. Atua ainda na perseguição de fugitivos internacionais.

[44] Instrução de Serviço nº 01 de 2011. Regulamenta as atribuições da Coordenação Geral de Cooperação Internacional do Departamento de Polícia Federal.

[45] Deflagrada pela Polícia Federal em 27 jul. 2013, a operação teve como objetivo o cumprimento de 81 mandados de busca e apreensão em nove estado brasileiros.

do pela polícia estadual de Baden-Württemberg, na Alemanha, foram identificados IPs situados no Brasil de redes de compartilhamento de arquivo envolvendo pornografia infantil[46]. Após o recebimento dessas informações pela polícia brasileira, foram instaurados inquéritos policiais para apuração dos crimes relatados.

A Polícia Federal possui atribuição de realizar a cooperação policial internacional, tarefa esta executada através da Coordenação-Geral de Cooperação Internacional (CGCI), vinculada ao Gabinete do Diretor-Geral da Polícia Federal. Essa Coordenação é composta pelos seguintes setores[47]:

a) Setor de Apoio Administrativo — SAD.
b) Setor de Apoio às Missões no Exterior — SEMEX.
c) Serviço de Cooperação Policial — INTERPOL.
d) Divisão de Cooperação Jurídica Internacional — DJC.

Entre as mais diversas atribuições da Coordenação Geral (da Polícia Federal), podemos citar a promoção e o intercâmbio de informações com outras entidades congêneres e organizações multinacionais reconhecidas pelo Brasil, que congreguem organismos policiais, no interesse do procedimento investigatório[48]. A Interpol, Ameripol[49] ou Europol[50] são exemplos de instituições policiais de caráter intergovernamental.

Ressalte-se, por oportuno, que esses organismos não detêm as informações que porventura venham a interessar a investigação em andamento. Apenas atuam como órgãos intermediários, visando a cooperação entre

---

[46] TRF-2 — ACR — APELAÇÃO CRIMINAL — APR 201050010083067. Rel. Desembargador Federal Messod Azulay Neto. Julgado em 12 mar. 2013.

[47] Portaria nº 2.877, de 30 dez. 2011. Aprova o Regimento Interno do Departamento de Polícia Federal. Disponível em: <http://www.justica.gov.br/Acesso/anexos-institucional/ri-departamento-de-policia-federal-dpf.pdf>. Acesso em 18 jul. 2016.

[48] Instrução Normativa nº 13/2005-DG/DPF, de 15 jun. 2005. Disponível em: <http://www.pf.gov.br/acessoainformacao/instrucao-normativa-no.-013-2005-dg-dpf-de-15-de-junho-de-2005>. Acesso em: 12 jul. 2016.

[49] Surgiu no ano de 2007 na cidade de Bogotá, Colômbia, no III Encontro de Diretores, Comandantes e Chefes de Polícia da América Latina e do Caribe. A Comunidade de Polícia das Américas é um mecanismo de cooperação hemisférico, integrado e coordenado, cujo propósito é fortalecer a cooperação policial em matéria técnico-científica. Atualmente é composta por trinta organismos de polícia.

[50] Serviço Europeu de Polícia, criado em 1º de julho de 1999. Sediado em Haia, Holanda, tem como função a análise e o intercâmbio de informações criminais, auxiliando na cooperação dos estados participantes na repressão da criminalidade transnacional. Disponível em: <https://www.europol.europa.eu/>. Acesso em: 12 jul. 2016.

as polícias. No caso de prisão de um foragido, por exemplo, a Interpol auxilia as polícias nacionais na identificação e localização de foragidos, com vistas à sua prisão e posterior extradição ou ato congênere.

A Interpol é a maior organização policial do mundo, com 190 países-membros. Fornece ferramentas e serviços necessários que possibilitam o desenvolvimento do trabalho policial de forma eficaz através de capacitação, suporte investigativo, banco de dados e canais de comunicação seguros.

Dessa forma, caso um delegado de polícia civil necessite obter informações sobre um investigado que se encontra em outro país, deverá solicitar apoio junto à essa Coordenação (da Polícia Federal), através do Serviço de Cooperação Policial, eis que o Departamento de Polícia Federal centraliza as informações, fazendo a ligação com a Interpol. É o caso, por exemplo, quando ocorre a expedição de um mandado judicial de prisão, onde, independentemente da instância do magistrado, deverá constar a indicação de que a pessoa a ser presa está fora do país ou prestes a sair dele[51]. Após a sua expedição, deve-se fazer o encaminhamento por cópia autenticada ao Superintendente da Polícia Federal no Estado onde foi emanada a ordem judicial, com vistas à difusão vermelha[52].

---

[51] Corregedoria Nacional de Justiça. Instrução Normativa nº 01, de 10 de fevereiro de 2010. Dispõe sobre a indicação da condição de possível foragido ou estadia no exterior quando da expedição de mandado de prisão em face de pessoa condenada, com sentença de pronúncia ou com prisão preventiva decretada no país, e dá outras providências. Disponível em: <http://www.cnj.jus.br/atos?documento=208>. Acesso em: 12 jul. 2016.

[52] Difusão são alertas que permitem à polícia dos países integrantes o compartilhamento de informações de criminosos. Pode ser de várias espécies: a) vermelha: localização e prisão de procurados visando extradição ou ação similar; b) amarela: ajuda a localizar pessoas desaparecidas, normalmente menores; c) azul: coleta informações adicionais sobre a identidade de uma pessoa, sua localização ou atividades relacionadas com o crime; d) preta: busca de informações sobre corpos não identificados; e) verde: fornece avisos e informações de inteligência sobre indivíduos que tenham cometido crimes que sejam suscetíveis de ser cometidos em outros países; f) laranja: alerta sobre um evento, uma pessoa, um objeto ou algo que represente uma ameaça grave e iminente para a segurança pública; g) roxa: solicita ou presta informações sobre *modus operandi*, objetos, dispositivos e métodos de ocultação utilizados pelos criminosos. Disponível em: <http://www.interpol.int/INTERPOL-expertise/Notices>. Acesso em: 12 jul. 2016.

3.7.1.1. Termos e Acordos e Legislação Sobre Cooperação Policial

Brasil e Uruguai assinaram em 2004 um acordo sobre cooperação policial em matéria de investigação, prevenção e controle de fatos delituosos. A assistência e a cooperação compreendem as situações de interesse mútuo, relacionadas com as tarefas de polícia nas zonas limítrofes[53].

Um bom exemplo de cooperação policial é o que ocorre através do Memorando de Entendimento entre o Brasil e a Colômbia, celebrado em Bogotá no ano de 2005 e promulgado por decreto[54] no ano de 2014. Teve como objetivo fomentar a cooperação e assistência mútua entre as instituições policiais dos dois países, visando o combate à criminalidade organizada transnacional e às seguintes modalidades delituosas: tráfico ilícito de entorpecentes e substâncias psicotrópicas; desvio de precursores químicos utilizados na produção ilícita de entorpecentes e substâncias psicotrópicas; tráfico ilícito de armas, munições, produtos explosivos e substâncias perigosas e controladas; tráfico de pessoas; exploração sexual infantil; tráfico ilícito de espécies da flora e da fauna e outros delitos ambientais; lavagem de capitais; falsificação de dinheiro e de outros documentos públicos; tráfico ilegal de bens culturais e delitos contra a propriedade intelectual; contrabando e descaminho; exploração ilegal de recursos naturais; e crimes cibernéticos.

Os termos do Acordo de Cooperação entre o Brasil e o Paquistão sobre o Combate à Produção e ao Tráfico de Drogas[55], informam que compete ao Departamento de Polícia Federal a cooperação policial por parte do Brasil. Na prestação da assistência, poderá ser feita requisição por

---

[53] Acordo entre a República Federativa do Brasil e a República Oriental do Uruguai sobre Cooperação Policial em Matéria de Investigação, Prevenção e Controle de Fatos Delituosos. Lavrado em 14 de abril de 2004 no Rio Branco, Acre. Promulgado através do Decreto nº 6.731, de 12 de janeiro de 2009. Disponível em: <http://www.planalto.gov.br/ccivil_03/_ato2007-2010/2009/decreto/d6731.htm>. Acesso em: 12 jul. 2016.

[54] Decreto nº 8.360, de 17 de novembro de 2014. Promulga o Memorando de Entendimento entre o Governo da República Federativa do Brasil e o Governo da Colômbia sobre Cooperação Policial, firmado em Bogotá, em 14 de dezembro de 2005. Disponível em: <https://www.planalto.gov.br/ccivil_03/_ato2011-2014/2014/decreto/d8360.htm>. Acesso em: 12 jul. 2016.

[55] Decreto nº 8.410, de 24 de fevereiro de 2015. Promulga o Acordo de Cooperação sobre o Combate à Produção, Consumo e Tráfico Ilícito de Drogas e Substâncias Psicotrópicas entre a República Federativa do Brasil e a República Islâmica do Paquistão, firmado em Brasília, em 29 de novembro de 2004. Disponível em: <https://www.planalto.gov.br/ccivil_03/_ato2015-2018/2015/decreto/d8410.htm>. Acesso em: 12 jul. 2016.

escrito, sendo que, excepcionalmente, permite-se a solicitação de informações por telefone, devendo, entretanto, formalizá-la no prazo de três dias.

Pelo Mercosul foram celebrados acordos e regulamentos que visam o aperfeiçoamento da cooperação policial:

- Acordo nº 24/02 — De Cooperação em Operações Combinadas de Inteligência Policial sobre Terrorismo e Delitos Conexos entre os Estados Partes do Mercosul, República da Bolívia e República do Chile[56]. O acordo foi lavrado com base na necessidade de incrementar a eficiência dos meios utilizados no enfrentamento às novas características do crime, advindas do fenômeno da globalização e do processo de integração regional. Nesse acordo há um incremento do fluxo de informações da atividade de inteligência, permitindo aos países integrantes o início de operações combinadas quando houver necessidade de investigações fora do seu território. A Secretaria Nacional de Segurança Pública (Senasp) é a autoridade central no Brasil, encarregada de enviar e receber pedidos para o início dessas operações combinadas. É possível que um policial de um estado atue em outro, desde que esteja na qualidade de observador. A prova ou indício resultante dessas operações só poderão ser utilizados caso haja expressa autorização do país onde foram produzidos.
- Regimento Interno do Centro de Coordenação de Capacitação Policial, do Mercosul, Bolívia e Chile[57]. Não necessita de incorporação, por regulamentar aspecto da organização ou funcionamento do Mercosul. O Centro tem como missão o favorecimento e a articulação da capacitação e modernização das forças de Segurança Pública, a partir de um enfoque interdisciplinar e cooperativo. Dentre suas funções podemos citar a promoção do intercâmbio de experiências entre os integrantes dos acordos.

---

[56] MERCOSUL/RMI/ACTA Nº 02/02 — ANEXO IX. XII REUNIÃO DE MINISTROS DO INTERIOR DO MERCOSUL. Assinado em Salvador, Bahia, em 08 de novembro de 2002. Disponível em: <http://portal.mj.gov.br/services/DocumentManagement/FileDownload.EZTSvc.asp?DocumentID= %7B1B8D3470-DD0F-4961-9C97-212D58FF82D3%7D&ServiceInstUID= %7BD4906592-A493-4930-B247-738AF43D4931%7D>. Acesso em: 12 jul. 2016.

[57] MERCOSUL/CMC/DEC. Nº 17/00. Disponível em: <http://www.mercosur.int/innovaportal/v/3192/3/innova.front/decis%C3%B5es-2000>. Acesso em: 18 jul. 2016.

- Acordo Operacional sobre a Implementação de Ações na Luta contra a Pirataria, Contrabando de Cigarros e demais Produtos Sensíveis para cada Estado[58]. Nesse acordo, os integrantes da atividade de inteligência, bem como os demais integrantes das forças de Segurança Pública, deverão coletar e difundir informações oportunas entre si, protegendo, no entanto, o conhecimento produzido. Não há necessidade de regulamentação pelo Estado parte, eis que o acordo trata apenas de aspectos atinentes ao regular funcionamento do Mercosul.
- Acordo sobre o Regulamento de Organização e Funcionamento do Sistema de Intercâmbio de Informação de Segurança do Mercosul — Sisme[59]. Os dados pessoais objeto do intercâmbio de informações de cooperação policial devem ter como objetivo a luta contra o terrorismo, o tráfico de drogas, organizações criminosas, crime contra a pessoa e contra o patrimônio.

3.8. Selfie em Locais de Crime

Até bem pouco tempo atrás era comum no local de crime apenas o perito e alguns policiais estarem de posse de uma máquina fotográfica registrando as cenas. Com a popularização dos *smartphones*, essa regra virou exceção, onde terceiros que estão no local de crime tornam-se "freelancers" e passam a fazer o registro da cena, com o intuito de repassar para conhecidos, imprensa e/ou postar em redes sociais.

Hoje em dia, é muito comum a disseminação de fotos de locais de crime por meio de aplicativos na internet, indo, esse hábito macabro, desde o compartilhamento de imagens de simples acidentes até fotos de desastres aéreos com vítimas fatais.

Essa conduta também não tem sido diferente por parte de alguns policiais. Por vezes, aqueles que têm o dever legal de isolar e preservar o

---

[58] MERCOSUL/RMI/ACORDO Nº 09/04. Disponível em: <http://portal.mj.gov.br/mercosul/services/DocumentManagement/FileDownload.EZTSvc.asp?DocumentID={5E77A8B1-DD43-49E4-935F-4ED7C8F4E78E}&ServiceInstUID={D4906592-A493-4930-B247-738A-F43D4931}>. Acesso em: 12 jul. 2016.

[59] MERCOSUL/RMI/ACORDO Nº 03/07. Disponível em: <http://portal.mj.gov.br/mercosul/services/DocumentManagement/FileDownload.EZTSvc.asp?DocumentID={BF6BC795-44BC-4EB9-BD65-A7994CF344F6}&ServiceInstUID={D4906592-A493-4930-B247-738AF43D4931}>. Acesso em: 12 jul. 2016.

local de crime fazem-no precariamente, permitindo que populares tirem fotos de vítimas e divulguem rapidamente, ou, ainda, os próprios servidores públicos adentram o local e tiram fotos, publicando-as logo em seguida, como se fossem um troféu.

A deputada Aline Corrêa, do PP de São Paulo, apresentou o projeto de lei nº 5.012 de 2013, visando alterar o artigo 20 do Código Civil, a fim de dar proteção à imagem de vítima fatal de acidente ou crime. Segundo o projeto, "ao lidar com vítima fatal, a autoridade competente deverá zelar pela preservação de sua dignidade, evitando sua exposição pública, bem como o uso indevido de sua imagem". A proposição foi arquivada e devolvida à Coordenação de Comissões Permanentes da Câmara dos Deputados, nos termos do Art. 105 de seu Regimento Interno[60].

Ao chegar ao local de crime, a polícia deve agir com cautela, preservando ao máximo as evidências, podendo e devendo, sim, fazer fotografias, mas para utilizar nas investigações, devendo seu conteúdo ser repassado única e exclusivamente à equipe policial responsável pela elucidação do caso.

Logo que tais fotografias ou vídeos são postados para indivíduos ou grupos dentro de aplicativos para trocas de mensagens, por exemplo, em questão de horas tornam-se virais e tais cenas chocantes são repassadas ao público, inclusive aos familiares das vítimas, com riquezas de detalhes.

Depois de se tornar viral, fica difícil apontar o autor daquela fotografia, pois provavelmente diversas pessoas tiveram acesso ao local, entre curiosos, socorristas, policiais, guardas municipais, peritos, entre outros. Quando um remetente envia uma fotografia para alguém pela internet ou outra tecnologia da informação, ele automaticamente perde o controle sobre esta e, a partir de então, não conseguirá saber onde vai parar e com que finalidade será utilizada.

Ressalte-se que é de fundamental importância que o local do crime seja preservado a fim de assegurar um bom trabalho pericial. Para tanto, os policiais devem evitar que populares e outros policiais que não estejam

[60] Câmara dos Deputados. PL 5.012/2013. Dá nova redação ao art. 20 da Lei nº 10.406, de 10 de janeiro de 2002, que institui o Código Civil. Dispõe sobre a proteção da imagem de vítima fatal de acidente ou crime. Disponível em: <http://www.camara.gov.br/proposicoesWeb/fichadetramitacao?idProposicao=565402>. Acesso em: 12 jul. 2016.

preservando o local ou não estejam envolvidos na investigação violem o local e tirem fotografias. O responsável pelo isolamento deverá tomar nota do nome e da matrícula do policial que entrou ou tentou entrar em um local de crime. O perito também é de extrema importância, devendo fotografar populares e policiais que estejam filmando ou fotografando o local. Caso imagens sejam divulgadas, devem-se enviar os dados desse policial para o respectivo órgão correcional, a fim de apurar eventuais responsabilidades administrativas, bem como inibir que fatos como esses voltem a se repetir.

Oportuno mencionar que a conduta de divulgar imagens de pessoas mortas pode vir a configurar o crime de vilipêndio a cadáver, previsto no Art. 212 do Código Penal pátrio.

No caso de um local de crime que já se encontrava preservado, mas mesmo assim filmagens e fotografias foram divulgadas, basta, no decorrer da investigação, identificar quais os servidores públicos que estiveram presentes e, caso seja necessário, proceder a exame pericial em eventuais aparelhos celulares apreendidos.

É importante ressaltar que há decisão judicial no sentido de que os provedores de internet são solidariamente responsáveis aos promotores das ofensivas publicações, sendo dever destes fazer cessar as ações que provoquem revolta e repulsa e que se revelem agressivas ao sentimento de luto suportado por familiares das vítimas[61].

Grande parte das redes sociais já possui *links* para denunciar material impróprio, possibilitando aos familiares das vítimas a comunicação da possível exposição indevida.

Para evitar que fatos lamentáveis como esse ocorram, recomendam-se:

- Isolamento e preservação do local de crime.
- Maior abrangência do local isolado a fim de evitar a captura de cenas à distância.
- Estabelecimento de protocolo de diligências em locais de crimes para todos os policiais que para lá forem deslocados, anotando os dados de quem adentrou na cena, quanto tempo permaneceu e os motivos que o levaram a permanecer no lugar.

---

[61] TJ-GO. Comarca de Goiânia. Processo nº 357751-62.2015.8.09.0051. Juiz Willian Fabian. 25 jun. 2015.

- Fotografia de local de crime só deve ser realizada por quem tem o dever de apurar o fato.
- Não enviar fotografias ou vídeos para grupos em aplicativos.
- Em caso de recebimento em redes sociais ou *apps* de comunicação, não se deve compartilhar o conteúdo, advertindo aos integrantes do grupo o dever de não repassar.
- Conscientizar os usuários de internet, para que se coloquem no lugar de familiares das vítimas, que muito sofrem com a exposição de seu ente querido vitimado, e passem a não compactuar com a divulgação dessas imagens.

3.8.1. Modelo de Formulário para Registro de Entrada em Local de Crime

Delegacia ou Unidade de Polícia Militar

Local do Fato ______________________________

Policial Responsável ______________________________

Data e Horário do Atendimento da Ocorrência ____________________

Nome e cargo do servidor que entrou ou tentou entrar no local	Matrícula	Lotação	Data e hora de entrada	Data e hora de saída	Razões para ingresso

Data, Local e Assinatura pelo policial responsável pelo preenchimento

4. Registros de Conexão e de Acesso a Aplicações de Internet

O armazenamento dos registros é de fundamental importância para a individualização da autoria delitiva dos crimes praticados através da internet, uma vez que, sem eles, fica mais dificultoso o esclarecimento do fato em apuração.

O Ministério Público Federal, no ano de 2008, fez recomendação sobre o armazenamento de *logs* de acesso do usuário por período não inferior a dois anos. Dentre as várias argumentações, mencionou[62]:

> As empresas prestadoras de acesso à internet são empresas prestadoras de serviços de relevância pública, qualificados pelo seu potencial lesivo, pela sua natureza de serviço em rede, por sua vinculação à comunicação e à comunicação social, pela abertura que seus serviços trazem a lesões à dignidade da pessoa humana, à privacidade, à pluralidade da sociedade, aos limites do exercício da liberdade de expressão, ao exercício da potencialidade dos seres humanos e ainda pela abertura que a internet trouxe a novas formas de criminalidade e ampliação de formas já existentes;
>
> A ampliação das potencialidades das condutas criminosas de exploração sexual de crianças e adolescentes são vinculadas às possibilidades de atuação anônima do predador sexual, de mapeamento e ação das e nas redes sociais e das e nas ferramentas de internet frequentadas por crianças;
>
> A imposição constitucional e legal de repressão criminal das condutas de abuso, violência e exploração sexual de crianças e adolescentes que, por qualquer meio, se valem da internet depende necessariamente do armazenamento dos dados de acesso por parte da empresa prestadora do acesso à pessoa que virá a ser o predador sexual.

---

[62] Ministério Público Federal. RECOMENDAÇÃO nº 47/2008. Disponível em: http://www.prsp.mpf.mp.br/prdc/sala-de-imprensa/pdfs-das-noticias/20-06-08%20-%20MPF%20recomenda%20que%20Net%20armazene%20os%20logs%20de%20acesso%20por%20pelo%20menos%202%20anos.pdf. Acesso em 13 de dez. 2015.

É importante frisar que, no ano de 1999, o Comitê Gestor da Internet no Brasil (CGI)[63] já havia feito recomendação semelhante aos provedores de acesso, para que realizassem o armazenamento por prazo mínimo de três anos[64], dos dados de conexão e comunicação, incluindo: endereço de IP, data e hora de início da conexão e origem da chamada.

Em razão da inércia legislativa até aquele momento, a Anatel, através de Consulta Pública nº 45, no intuito de disciplinar as condições de prestação e fruição do Serviço de Comunicação Multimídia (SCM), estabeleceu, em seu Art. 65, a obrigatoriedade da prestadora em manter os dados cadastrais e os registros de conexão de seus assinantes pelo prazo mínimo de três anos, com exceção da prestadora de pequeno porte, que teria o prazo reduzido para dois anos. Na ocasião, a ação foi alvo de críticas, sendo a maior delas a de que a Anatel não teria atribuições para regulamentar tal matéria.

Vislumbra-se que o entendimento anterior ao Marco Civil era de que as informações necessárias à identificação do usuário deveriam ser armazenadas por um prazo mínimo de três anos, a contar do dia em que o usuário cancelasse o serviço[65].

Atualmente, o Marco Civil da Internet diferencia registro de conexão de registro de aplicações da internet. O primeiro é o conjunto de informações referentes à data e hora de início e término de uma conexão à internet, sua duração e o endereço de IP utilizado pelo terminal para o envio e o recebimento de pacotes de dados. Já o segundo é definido como o conjunto de funcionalidades referentes à data e hora de uso de uma determinada aplicação de internet a partir de um determinado endereço de IP.

Nesse contexto, a lei disciplina que a guarda de registros de conexão ou de acesso a aplicações de internet deve ser mantida pelo prazo de um

---

[63] O Comitê Gestor da Internet no Brasil foi criado em 03 de setembro de 2003 através do Decreto Presidencial nº 4.829. Dentre as suas atribuições estão: estabelecer diretrizes estratégicas relacionadas ao uso e desenvolvimento da internet no Brasil; estabelecer diretrizes para a organização das relações entre o governo e a sociedade, na execução do registro de nomes de domínio, na alocação de endereço IP (*Internet Protocol*) e na administração pertinente ao Domínio de Primeiro Nível (*ccTLD — country code Top Level Domain*), "**.br**", no interesse do desenvolvimento da internet no país; promover estudos e recomendar procedimentos, normas e padrões técnicos e operacionais, para a segurança das redes e serviços de internet, bem como para a sua crescente e adequada utilização pela sociedade.

[64] CGI. Recomendações para o Desenvolvimento e Operação da Internet no Brasil. Disponível em: <http://www.cgi.br/pagina/recomendacoes-para-o-desenvolvimento-e-operacao-da-internet-no-brasil/202>. Acesso em: 12 jul. 2016.

[65] STJ. REsp 1.398.985. MG, Relatora Min. Nancy Andrighi, julgado em 19 jan. 2013, DJe 26 jan. 2013.

ano para o primeiro caso e seis meses para o segundo, respectivamente. Tudo deve ocorrer sob sigilo, em ambiente controlado e de segurança. No caso de provedores de conexão, não é permitida a transferência de manutenção de registros a terceiros.

Assim, os registros de conexão informam o momento, o tempo de permanência e o endereço de IP utilizado para a conexão à internet por um usuário. Já os registros de acesso a aplicações de internet informam, por exemplo, dia e hora em que o usuário utilizou determinado site a partir de um determinado protocolo de internet.

É importante frisar que há casos em que os órgãos investigativos já possuem os dados de um determinado IP, como, por exemplo, em uma situação de crime contra a honra cometido através de e-mail. Ao analisar o cabeçalho do e-mail recebido pela vítima, muitas vezes é possível extrair o IP referente ao envio. Assim, com informações sobre o protocolo de internet, basta apenas oficiar ao provedor de internet para o fornecimento de dados cadastrais, sem necessitar de ordem judicial para tanto.

O compartilhamento de endereços de IPv4, por parte dos provedores de internet, através da implantação de plataformas CG-NAT 44[66], tem gerado dificuldades na elucidação de crimes que têm a internet como meio.

Há decisões judiciais no sentido de que as informações sobre as portas lógicas de origem devem ser fornecidas pelos provedores de conexão e não pelos provedores de aplicações de internet.

Já provedores de conexão, por sua vez, aduzem que somente os provedores de aplicação podem indicar a porta lógica de origem.

De acordo com o Relatório Final de Atividades, do grupo de trabalho para implantação do protocolo IP versão 6 nas redes das prestadoras de serviços de telecomunicações[67]:

---

[66] A plataforma *Carrier Grade Network Address Translation* (CG-NAT) possibilita o compartilhamento de endereços IPv4 públicos. Com essa solução, vários usuários poderão, num mesmo instante, acessar a internet por meio do mesmo endereço IP público. Com o esgotamento do IPv4, torna-se necessária a implementação da nova versão do protocolo (IPv6) não só nas redes das prestadoras de telecomunicações, mas também pelos provedores de conteúdo, de serviços e de aplicações, como servidores de hospedagem, portais de conteúdo, websites, provedores de e-mail, comércio eletrônico, serviços bancários e de governo. Disponível em: <http://www.anatel.gov.br/Portal/exibirPortalNoticias.do?acao=carregaNoticia&codigo=36710>. Acesso em: 12 jul. 2016.

[67] Disponível em: <http://www.anatel.gov.br/Portal/exibirPortalRedireciona.do?codigoDocumento=326004>. Acesso em: 20 jul. 2016.

> Diante do exposto, é importante reforçar que durante o período de utilização da solução paliativa do CG-NAT44, para que o processo de apuração de ilícitos na internet não fique prejudicado, é necessário que, não só provedores de acesso, como também provedores de conteúdo e serviços de internet (bancos e sites de comércio eletrônico, por exemplo), adaptem seus sistemas para possibilitar a armazenagem dos registros de aplicação (provedores de aplicação) ou registros de conexão (provedores de acesso) com a informação da "porta lógica de origem" utilizada.
>
> Caso contrário, será inviável a identificação unívoca de um usuário que está fazendo uso de um determinado IP compartilhado. Este é um risco que necessita ser compartilhado com todos os elos da cadeia de investigação para garantir o correto funcionamento do processo de investigação.

Ressalte-se que tal problemática perderá relevância quando da total implementação do protocolo IPv6, uma vez que haverá abundância de endereços de IP (diferentemente do que ocorre com o IPv4), podendo ser atribuído um número identificador específico a cada conexão.

Por fim, um outro ponto a ser destacado sobre o compartilhamento de endereços de protocolos de internet seria a exposição de terceiros na investigação, pois alguém poderá ter seu sigilo telemático devassado pelo simples fato de compartilhar um endereço de IP.

4.1. Legitimidade para Requerer os Registros

É de fundamental importância compreender quem tem a legitimidade para requerer, nos termos legais, os registros de conexão e de acesso a aplicações de internet.

O Art. 22, da Lei nº 12.965/2014, disciplina que:

> A parte interessada poderá, com o propósito de formar conjunto probatório em processo judicial cível ou penal, em caráter incidental ou autônomo, requerer ao juiz que ordene ao responsável pela guarda o fornecimento de registros de conexão ou de registros de acesso a aplicações de internet (BRASIL, 2014).

Primeiramente, ao falar em parte interessada, observa-se que a lei se refere não só às autoridades policiais e promotores de justiça, mas também à Defensoria Pública e aos advogados, uma vez que todos estes têm capacidade para pleitear em juízo a obtenção dos registros eletrônicos.

Se a postulação para a obtenção dos registros for no curso de um processo judicial já existente, ocorrerá em caráter incidental; já se for a primeira medida da investigação, ocorrerá em caráter autônomo.

É válido destacar, todavia, que os advogados só poderão requerer os registros, em casos de crimes, se estes forem de ação penal privada, ou auxiliando o assistente de acusação, quando este for admitido pelo juízo.

4.2. Requisitos para a Obtenção dos Registros

Conforme preceitua o Marco Civil, em seu Art. 10, § 1º, o provedor somente será obrigado a fornecer os registros de conexão e acesso a aplicações de internet mediante ordem judicial, mas nada obsta que forneça tais informações diretamente ao órgão investigativo se lhe aprouver. Exemplificando, uma instituição bancária pode, se quiser, fornecer diretamente à polícia os registros de acessos fraudulentos à conta de uma vítima pela internet, mas só poderá ser obrigada a fazê-lo mediante ordem judicial.

> A parte interessada poderá, com o propósito de formar conjunto probatório em processo judicial cível ou penal, em caráter incidental ou autônomo, requerer ao juiz que ordene ao responsável pela guarda o fornecimento de registros de conexão ou de registros de acesso a aplicações de internet (BRASIL, 2014).

Assim, a fim de obter os registros eletrônicos, é necessário que sejam atendidos os pressupostos e requisitos previstos no Marco Civil da Internet, possibilitando o deferimento do pedido, por parte do juízo, quando for o caso.

Os pressupostos são dois: formar conjunto probatório, ou seja, coletar provas da autoria (quem fez) e da materialidade (o que fez) do ilícito; em processo judicial cível ou penal.

Ressalte-se que, apesar de o Marco Civil limitar-se à matéria cível ou penal, cabe a utilização dos registros eletrônicos obtidos nos processos específicos, em processos trabalhistas e administrativos, por exemplo, a título de prova emprestada, desde que autorizada judicialmente, pelo juízo que originalmente ordenou ao responsável pela guarda, o fornecimento de registros de conexão ou de registros de acesso a aplicações de internet.

A fim de utilizar tais informações em outros processos decorrentes do primeiro, onde houve o deferimento do pedido de obtenção de registros, o solicitante deverá ajuizar pedido de compartilhamento da prova, o qual deverá justificar a necessidade e os limites do empréstimo da prova, para a composição de novos autos.

Destaque-se que, ainda antes do Marco Civil, era possível o juízo cível determinar, quando de ação cautelar de exibição de documentos, o fornecimento de elementos identificadores de usuário de internet[68], bem como a maioria dos provedores de aplicação não exigia ordem judicial para repassar às polícias os registros respectivos, por entenderem que se trata apenas de dados e não de conteúdo de comunicação, este sim com proteção constitucional.

No que se refere aos requisitos legais, o requerimento deverá conter, sob pena de inadmissibilidade, os previstos no Art. 22, parágrafo único, bem como no Art. 19, § 1º: fundados indícios da ocorrência do ilícito, ou seja, indicativos mínimos da materialidade delitiva; justificativa motivada da utilidade dos registros solicitados para fins de investigação ou instrução probatória; período ao qual se referem os registros e, ainda, a indicação clara e específica do conteúdo apontado como infringente, que permita a localização inequívoca do material e de seus registros (normalmente se trata do *link* da página na internet usada para o ilícito).

Os registros eletrônicos não devem ser confundidos com dados cadastrais dos usuários, que podem ser solicitados diretamente por autoridades administrativas que detêm competência legal para sua requisição, sendo estas entendidas como a autoridade policial, promotor de justiça e defensor público. Por não ser autoridade administrativa, o advogado deverá solicitar ordem judicial para a obtenção de cadastros de usuários de IPs ou de proprietários de páginas na internet.

Importante frisar que, conforme o Art. 23 do mesmo diploma legal, cabe ao juiz tomar as providências necessárias à garantia do sigilo das informações recebidas e à preservação da intimidade, da vida privada, da honra e da imagem do usuário, podendo determinar segredo de justiça, inclusive quanto aos pedidos de guarda de registro.

---

[68] STJ. REsp 879.181/MA, Rel. Ministro Sidnei Beneti, Terceira Turma, julgado em 08 jun. 2010, DJe 1º jul. 2010.

4.3. Modelo de Representação de Afastamento de Sigilo de Registro de Acesso a Aplicações da Internet

EXCELENTÍSSIMO SENHOR DOUTOR JUIZ DE DIREITO DA ____ª VARA DA COMARCA DE ____________ — UF

A POLÍCIA CIVIL DO ESTADO DO __________, por meio da Sra. (....), delegada de Polícia Civil, vem, diante de Vossa Excelência, com arrimo no que dispõem o CPP e a Lei nº 12.965/2014, **REPRESENTAR PELO AFASTAMENTO DO SIGILO DE REGISTROS DE ACESSO A APLICAÇÕES DE INTERNET,** no bojo da Operação "**xxxxxxxxxx**", conforme os motivos de fato e de direito que passa a aduzir:

1. DOS FATOS

A notícia dos fatos criminosos chegou à polícia através do registro do Boletim de Ocorrência Policial nº (...).

Dessa forma, verifica-se que os fatos ora investigados são de grande relevância e mostram-se ainda mais complexos, uma vez que (...)

2. DO DIREITO

Em tese, Excelência, os fatos sob análise indicam a ocorrência de ilícitos penais previstos nos artigos __________ do C.P.B., sem prejuízo de outros crimes que possam vir a ser descobertos no curso das investigações.

Após a análise dos documentos que compõem os autos da investigação, constatou-se que é fundamental o afastamento do sigilo de dados telemáticos, a fim de individualizar a autoria dos fatos criminosos em tela.

É importante ressaltar que a possibilidade do afastamento do sigilo de dados telemáticos não se confunde com o afastamento do sigilo de comunicações telemáticas, estas, sim, protegidas constitucionalmente, só podendo ser violadas mediante ordem judicial e com fundamento na Lei nº 9.296/1996.

A Lei nº 12.965/2014, conhecida como Marco Civil da Internet, assim dispõe:

> Art. 5. Para os efeitos desta Lei, considera-se:
>
> I — internet: o sistema constituído do conjunto de protocolos lógicos, estruturado em escala mundial para uso público e irrestrito, com a finalidade de possibilitar a comunicação de dados entre terminais por meio de diferentes redes;

> II — terminal: o computador ou qualquer dispositivo que se conecte à internet;
>
> III — endereço de protocolo de internet (endereço IP): o código atribuído a um terminal de uma rede para permitir sua identificação, definido segundo parâmetros internacionais;
>
> IV — administrador de sistema autônomo: a pessoa física ou jurídica que administra blocos de endereço IP específicos e o respectivo sistema autônomo de roteamento, devidamente cadastrada no ente nacional responsável pelo registro e distribuição de endereços IP geograficamente referentes ao País;
>
> V — conexão à internet: a habilitação de um terminal para envio e recebimento de pacotes de dados pela internet, mediante a atribuição ou autenticação de um endereço IP;
>
> **VI — registro de conexão: o conjunto de informações referentes à data e hora de início e término de uma conexão à internet, sua duração e o endereço IP utilizado pelo terminal para o envio e recebimento de pacotes de dados;**
>
> VII — aplicações de internet: o conjunto de funcionalidades que podem ser acessadas por meio de um terminal conectado à internet; e
>
> **VIII — registros de acesso a aplicações de internet: o conjunto de informações referentes à data e hora de uso de uma determinada aplicação de internet a partir de um determinado endereço IP.** (sem negrito no original)

E, ainda, condiciona à autorização judicial a obrigatoriedade de fornecimento de registros de conexão ou registros de acesso a aplicações da internet, por parte dos provedores, para fins probatórios, elencando ainda quais os requisitos a serem demonstrados pelos requerentes:

> Art. 22. A parte interessada poderá, com o propósito de formar conjunto probatório em processo judicial cível ou penal, em caráter incidental ou autônomo, requerer ao juiz que ordene ao responsável pela guarda o fornecimento de registros de conexão ou de registros de acesso a aplicações de internet.
>
> Parágrafo único. Sem prejuízo dos demais requisitos legais, o requerimento deverá conter, sob pena de inadmissibilidade:
>
> I — fundados indícios da ocorrência do ilícito;
>
> II — justificativa motivada da utilidade dos registros solicitados para fins de investigação ou instrução probatória; e
>
> III — período ao qual se referem os registros.

Portanto, observa-se que, no presente caso, os requisitos acima estão preenchidos, uma vez que está patente a materialidade de crimes graves (_________ e _________), cuja autoria somente poderá ser desvendada através do fornecimento de todos os registros de acesso a aplicações de internet (o conjunto de informações referentes à data e hora de uso de uma determinada aplicação de internet a partir de um determinado endereço IP), referentes às contas de e-mail **xxxxxxx@xxxxxx.com e xxxxx@xxxxxxxxxxx.com (ou ao perfil da REDE SOCIAL cujo link é _________, desde ____/____/201_ até a data de envio das informações ora solicitadas).**

3. DOS PEDIDOS

Considerando a robustez dos indícios constantes nos autos de investigação, ora submetidos à apreciação desse juízo, o afastamento do sigilo sobre os dados cadastrais e telemáticos requeridos apresentam-se como mecanismos capazes de impulsionar esta investigação, razão pela qual a signatária, com supedâneo na legislação pátria, especificamente, o CPP e o Marco Civil da Internet, requer a Vossa Excelência:

1. Determinar ao PROVEDOR DE APLICAÇÃO, que, em cumprimento à ordem judicial, preserve, desde logo, os registros de acesso a aplicações da internet (*logs* de acesso, criação e alteração) das contas de e-mail XXXXXX@XXXX.com e XXXXX@XXXX.com, bem como informe, no prazo de 48 horas, sob pena de DESOBEDIÊNCIA, os registros de acesso a aplicações da internet, fornecendo IPs, datas, horários e fusos horários respectivos a cada ação, das contas **ACIMA CITADAS**, desde ____/____/201_ até a data do encaminhamento da presente solicitação.

2. A fim de dinamizar as investigações, que o cumprimento da ordem judicial se dê por meio do envio de e-mail, sem prejuízo do encaminhamento dos originais da decisão judicial, bem como as informações relacionadas ao caso devem ser encaminhadas pelo provedor diretamente à autoridade policial para o e-mail (xxx@xxx.gov.br — institucional), bem como em via impressa e em mídia não regravável para o _________________ (setor solicitante) com endereço à ___________________________.

3. Caso haja deferimento destes pedidos, esta Autoridade Policial solicita que seja comunicada, a fim de que possa adotar as providências necessárias ao cumprimento das ordens judiciais supra requeridas.

Aguarda deferimento.

________________, UF, ____ de ________________ de 201_.

Delegada de Polícia Civil

5. Dados Cadastrais

O primeiro dispositivo legal a tratar da possibilidade de requerimento direto de dados cadastrais (sem ordem judicial) foi a Lei de Lavagem de Dinheiro, e suas alterações introduzidas pela Lei nº 12.683/12, que criou o artigo 17-B:

> A autoridade policial e o Ministério Público terão acesso, exclusivamente, aos dados cadastrais do investigado que informam sua qualificação pessoal, filiação e endereço, independentemente de autorização judicial, mantidos pela Justiça Eleitoral, pelas empresas telefônicas, pelas instituições financeiras, **pelos provedores de internet** e pelas administradoras de cartão de crédito (BRASIL, 2012).

A lei que define organização criminosa[69] e dispõe sobre a investigação criminal também possibilita a solicitação pelo Delegado de Polícia e pelo Ministério Público dos dados cadastrais do investigado, independentemente de autorização judicial. No mesmo sentido é a Lei nº 12.830/2013[70], referente à investigação criminal conduzida pelo delegado de polícia, a qual estabelece, em seu Art. 2, § 2º, que, durante a condução da investigação criminal, cabe ao delegado de polícia a requisição de dados que interessem à apuração dos fatos.

Nessa seara, algumas decisões judiciais já vinham sendo prolatadas sobre a obrigatoriedade de o provedor fornecer os dados diretamente ao delegado de polícia:

---

[69] Lei nº 12.850, de 02 de agosto de 2013. Define organização criminosa e dispõe sobre a investigação criminal, os meios de obtenção da prova, infrações penais correlatas e o procedimento criminal; altera o Decreto-Lei nº 2.848, de 7 de dezembro de 1940 (Código Penal); revoga a Lei nº 9.034, de 03 de maio de 1995; e dá outras providências. Disponível em <http://www.planalto.gov.br/ccivil_03/_ato2011-2014/2013/lei/l12850.htm>. Acesso em: 12 jul. 2016.

[70] BRASIL. Lei nº 12.830, de 20 de junho de 2013. Dispõe sobre a investigação criminal conduzida pelo delegado de polícia. Disponível em: <http://www.planalto.gov.br/ccivil_03/_ato2011-2014/2013/lei/l12830.htm>. Acesso em: 20 jul. 2016.

Por outro lado, a requisição de dados cadastrais às provedoras de internet não se submete à reserva de jurisdição, porquanto não estão abrangidos pelo sigilo constitucional das comunicações telefônicas, ao contrário do que parecem crer os Impetrantes. Robustece a assertiva o novo art. 17-B, da Lei nº 9.613/98, inserido no ordenamento pela Lei nº 12.850/2013, de caráter geral[71].

DIREITO À INTIMIDADE. RELATIVIZAÇÃO. REGULAR DESEMPENHO DAS ATRIBUIÇÕES DA POLÍCIA FEDERAL. PROPORCIONALIDADE. JUSTA CAUSA. APELAÇÕES PARCIALMENTE PROVIDAS. 1. Trata-se de apelações de sentença em que as rés — concessionárias do serviço público de telefonia móvel foram condenadas a fornecer "à Polícia Federal do Estado do Amapá as informações referentes aos nomes, números de telefone e endereços de todos os seus usuários, organizados em banco de dados em meio magnético, formato TXT, com atualização mensal, sob pena de multa diária de R$ 10.000,00 (dez mil reais) em favor da União". 2. Nos termos do bem lançado parecer ministerial: "(...) o direito à intimidade/privacidade não é absoluto, podendo ceder ante o interesse público na otimização das investigações criminais e no combate às práticas criminosas. Daí porque o Ministro Celso de Mello, no julgamento do MS nº 23452/RJ, destacou que 'o ponto de partida para o verdadeiro entendimento do assunto reside em reconhecer a relatividade dos direitos fundamentais (muitos chamados de liberdades públicas no antigo direito francês). O princípio do sigilo absoluto não se coaduna com a realidade e a necessidade sociais. **Os dados pessoais, em conclusão, seja no momento de uma comunicação (telefônica ou por outra forma), sejam os armazenados (estanques), não gozam de sigilo absoluto.**/Segundo, porque, de acordo com orientação do Supremo Tribunal Federal, ao interpretar o art. 50, XII, da Constituição, o que o dispositivo visa proteger é a comunicação de dados, e não os dados em si. Dito de outro modo, **não se deve confundir interceptação de comunicações de dados, que requer prévia autorização judicial (reserva de jurisdição), com requisição de dados cadastrais (nomes, números de telefones, endereços, etc.)** de posse de companhias telefônicas (1 Cf. STF, MS nº 23452. DJ 12/05/2000. Rel. Min. Celso de Mello. 2 Cf. STF MS nº 21729. DJ 19/10/01)./Terceiro, porque se o Art. 7 da Lei nº 9.296/96 dispõe que a autoridade policial pode requisitar serviços e técnicos especia-

---

[71] Justiça Federal. Seção Judiciária do Distrito Federal. Habeas Corpus Nº 36-71.2014.4.01.3400. Juiz Federal Substituto Antônio Felipe de Amorim Cadete. Julgado em 13 de janeiro de 2014. Disponível em: <http://processual.trf1.jus.br/consultaProcessual/processo.php?proc=367120144013400&secao=DF&pg=1&enviar=Pesquisar>. Acesso em: 18 dez. 2015.

> lizados às concessionárias de serviço público, parece que, com mais razão, admite também a possibilidade de acesso às informações sobre os dados cadastrais dos usuários./Finalmente, porque, como bem observou o juiz, a Polícia Federal precisa e depende, para melhorar sua atuação, principalmente nas investigações criminais, dos dados cadastrais dos assinantes, inclusive para requisitar interceptações telefônicas". 3. Ainda, de acordo com o parquet: "(...) não é suficiente a alegação genérica de interesse público para que seja quebrado o sigilo dos dados de todos os usuários do serviço de telefonia móvel, como fez o juiz, sendo imprescindível, frise-se, a presença concomitante dos requisitos antes referidos (inquérito policial ou investigação criminal em curso; necessidade de acesso aos dados; individualização dos investigados), o que não se verificou na hipótese dos autos". 4. Ajusta-se a sentença ao disposto pela Lei nº 12.850/2013: "Art. 15. O delegado de polícia e o Ministério Público terão acesso, independentemente de autorização judicial, apenas aos dados cadastrais do investigado que informem exclusivamente a qualificação pessoal, a filiação e o endereço mantidos pela Justiça Eleitoral, empresas telefônicas, instituições financeiras, provedores de internet e administradoras de cartão de crédito". 5. Apelações parcialmente providas[72].

O Marco Civil da Internet veio no mesmo sentido, dispondo, em seu Art. 10, que:

> § 3º O disposto no *caput* não impede o acesso aos dados cadastrais que informem qualificação pessoal, filiação e endereço, na forma da lei, pelas autoridades administrativas que detenham competência legal para a sua requisição (BRASIL, 2014).

O Decreto nº 8.771, de 11 de maio de 2016[73], destinado a regulamentar a Lei nº 12.965/2014, disciplina que:

> Art. 11. As autoridades administrativas a que se refere o art. 10, § 3º, da Lei nº 12.965, de 2014, indicarão o fundamento legal de competência

---

[72] Tribunal Regional Federal da 1ª Região. Apelação Cível nº 4022620034013100. Rel. Juiz Federal Evaldo de Oliveira Fernandes. Publicada em 23 de maio de 2014. Acesso em: 17 de fevereiro de 2015.

[73] BRASIL. Decreto nº 8.771, de 11 de maio de 2016. Regulamenta a Lei nº 12.965, de 23 de abril de 2014, para tratar das hipóteses admitidas de discriminação de pacotes de dados na internet e de degradação de tráfego, indicar procedimentos para guarda e proteção de dados por provedores de conexão e de aplicações, apontar medidas de transparência na requisição de dados cadastrais pela administração pública e estabelecer parâmetros para fiscalização e apuração de infrações. Disponível em: <http://www.planalto.gov.br/ccivil_03/_Ato2015-2018/2016/Decreto/D8771.htm>. Acesso em: 20 jul. 2016.

> expressa para o acesso e a motivação para o pedido de acesso aos dados cadastrais.
>
> § 1º O provedor que não coletar dados cadastrais deverá informar tal fato à autoridade solicitante, ficando desobrigado de fornecer tais dados.
>
> § 2º São considerados dados cadastrais:
>
> I — a filiação;
>
> II — o endereço; e
>
> III — a qualificação pessoal, entendida como nome, prenome, estado civil e profissão do usuário.
>
> § 3º Os pedidos de que trata o *caput* devem especificar os indivíduos cujos dados estão sendo requeridos e as informações desejadas, sendo vedados pedidos coletivos que sejam genéricos ou inespecíficos.

Observa-se que o elenco do § 2º, do Art. 11, do decreto, é meramente exemplificativo, podendo ser acrescentado, também, o endereço de e-mail e números de documentos (RG, CPF, CNH), por exemplo, e, ainda, os dados relacionados à pessoa natural identificada ou identificável; seus números identificativos; dados locacionais ou identificadores eletrônicos, quando estes estiverem relacionados a uma pessoa, conforme definido no Art. 14, I, do diploma regulamentar, especificamente por serem meros dados constantes em bancos informatizados e não se referirem ao conteúdo de comunicações, este, sim, com sigilo constitucional e reserva de jurisdição.

Assim, quanto aos dados cadastrais de usuários de internet em poder dos provedores (provedor de conexão e de aplicação de internet), não há limitação quanto à matéria, bastando que a requisição seja formulada por autoridades administrativas, nestas compreendidas as autoridades policiais, membros do Ministério Público e defensores públicos, não estando acessíveis a terceiros, em decorrência de contrato. Caso um advogado deseje os dados cadastrais referidos, nos autos de um processo, por exemplo, deverá solicitar judicialmente.

5.1. Modelo de Requisição de Dados Cadastrais de Usuário de Protocolo de Internet (IP)

Ofício nº _______________ (UF), ___de _______________ de 201_.

Referência: BOP nº _______________

Ao Ilmo. Sr.

MD. Diretor da Empresa _______________

Provedor de _______________ (conexão ou aplicação)

_______________ – UF.

Senhor Diretor,

O Art. 6º, III, do Código de Processo Penal (CPP), dispõe que, assim que tiver conhecimento da prática da infração penal, a autoridade policial deverá colher todas as provas que servirem para o esclarecimento do ocorrido e suas circunstâncias, requisitando perícias, informações, documentos e dados que interessem à apuração dos fatos (Art. 2º, § 2º da Lei nº 12.830/2013).

Nesse sentido, o Art. 10, § 3º, do Marco Civil da Internet disciplina que a guarda e a disponibilização dos registros de conexão e de acesso a aplicações de internet de que trata, bem como de dados pessoais e do conteúdo de comunicações privadas, devem atender à preservação da intimidade, da vida privada, da honra e da imagem das partes direta ou indiretamente envolvidas, não impedindo o acesso aos dados cadastrais que informem qualificação pessoal, filiação e endereço, na forma da lei, pelas autoridades administrativas que detenham competência legal para a sua requisição.

Dessa forma, REQUISITO ao **PROVEDOR DE CONEXÃO**, com a finalidade de subsidiar investigação policial em curso que, no prazo de 48 horas, sob pena de DESOBEDIÊNCIA, forneça os dados cadastrais completos (nome; RG; CPF; fotografia se houver; endereço e linha telefônica associada; endereço de e-mail) do(s) usuário(s) que utilizou(aram) os seguintes IPs, na data e hora a seguir relacionadas:

IP, DATA, HORA, FUSO HORÁRIO

As informações referentes à presente requisição devem ser encaminhadas diretamente para o e-mail (e-mail institucional), bem como em mídia não regravável ou impressa para o endereço _______________.

Agradeço desde já a colaboração.

_______________, UF, ___de _______________ de 201_.

Delegada de Polícia Civil

6. A Aplicação Judicial do Marco Civil da Internet

6.1. A Contextualização do Art. 11 da Lei nº 12.965/2014

Por ocasião da elaboração do Marco Civil, a mídia mundial noticiou o vazamento de informações de documentos de vários países do mundo, repassadas por Edward Snowden, inclusive do Brasil, de onde foram divulgados dados relativos à Presidência da República e a empresas brasileiras. Em discurso na ONU, a então presidente Dilma Rousseff expressou indignação ao mencionar[74]:

> No Brasil, a situação ficou ainda mais grave, pois aparecemos como alvo dessa intrusão. Dados pessoais de cidadãos foram indiscriminadamente objeto de interceptação. Informações empresariais — muitas vezes, de alto valor econômico e mesmo estratégico — estiveram na mira da espionagem. Também representações diplomáticas brasileiras, entre elas a Missão Permanente junto às Nações Unidas e a própria Presidência da República, tiveram suas comunicações interceptadas... meu governo fará tudo que estiver a seu alcance para defender os direitos humanos de todos os brasileiros e de todos os cidadãos do mundo e proteger os frutos da engenhosidade de nossos trabalhadores e de nossas empresas.

Visando dar maior privacidade e segurança à internet, foi colocado no projeto do Marco Civil um inciso com o intuito de estimular a implantação de *datacenters* no Brasil, ocasionando a implantação de centros de armazenamento, gerenciamento e disseminação de dados pelo país.

---

[74] Leia a íntegra do discurso de Dilma na Assembleia Geral da ONU. Disponível em: <http://www1.folha.uol.com.br/mundo/2013/09/1346617-leia-a-integra-do-discurso-de-dilma-na-assembleia-geral-da-onu.shtml>. Publicado em 24 set. 2013. Acesso em: 12 jul. 2016.

A iniciativa não tinha apenas o intuito de aprimorar a capacitação tecnológica no país, mas também de evitar que o governo ou qualquer cidadão brasileiro fosse espionado pelo governo americano, já que hoje a maioria dos *datacenters* encontra-se localizada nos Estados Unidos.

Embora seja uma atitude louvável, o simples fato de o servidor da empresa estar localizado no país não inviabiliza a espionagem por outro governo. Além do mais, caso essa iniciativa fosse aprovada, nosso país teria grandes dificuldades de colocá-la em prática, por ainda não possuir uma infraestrutura tecnológica adequada. A implementação do serviço de armazenamento no Brasil poderia onerar o valor do serviço, que, na maioria das grandes empresas do setor, é terceirizado e feito em locais que ofereçam custo e benefício melhores.

Assim, o governo teve que ceder visando à aprovação do Marco Civil, eis que esse foi um dos pontos que mais gerou impasse na votação. Em razão da retirada dessa exigência, foi feita uma mudança na redação do artigo, visando que as empresas estrangeiras fossem obrigadas a cumprir a legislação brasileira. Sem essa alteração, tais empresas ofereceriam serviços no país, ganhariam milhões e mesmo assim não estariam sujeitas à legislação brasileira.

A alteração no projeto passou a fazer parte do § 2º do Art. 11 do Marco Civil, na seção da Proteção dos Registros, aos Dados Pessoais e às Comunicações Privadas:

> Art. 11. Em qualquer operação de coleta, armazenamento, guarda e tratamento de registros, de dados pessoais ou de comunicações por provedores de conexão e de aplicações de internet em que pelo menos um desses atos ocorra em território nacional, deverão ser obrigatoriamente respeitados a legislação brasileira e os direitos à privacidade, à proteção dos dados pessoais e ao sigilo das comunicações privadas e dos registros.
>
> § 2º O disposto no *caput* aplica-se mesmo que as atividades sejam realizadas por pessoa jurídica sediada no exterior, desde que oferte serviço ao público brasileiro ou pelo menos um integrante do mesmo grupo econômico possua estabelecimento no Brasil.

Dessa forma, mesmo que a empresa tenha sede no exterior, ela estará sujeita ao Marco Civil desde que oferte serviço ao público brasileiro ou pelo menos um integrante do mesmo grupo econômico possua estabelecimento no Brasil, quando ocorra uma operação de coleta, armazenamento, guarda e tratamento de registros de dados pessoais ou de comunicações por provedores de conexão e de aplicações de internet.

Nos casos que diferem das ações previstas no § 2º, por exemplo, compra e venda de determinado produto em provedor de aplicação de internet, não será aplicado o dispositivo do Marco Civil. Dependerá, nesse caso, se a empresa tem ou não filial no Brasil. Caso tenha, aplicar-se-á a legislação brasileira. Assim já decidiu o STJ no caso de responsabilidade da empresa estrangeira sediada no Brasil por defeitos em uma filmadora[75]:

> DIREITO DO CONSUMIDOR. FILMADORA ADQUIRIDA NO EXTERIOR. DEFEITO DA MERCADORIA. RESPONSABILIDADE DA EMPRESA NACIONAL DA MESMA MARCA ("PANASONIC"). ECONOMIA GLOBALIZADA. PROPAGANDA. PROTEÇÃO AO CONSUMIDOR. PECULIARIDADES DA ESPÉCIE. SITUAÇÕES A PONDERAR NOS CASOS CONCRETOS. NULIDADE DO ACÓRDÃO ESTADUAL REJEITADA, PORQUE SUFICIENTEMENTE FUNDAMENTADO. RECURSO CONHECIDO E PROVIDO NO MÉRITO, POR MAIORIA.
>
> I. Se a economia globalizada não mais tem fronteiras rígidas e estimula e favorece a livre concorrência, é imprescindível que as leis de proteção ao consumidor ganhem maior expressão em sua exegese, na busca do equilíbrio que deve reger as relações jurídicas, dimensionando-se, inclusive, o fator risco, inerente à competitividade do comércio e dos negócios mercantis, sobretudo quando em escala internacional, em que presentes empresas poderosas, multinacionais, com filiais em vários países, sem falar nas vendas hoje efetuadas pelo processo tecnológico da informática e no forte mercado consumidor que representa o nosso País.
>
> II. O mercado consumidor, não há como negar, vê-se hoje "bombardeado" diuturnamente por intensa e hábil propaganda, a induzir a aquisição de produtos, notadamente os sofisticados de procedência estrangeira, levando em linha de conta diversos fatores, dentre os quais, e com relevo, a respeitabilidade da marca.
>
> III. Se empresas nacionais se beneficiam de marcas mundialmente conhecidas, incumbe-lhes responder também pelas deficiências dos

---

[75] Superior Tribunal de Justiça. REsp nº 63.981-SP. Relator para o Acórdão. Min. Sálvio de Figueredo Teixeira. Publicada em 11 de abril de 2000. Disponível em: <https://ww2.stj.jus.br/processo/revista/inteiroteor/?num_registro=199500183498&dt_publicacao=20/11/2000>. Acesso em: 12 jul. 2016.

> produtos que anunciam e comercializam, não sendo razoável destinar-se ao consumidor as consequências negativas dos negócios envolvendo objetos defeituosos.
>
> IV. Impõe-se, no entanto, nos casos concretos, ponderar as situações existentes.
>
> V. Rejeita-se a nulidade arguida quando sem lastro na lei ou nos autos.

No mesmo sentido, decidiu a 1ª Turma Recursal Cível da Comarca de Porto Alegre[76] sobre a legitimidade de responder por vício de produto adquirido no exterior:

> RECURSO INOMINADO. CONSUMIDOR. VÍCIO DO PRODUTO. PRODUTO ADQUIRIDO NO EXTERIOR. PLAYSTATION 3 MARCA SONY. RESPONSABILIDADE DA SONY DO BRASIL. EMPRESA COM ATUAÇÃO NO MUNDO INTEIRO. DEVER DE RESTITUIR O VALOR PAGO. DANO MORAL NÃO CARACTERIZADO. SENTENÇA MANTIDA POR SEUS PRÓPRIOS FUNDAMENTOS. O produto objeto do presente feito ("Playstation 3"), foi adquirido no exterior, em 25/02/2009, pelo valor de R$ 1.748,73. Tendo apresentado defeito, foi levado à assistência técnica autorizada, em fevereiro de 2011, que ao analisar o produto concluiu que o problema apresentado refere-se a um erro recorrente por uma atualização de *fireware* proveniente da própria Sony, sendo que o aparelho não teria conserto. A empresa recorrente alega que o produto não foi fabricado, importado ou colocado no mercado por ela, sendo assim, não possui legitimidade para responder pelo vício do produto. Responsabilidade da subsidiária brasileira, pela solução dos problemas apresentados pelo produto, mesmo não sendo a responsável pela venda, importação, ou comercialização, consoante o seguinte precedente: é legítima passivamente a fabricante e importadora nacional, ainda que o produto estrangeiro da mesma marca por ela não tenha sido importado, uma vez que é parte integrante de negócio globalizado, com extensão mundial, prevalecendo-se da confiança depositada na marca para efetuar seus negócios. Se a empresa nacional beneficia-se da marca do produto defeituoso, deve também honrar com a sua garantia legal (RI nº 71001662253, Rel. Dr. Ricardo Torres Hermann). Devida a devolução do preço pago, como correta-

---

[76] Recurso Cível Nº 71004591897, Primeira Turma Recursal Cível, Turmas Recursais, Relator: Roberto José Ludwig, julgado em 28 out. 2013. Disponível em: <http://www1.tjrs.jus.br/site_php/consulta/consulta_processo.php?nome_comarca=Tribunal+de+Justi%E7a&versao=&versao_fonetica=1&tipo=1&id_comarca=700&num_processo_mask=71004591897&num_processo=71004591897&codEmenta=5519678&temIntTeor=true>. Acesso em: 12 jul. 2016.

> mente estabelecido, uma vez que o produto mostra-se imprestável para o uso a que se destina, devendo ser restituído o valor integral pago. Aproveita-se o ensejo para corrigir erro material da sentença, de ofício, quanto ao valor a ser devolvido (R$ 1.748,73 e não R$ 11.748,73). RECURSO IMPROVIDO.

Caso a empresa não possua filial no Brasil e não pratique nenhuma das ações previstas no art. 11 do Marco Civil, será aplicado o Art. 9 da Lei de Introdução às Normas do Direito Brasileiro[77], que, com relação às obrigações, aplica-se à lei do país em que se constituírem. Nesse caso, a obrigação resultante de contrato será constituída no lugar em que residir um proponente.

Assim, o disposto no Marco Civil da Internet deixa bem claro às empresas sediadas no exterior que o país não é um paraíso cibernético, devendo obediência à legislação local como qualquer cidadão ou sociedade empresarial constituída à luz da nossa legislação.

6.2. A Obrigatoriedade do Marco Civil às Empresas Estrangeiras

A obrigatoriedade das empresas estrangeiras em cumprir a legislação do país onde a relação jurídica produziu efeitos tem gerado inúmeras batalhas judiciais. As oportunidades sem precedentes para a comunicação e os negócios trazem consigo a incerteza da jurisdição sobre as atividades praticadas na internet.

No caso Dow Jones & Co. contra Gutnick[78], a mais alta Corte australiana permitiu Gutnick, empresário australiano com endereço em Victória (Austrália), a processar a empresa que publicou um artigo difamatório contra a sua pessoa. Apesar de o artigo ter sido publicado nos Estados Unidos, foi alegado que o artigo pode ter sido lido por cidadãos de sua terra natal. Ou seja, pela decisão, o artigo não é só considerado publicado apenas no país de origem, mas no local em que foi lido.

---

[77] Lei nº 12.376, de 2010. Lei de Introdução às normas do Direito Brasileiro. Disponível em: <http://www.planalto.gov.br/ccivil_03/decreto-lei/Del4657.htm>. Acesso em: 12 jul. 2016.

[78] BARRINGER, Felicity. Internet Makes Down Jones Open to Suit in Australia. New York Times, 11 de dezembro de 2002. Disponível em: <http://www.nytimes.com/2002/12/11/technology/11NET.html>. Acesso em: 12 jul. 2016.

Outra disputa emblemática ocorreu no ano 2000[79], onde um tribunal francês proibiu que a venda de produtos nazistas fosse oferecida aos franceses. A decisão se deu com base em uma lei francesa que proíbe o comércio desse tipo de produto e determinou que a Yahoo bloqueasse os leilões de conteúdo nazista para os residentes franceses no seu país e no yahoo.com, para os da mesma cidadania. Assim, apesar de a empresa estar situada fora da França, deveria acatar a decisão de um tribunal local, não permitindo aos franceses que acessassem tal conteúdo.

No mesmo sentido já decidiu o Superior Tribunal de Justiça, ao se manifestar sobre o caso de uma brasileira que firmou contrato temporário com uma empresa espanhola sem sede ou filial no Brasil. Após o término do contrato, a brasileira teve várias fotos de shows realizados na Espanha expostas em sítio hospedado naquele país, mas acessíveis a todos pela rede mundial de computadores. Em um trecho do acórdão foi mencionada justamente a utilização do domicílio do usuário da internet[80]:

> A comunicação global via computadores pulverizou as fronteiras territoriais e criou um novo mecanismo de condição humana, porém não subverteu a possibilidade e a credibilidade da aplicação da lei baseada nas fronteiras geográficas, motivo pelo qual a inexistência de legislação internacional que regulamente a jurisdição no ciberespaço abre a possibilidade de admissão da jurisdição do domicílio dos usuários da internet para a análise e processamento de demandas envolvendo eventuais condutas indevidas realizadas no espaço virtual.
>
> Quando a alegada atividade ilícita tiver sido praticada pela internet, independentemente de foro previsto no contrato de prestação de serviço, ainda que no exterior, é competente a autoridade judiciária brasileira caso acionada para dirimir o conflito, pois aqui tem o domicílio a autora e é o local onde houve o acesso ao sítio eletrônico onde a informação foi veiculada, interpretando-se como ato praticado no Brasil, aplicando-se a hipótese do Art. 88, III, do CPC.

Dessa forma, podemos perceber que a lei brasileira não pode nem deve ser excluída da apreciação dessa nova forma de comunicação sem fronteiras, a fim de se evitar a completa anomia, o que poderia gerar para as vítimas a sensação de que a internet é um local no qual tudo se permite.

---

[79] Margaret Khayat Bratt and Norbert F. Kugele. Who's In Charge. Disponível em: <http://www.michbar.org/file/journal/index_title.pdf>. Acesso em: 18 jul. 2016.

[80] Superior Tribunal de Justiça. Resp. nº 1.168.547-RJ. Relator Ministro Luis Felipe Salomão.

6.2.1. A Aplicação Jurídica do Marco Civil para Provedores com Sede no Exterior

O Marco Civil estabelece que seja aplicada a legislação brasileira quanto às relações jurídicas desenvolvidas com pessoas jurídicas com sede no exterior, referentes às ações de coleta, armazenamento, guarda e tratamento de registros, de dados pessoais ou de comunicações por provedores de conexão e de aplicações de internet, desde que oferte serviço ao público brasileiro ou pelo menos um integrante do mesmo grupo econômico possua sede no Brasil.

Assim, será aplicada a legislação brasileira nesses casos, sempre que se fizer presente alguma dessas condições.

6.2.1.1. Oferta de Serviço

O Código de Defesa do Consumidor define serviço como "qualquer atividade fornecida no mercado de consumo, mediante remuneração, inclusive as de natureza bancária, financeira, de crédito e securitária, salvo as decorrentes das relações de caráter trabalhista".

O Marco Civil da Internet, ao estabelecer direitos e garantias dos usuários, assegura a aplicação das normas de proteção e defesa do consumidor nas relações de consumo realizadas na internet. Não há dúvidas de que há relação de consumo entre o usuário (consumidor) e o provedor de conexão ou aplicação (fornecedor). A exploração comercial da internet está sujeita às relações de consumo daí advindas e à Lei nº 8.078 de 1990[81]. É aplicável o código consumerista nesses casos, uma vez que a gratuidade do serviço não descaracteriza a relação de fornecedor e consumidor, consoante traduz o Art. 3, § 2º do CDC[82].

Os usuários brasileiros são grandes consumidores de serviços oferecidos, principalmente nas redes sociais. O detalhe é que, ao aderir ao uso disso, há a concordância aos termos ou contratos referentes à legislação alienígena. Não são considerados, portanto, serviços eventuais.

---

[81] STJ. REsp. 1192208 MG 2010/0079120-5. Ministra Nancy Andrighi.

[82] Processo: AC 70047959895-RS Relator(a): Niwton Carpes da Silva. Julgamento: 11 mar. 2014. Órgão Julgador: Sexta Câmara Cível. Publicação: Diário da Justiça do dia 20 mar. 2014.

Oliveira[83] define com clareza a oferta de serviço:

> Por oferta de serviço ao público brasileiro, há de compreender-se o comportamento da empresa estrangeira em, de forma direcionada e específica, promover marketing ao mercado de consumo brasileiro. O simples fato de determinados sites estrangeiros disponibilizarem textos em português não é suficiente para caracterizar oferta ao público brasileiro, pois, em uma era globalizada, é comum sites estrangeiros vazarem seu texto em vários idiomas.

O autor mencionado exemplifica a conceituação dada mostrando que, no caso de um site chinês, apesar de ter seu conteúdo em português, não exibir marketing direcionado ao público brasileiro, aplicar-se-á a legislação daquele país, tanto no que diz respeito às regras de compra e venda quanto às de guarda, coleta, armazenamento ou tratamento de registros.

De outra forma, quando o marketing é dirigido ao público brasileiro, independentemente de onde esteja hospedado, o Marco Civil da Internet será aplicado, em seus termos, à guarda, à coleta, ao armazenamento ou ao tratamento de registros. Já no que se refere aos aspectos relativos à compra e venda, será aplicada a legislação estrangeira.

Assim, não é pelo simples fato de o conteúdo da aplicação estar disponibilizado em português que será entendido que o serviço está sendo prestado no Brasil. Deve-se atentar se a publicidade é dirigida ao público brasileiro e se esse conteúdo é customizado. Ora, se determinado provedor estimula a sua utilização por parte de determinado público específico, não poderá esquivar-se de suas responsabilidades, permitindo o uso indevido dos seus serviços por parte dos usuários.

Um exemplo claro de oferta de serviço ocorre quando uma operadora disponibiliza a venda de um plano de pacotes de dados em conjunto com um *app* de mensagens com acesso ilimitado, sem desconto de franquia.

---

[83] OLIVEIRA, Carlos Eduardo Elias de. Aspectos Principais da Lei 12.695, de 2014, O Marco Civil da Internet: subsídios à comunidade jurídica, p. 13. Textos para Discussão 148. Núcleo de Estudos e Pesquisas da Consultoria Legislativa. Senado Federal. Abril de 2014.

6.2.1.2. Representante do Mesmo Grupo Econômico

Antes de adentrar o tema, mister se faz mencionar que a empresa sediada em território nacional tem o dever de prestar informações às autoridades brasileiras, especialmente quando se trata de requisições e ordens judiciais.

O Código Civil[84] estabelece, no Art. 1.126, que é "nacional a sociedade organizada de conformidade com a lei brasileira e que tenha no País a sede de sua administração".

O Novo Código de Processo Civil, no que tange à competência da autoridade judiciária brasileira, estabelece em seu Art. 21 que a pessoa jurídica estrangeira que tiver agência, filial ou sucursal em território brasileiro é considerada domiciliada no Brasil, repetindo o tratamento dispensado à matéria pelo C.P.C. anterior, em seu Art. 88[85].

Dessa forma, estando a empresa instalada no território nacional, independentemente de seus sócios serem pessoas jurídicas instaladas em outros países, deve obediência à legislação pátria, sem a necessidade de remeter o caso à via diplomática.

Caso opte pelo caminho do MLAT[86], a autoridade brasileira poderá requerer que as autoridades americanas determinem às empresas lá sediadas que cumpram as respectivas ordens necessárias ao desenvolvimento das investigações em curso. Frise-se, por oportuno, que geralmente essa medida vai de encontro à celeridade necessária à investigação de um crime e, além do mais, o pedido deve estar de acordo com as hipóteses de afastamento de sigilo previstas na legislação americana, sob pena de indeferimento.

---

[84] Código Civil. Lei nº 10.406, de 10 de janeiro de 2002. Disponível em: <http://www.planalto.gov.br/ccivil_03/leis/2002/l10406.htm>. Acesso em: 12 jul. 2016.

[85] Código de Processo Civil. Lei nº 5.689, de 11 de janeiro de 1973. Disponível em: <http://www.planalto.gov.br/ccivil_03/LEIS/L5869.htm>. Acesso em: 12 jul. 2016.

[86] Acordo de Assistência Judiciária em Matéria Penal entre o Governo da República Federativa do Brasil e o Governo dos Estados Unidos da América.

6.2.1.2.1. WhatsApp[87]

No ano de 2014, uma notícia de grande repercussão se referia ao maior valor pago até então por uma empresa: a compra do aplicativo de mensagens WhatsApp pelo Facebook, no valor de 16 bilhões de dólares. Após esse anúncio, a aquisição fora examinada pela *Federal Trade Commission*[88], Comissão da União Europeia[89] e, por fim, pela *Securities and Exchange Commission*[90].

Posteriormente, a diretoria da FTC (*Federal Trade Commission*) divulgou uma carta reconhecendo a compra efetuada pelo Facebook, ressalvando, porém, as obrigações preexistentes perante os consumidores, as quais o WhatsApp deve seguir cumprindo, estando sujeito a punições, caso violadas.

Ao analisar a aquisição do WhatsApp, a Comissão Europeia entendeu que a fusão das duas empresas não traria prejuízos aos consumidores, os quais poderiam optar por inúmeros outros aplicativos similares, além de serem empresas que não são consideradas concorrentes próximas. Assim, mesmo após a fusão, as empresas continuam com concorrência no mesmo setor[91].

---

87 O serviço de mensagens do WhatsApp funciona utilizando seus servidores apenas como ponte para o envio do conteúdo. Quando alguém envia uma mensagem, esse arquivo é enviado aos servidores da empresa e imediatamente reencaminhado ao destinatário, não ficando arquivado nos servidores. A única possibilidade dessa mensagem ficar armazenada é quando o destinatário estiver *off-line*. Nesse caso, a mensagem ficará armazenada por até trinta dias ou até o destinatário vê-la. De qualquer forma, a empresa retém informações como contatos, data, hora e dados sobre envio e recebimento de mensagens (endereço IP, operadora de celular utilizada, versão e número de identificação do dispositivo, informações de configuração do navegador *web* para acessar o dispositivo e dados de localização no momento da utilização dos serviços), mas pelo que expressa em sua política de privacidade não armazena o conteúdo.

88 A *Federal Trade Commission* é uma agência do governo americano que tem como principal função a promoção da defesa do consumidor e a eliminação e prevenção de monopólio competitivo. Equivale no Brasil ao Cade (Conselho Administrativo de Defesa Econômica), autarquia federal com vinculação ao Ministério da Justiça que exerce o papel da tutela da prevenção, repressão e fiscalização de abusos do poder econômico.

89 Com sedes na Bélgica e em Luxemburgo, a Comissão Europeia é uma das principais instituições da União Europeia. Além de defender os interesses da UE no seu conjunto, prepara projetos de lei e assegura a execução de políticas e dos fundos da UE.

90 *Securities and Exchange Commission* é uma agência federal americana que tem a função de supervisionar as operações e negociações de valores mobiliários.

91 EUROPEAN COMMISSION. Press Release Database. Mergers: Commission approves acquisition of WhatsApp by Facebook. Brussels, 03 de outubro de 2014. Disponível em: <http://europa.eu/rapid/press-release_IP-14-1088_en.htm>. Acesso em: 12 jul. 2016.

Com o aval da Comissão Europeia (órgão regulatório da Europa), o Facebook encaminhou documentação de confirmação do negócio à SEC[92] — *Securities and Exchange Commission* — referente à Comissão de Valores Mobiliários nos Estados Unidos. O formulário dessa aquisição, no item 2.01, é bem claro ao mencionar, em livre tradução, que: "em 06 de outubro de 2014, o Facebook Inc. (a empresa) finalizou a aquisição anteriormente anunciada do WhatsApp Inc., uma corporação de Delaware (WhatsApp), na forma dos termos de acordo e plano de fusão e reestruturação, datado de 19 de fevereiro de 2014".

Apesar da aquisição do WhatsApp pelo Facebook ter sido previamente anunciada em 19 de fevereiro de 2014, a homologação através do SEC só ocorreu em 06 de outubro de 2014, dando legitimidade e maior publicidade a todos os valores e cotas acordadas entre as empresas.

a) Do cumprimento de ordens judiciais

O Facebook, quando acionado para cumprir ordens judiciais direcionadas ao WhatsApp, vinha alegando não fazer parte do mesmo grupo econômico ou, por outras vezes, suscitado que a compra do aplicativo ainda não fora formalizada.

No Agravo de Instrumento 1.0148.14.0030.20-3/001 do TJ-MG[93], Rel. Desembargador Amorim Siqueira, a empresa Facebook afirmou que, apesar de amplamente noticiado na mídia, a aquisição do *app* ainda não havia sido homologada, estando o acordo pendente de aprovação regulatória por parte da Comissão de Comércio Federal dos Estados Unidos.

Em outro agravo, o grupo alegou não ter

> poderes legais ou contratuais para representar ou receber notificações, citações ou intimações dirigidas à empresa WhatsApp Inc., com a qual não se confunde, dizendo que não é proprietário, provedor ou operador do aplicativo[94].

---

[92] SECURITIES AND EXCHANGE COMMISSION. Form 8-K. Disponível em: <http://www.sec.gov/Archives/edgar/data/1326801/000132680114000037/fb_8-kxclosingxofxwhatsapp.htm>. Acesso em: 12 jul. 2016.

[93] Tribunal de Justiça de Minas Gerais. Acórdão que manteve o deferimento do pedido liminar para a retirada de imagens íntimas do banco de dados do serviço WhatsApp. Agravo de instrumento nº 1.0148.14.0030.20-3/001. Facebook Serviços Online do Brasil Ltda. e Priscilia de Oliveira Viana. Relator: Desembargador Amorim Siqueira. 30 de abril de 2015. Acesso em: 12 jul. 2016.

[94] TJ-RS. Agravo de Instrumento nº 7006431157, Rel. Des. Luiz Felipe Brasil Santos.

Dessa maneira, a depender do caso concreto, a empresa usa argumentos diferentes para a mesma situação, não cumprindo as ordens judiciais brasileiras.

Entretanto, a jurisprudência nacional tem se manifestado no sentido de que WhatsApp e Facebook integram o mesmo grupo econômico:

> RESPONSABILIDADE CIVIL — EXIBIÇÃO DE DOCUMENTOS — Autora que pretende, com a presente medida, a exibição dos IPs dos perfis indicados na inicial e conversas promovidas pelo aplicativo WhatsApp dos grupos que também indica — Deferimento — 'Conversas' que apresentam conteúdo difamatório com relação à autora (inclusive montagem de fotografias de cunho pornográfico) — Alegação da agravante de que não possui gerência sobre o WhatsApp (que, por seu turno, possui sede nos EUA) — Descabimento — Notória a aquisição, pelo Facebook (ora agravante) do referido aplicativo (que, no Brasil, conta com mais de 30 milhões de usuários) — **Alegação de que o WhatsApp não possui representação em território nacional não impede o ajuizamento da medida em face do Facebook (pessoa jurídica que possui representação no país, com registro na Jucesp e, como já dito, adquiriu o aplicativo referido) — Serviço do WhatsApp amplamente difundido no Brasil —** Medida que, ademais, se restringe ao fornecimento dos IPs dos perfis indicados pela autora, bem como o teor de conversas dos grupos (ATLÉTICA CHORUME e LIXO MACKENZISTA), no período indicado na inicial e relativos a notícias envolvendo a autora — Medida passível de cumprimento — Obrigatoriedade de armazenamento dessas informações que decorre do Art. 13 da Lei nº 12.965/14[95].
>
> Considerando ser fato público e notório que a empresa Facebook adquiriu o serviço móvel de mensagens "WhatsApp" no ano de 2014 e que apenas o Facebook possui representação no país, possui esta legitimidade para responder também pelo pedido direcionado àquela empresa. 3. Na espécie, sopesando que o provedor de aplicações de "internet" responde pelos serviços que presta, não há, em princípio, como reconhecer prontamente a alegada irresponsabilidade da empresa recorrente[96].

---

[95] BRASIL. Tribunal de Justiça de São Paulo. Acórdão de decisão que determinou ao Facebook a obrigatoriedade do armazenamento de informações do WhatsApp. Agravo de instrumento nº 2114774-24.2014.8.26.0000. Facebook Serviços Online do Brasil Ltda. e Stephanie Serrano Costa Ramos. Relator: Desembargador Salles Rossi. 1º de setembro de 2014. Acesso em: 12 jul. 2016.

[96] BRASIL. Tribunal de Justiça do Rio Grande do Sul. Acórdão de decisão que julgou pela exclusão do perfil e das fotografias íntimas de adolescente por meio do Facebook e do WhatsApp. Agravo de instrumento nº 7006431157. Relator: Rel. Des. Luiz Felipe Brasil Santos. 02 de julho de 2015.

> Ainda que a Constituição da República e a Lei do Marco Civil da Internet protejam o sigilo do conteúdo das comunicações, não se concebe a manutenção do anonimato daqueles que efetivam a divulgação de mensagens de conteúdo ilícito e que ostentam a única finalidade de agredir e violar direitos subjetivos alheios. Tal situação não se coaduna com a própria natureza dos serviços de transmissão de dados prestados pelo apelante. Não é plausível a alegada ingerência sobre o aplicativo WhatsApp, pois, fazendo parte do mesmo grupo e atuando no Brasil, tem possibilidade de encontrar os meios necessários para cumprimento da ordem judicial, fornecendo os registros de acessos requisitados. O apelante tem o dever de colaborar com a administração da Justiça, principalmente para esclarecimento de fatos lesivos à personalidade de outrem, cabendo esclarecer que eventual dificuldade ou onerosidade não justifica a alegada impossibilidade técnica ou jurídica de atendimento à ordem judicial[97].

Há, assim, vários julgados demonstrando que o Facebook deve responder pelo WhatsApp[98] e outros em sentido contrário[99].

A disponibilização dos registros de acesso a aplicações de internet, ou seja, a liberação do conjunto de informações referentes à data e à hora do uso do WhatsApp encontra guarida no Art. 22 da lei nº 12.965 de 2014[100].

Em que pese a negativa de ter adquirido o aplicativo, o Facebook afirma em sua página da internet, mais precisamente na Central de Ajuda, que "é proprietário e opera todas as empresas listadas abaixo, de acordo com seus respectivos termos de serviço e políticas de privacidade". Entre as empresas, elenca no final WhatsApp Inc. com o *link* da política de privacidade do aplicativo[101].

---

[97] TJ-SP — Apelação: APL 11177683320148260100 SP 1117768-33.2014.8.26.0100 São Paulo, 10 dez. 2015. Fortes Barbosa Relator. Cominatória Fornecimento de registros de acesso disponíveis e dados cadastrais relativos ao aplicativo WhatsApp para auxílio na identificação do autor de ato ilícito. Ilegitimidade passiva e ausência de interesse de agir não configurados. Impossibilidade de cumprimento de ordem judicial não demonstrada. Procedência mantida. Recurso desprovido.

[98] TJ-SP. Agravo de Instrumento Nº 2060542-28.2015.8.26.0000. Julgado em 05 nov. 2015.

[99] TJDF. Agravo de Instrumento AGI 20150020128189 (TJ-DF). Data de publicação: 17 jul. 2015. TRE-TO, Representação nº 607-66.2014.6.27.0000, Rel. Denise Dias Dutra Drumond. TRE-PI Representação nº 1183-11.2014, Rel. Dr. Antonio Lopes de Oliveira.

[100] Superior Tribunal Militar. MS nº 41-52.2015.7.00.0000-RS. Rel. Min Marcos Vinicius Oliveira dos Santos. Julgado em 14 de maio de 2015.

[101] FACEBOOK. Central de Ajuda. As Empresas do Facebook. Disponível em: <https://www.facebook.com/help/111814505650678>. Acesso em: 12 jul. 2016.

A última atualização da Política de Privacidade do WhatsApp[102] demonstra isso:

> Nós nos juntamos ao Facebook em 2014. O WhatsApp agora faz parte da família de empresas do Facebook. Nossa Política de Privacidade explica como estamos trabalhando juntos para melhorar nossos serviços e ofertas, como, por exemplo, combater spam entre os aplicativos, dar sugestões sobre o produto, mostrar anúncios relevantes, entre outros, no Facebook. Nada que você compartilhe no WhatsApp, incluindo suas mensagens, fotos e dados da conta, será compartilhado no Facebook ou em qualquer outro aplicativo de nossa família, para que outros vejam, do mesmo modo que nada do que você poste nestes aplicativos será compartilhado no WhatsApp para que outros vejam.

Essa afirmação da empresa encerra, por definitivo, qualquer outro argumento de não ser responsável pelo cumprimento de ordens judiciais brasileiras, eis que os argumentos fáticos, legais e jurisprudenciais estão bem claros a respeito do dever do Facebook.

Assim, não há por que o Facebook alegar ilegitimidade de representação do WhatsApp, pois, além de ofertar serviço ao público brasileiro, faz parte do mesmo grupo econômico, devendo, então, obediência ao Marco Civil da Internet.

6.3. Sanções Trazidas pela Lei nº 12.965/2014

No caso de descumprimento à privacidade e à legislação nacional, o Marco Civil da Internet estabelece as seguintes sanções:

a) Advertência, com a adoção do prazo para tomada de medidas corretivas.
b) Multa de até 10% do faturamento do grupo econômico no Brasil no seu último exercício, excluídos os tributos, considerados a situação econômica e o princípio da proporcionalidade entre a gravidade da falta e a intensidade da sanção.
c) Suspensão temporária das atividades que envolvam os atos previstos no Art. 11.
d) Proibição de exercício das atividades que envolvam os atos previstos no Art. 11.

---

[102] WhatsApp. Informação Legal. Atualizações Importantes. Última modificação em 25 ago. 2016. Acesso em: 06 set. 2016.

A aplicação das sanções previstas no Marco Civil não obsta que outras de caráter cível, criminal ou administrativo sejam aplicadas.

O disposto no Art. 12 do Marco Civil é específico ao afirmar que as sanções previstas podem ser aplicadas isolada ou cumulativamente. Não haverá, portanto, uma gradação das sanções previstas. Assim, poderá ser aplicada mais de uma sanção administrativa; ser aplicada em conjunto com sanções criminais e cíveis; ou, ainda, ser aplicada a sanção mais grave, ante a gravidade concreta do fato.

Ao estabelecer as sanções, o artigo é claro ao afirmar que elas são aplicadas quando da violação às normas dos arts. 10 e 11, quais sejam:

- Preservação da intimidade, da vida privada, da honra e da imagem das partes direta ou indiretamente envolvidas.
- Respeito à legislação brasileira.
- Direito à privacidade.
- Proteção de dados pessoais.
- Sigilo das comunicações privadas e dos registros.

Essas sanções poderão ser aplicadas tanto pela autoridade administrativa federal competente quanto pelo poder judiciário no caso de violação às normas ora estabelecidas. No primeiro caso, aguarda-se a regulamentação através de decreto para estabelecer o procedimento para apuração de infrações. No caso de descumprimento de decisão judicial não há essa necessidade.

Há críticas no sentido de que essas sanções não poderiam ser aplicadas pelo Poder Judiciário, apenas pela autoridade administrativa. No entanto, a letra da lei é bem clara ao mencionar que o respeito à legislação brasileira é norma a ser obedecida, cabendo, portanto, ao magistrado utilizar esse dispositivo legal.

Quando um provedor de aplicação ou de conexão de internet deixa de cumprir uma ordem judicial há desrespeito ao ordenamento jurídico pátrio. Sobre o descumprimento de ordem judicial em um caso semelhante, o relator é enfático quanto à necessidade de não só disciplinar e proteger, mas também de que haja o cumprimento da ordem[103]:

---

103 TJ-SP. Manutenção da tutela antecipada expedida no agravo de instrumento nº 472.738-4 e confirmada no julgamento do agravo de instrumento nº 488.184-4/3.

> A ordem jurídica foi idealizada e aperfeiçoada para se tornar invulnerável contra as ofensas aos direitos das vítimas, tendo o fenômeno da responsabilidade social evoluído para acompanhar o fantástico mundo tecnológico. A internet desafia os juristas, e a comunidade reclama legislação que fortaleça a defesa das vítimas dos danos injustos, valendo acrescentar que de nada adiantará o Código Civil disciplinar e proteger os direitos da personalidade, em se admitindo que provedores de hospedagem permaneçam imunes ao dever de fiscalizar os abusos que são cometidos diante de seus olhos.

Reitera-se que as decisões judiciais devem ser cumpridas, sob pena de ferir a segurança jurídica e a credibilidade do Poder Judiciário. O juízo eleitoral[104], ao analisar pedido de reconsideração, em decorrência do não cumprimento de decisão judicial de retirada de conteúdo por parte de provedor de aplicação, asseverou:

> Cabe à Justiça Eleitoral, por força de lei e em cumprimento aos supremos valores e princípios previstos na Constituição, fiscalizar e garantir aos candidatos e eleitores o exercício livre, democrático e responsável da cidadania, fazendo incidir as sanções necessárias nos casos de violação à legislação capazes de prejudicar a normalidade do processo eleitoral. Dentro dessa moldura legal, se submetem ao arcabouço normativo brasileiro as empresas que exploram ferramentas de radiodifusão, televisão e agora, mais recentemente, as empresas de internet classificadas como "redes sociais", ainda que operem a partir de outros países ou neles estejam sediadas, como ocorre com o Facebook, Twitter e congêneres.

O antigo Código de Processo Civil estabelecia, em seu Art. 461, que na ação que tenha por objeto o cumprimento de obrigação de fazer, o juiz poderá determinar providências que assegurem o resultado prático equivalente ao do adimplemento.

O Novo Código de Processo Civil dispõe no mesmo sentido, em seu Art. 536, podendo o juiz determinar outras medidas necessárias, entre as quais a imposição de multa; a busca e a apreensão; a remoção de pessoas e de coisas; o desfazimento de obras; e o impedimento de atividade nociva.

---

104 Tribunal Regional Eleitoral de Santa Catarina. 13ª Zona Eleitoral. Análise do Pedido de Reconsideração de sanção aplicada por descumprimento de liminar de multa diária e suspensão de acesso de rede social no Brasil. Ação Cautelar nº 86-37.2012.6.24.0013. Juiz da 13ª Zona Eleitoral Dr. Luiz Felipe Schuch. 11 de agosto de 2012. Disponível em: <http://www.tre-sc.jus.br/site/fileadmin/arquivos/noticias/2012/08/decisao_liminar.pdf>. Acesso em: 12 jul. 2016.

Há ainda a previsão de suspensão no Art. 83 da Resolução nº 23.370[105] do Tribunal Superior Eleitoral[106]. Assim, quando houver requerimento de partido político, coligação, candidato ou Ministério Público, a Justiça Eleitoral poderá determinar a suspensão pelo prazo de 24 horas do sítio de internet, englobando, nesse caso, a aplicação de internet. Durante o período em que estiver suspenso, o site deverá informar que se encontra temporariamente inoperante por desrespeito à lei eleitoral.

Caso haja descumprimento de ordem judicial, o magistrado poderá determinar, obedecendo ao princípio da proporcionalidade, uma ou mais medidas sancionadoras previstas no Marco Civil, a fim de que a legislação pátria seja obedecida.

É importante reiterar que não há ordem de escolha entre as sanções dispostas no Art. 12, ou seja, não há necessidade de primeiro aplicar uma advertência e assim sucessivamente até a proibição do exercício de atividades que envolvam coleta, armazenamento, guarda e tratamento de registros, de dados pessoais ou de comunicações por provedores de conexão e de aplicações de internet.

Uma advertência ou multa pecuniária para um grupo econômico que fatura milhões por dia torna-se sem efeito e até atraente o não cumprimento da ordem judicial. Em um caso ocorrido em São Paulo, por exemplo, a aplicação de internet deixou de cumprir a decisão judicial pelo prazo de 127 dias, mesmo com a multa pecuniária de R$ 100.000,00 ao dia.

Assim, ante a gravidade concreta dos fatos, por vezes a sanção de suspensão das atividades será a mais adequada, a fim de dar efetividade e eficácia à decisão, principalmente nos casos de reiteradas recusas por parte de aplicações de internet.

---

[105] Resolução nº 23.370 do TSE. "Art. 83. A requerimento de partido político, coligação, candidato ou do Ministério Público, a Justiça Eleitoral poderá determinar a suspensão, por 24 horas, da programação normal de emissora de rádio ou televisão ou do acesso a todo o conteúdo informativo dos sítios da internet, quando deixarem de cumprir as disposições da Lei nº 9.504/97, observado o rito do Art. 96 dessa mesma lei (Lei nº 9.504/97, arts. 56 e 57-I)".

[106] Tribunal Superior Eleitoral. Instrução nº 1162-41.2011.6.00.0000 — Classe 19 — Brasília — Distrito Federal. Dispõe sobre a propaganda eleitoral e as condutas ilícitas em campanha eleitoral nas eleições 2012. Disponível em: <http://www.justicaeleitoral.jus.br/arquivos/tse-resolucao-tse-no-23-370-eleicoes-2012>. Acesso em: 12 jul. 2016.

Reiteradamente, os provedores de aplicação têm recorrido ao Poder Judiciário alegando que a polícia possui outros meios para coletar provas em uma investigação e que não há necessidade de informações telemáticas. Em que pese tais argumentos, cada vez mais a investigação irá depender, sim, de dados telemáticos, sendo que cabe ao órgão investigativo decidir quais diligências serão úteis ao deslinde do caso e não ao provedor. Portanto, caso o provedor de conexão ou aplicação de internet se recuse a colaborar com a justiça brasileira, as sanções devem ser impostas.

6.3.1. A Indisponibilização de Conteúdo em Aplicação de Internet Hospedada no Brasil

O cumprimento de decisão para retirada de conteúdo de aplicação de internet hospedada no Brasil não gera qualquer dificuldade, já que basta saber qual provedor é o responsável por sua hospedagem, ressaltando-se que é necessário um nome de domínio (endereço do site na internet) e um local para hospedar o conteúdo do site.

É comum o questionamento referente a quem deve ser dirigida a ordem para a exclusão de certo conteúdo ou página em uma aplicação, tidos como ilícitos. A resposta será de acordo com o caso concreto, normalmente dividindo-se em duas hipóteses:

a) **Se o usuário responsável pelo sítio não está sendo investigado:** nesta situação, basta que a ordem judicial ou o requerimento (caso de conteúdo íntimo, que não precisa de ordem judicial para a respectiva exclusão) sejam direcionados ao administrador da página na internet, perfil, etc., para que exclua a parte ilícita do conteúdo. Ex.: comentários de "anônimos" publicados acerca de notícias postadas em blogs jornalísticos; comentários de terceiros em um perfil em rede social.
b) **Se o usuário responsável pelo sítio está sendo investigado:** neste caso, o encaminhamento do requerimento ou da ordem judicial deve ser direcionado ao responsável pela hospedagem do conteúdo e não ao responsável pela página.

Para saber qual o responsável pela hospedagem de determinado site recomendamos a consulta em ferramentas gratuitas de whois ("quem é"), tais como <https://registro.br/cgi-bin/whois/>, para aplicações de internet nacionais, cuja utilização está descrita no Capítulo 9 desta obra.

É importante frisar o disposto no Art. 20, do Marco Civil da Internet, o qual disciplina que:

> Sempre que tiver informações de contato do usuário diretamente responsável pelo conteúdo a que se refere o Art. 19, caberá ao provedor de aplicações de internet comunicar-lhe os motivos e informações relativos à indisponibilização de conteúdo, com informações que permitam o contraditório e a ampla defesa em juízo, salvo expressa previsão legal ou expressa determinação judicial fundamentada em contrário.
>
> Parágrafo único. Quando solicitado pelo usuário que disponibilizou o conteúdo tornado indisponível, o provedor de aplicações de internet que exerce essa atividade de forma organizada, profissionalmente e com fins econômicos substituirá o conteúdo tornado indisponível pela motivação ou pela ordem judicial que deu fundamento à indisponibilização.

Verifica-se que a regra será a da comunicação ao responsável pelo conteúdo, por parte do provedor de aplicação, dos motivos e informações que determinaram a indisponibilização do material; logo, se houver também investigação criminal e esta se mostrar complexa, é imprescindível que conste na ordem judicial, de forma expressa, limitações quanto ao repasse de dados ao primeiro.

No que se refere ao disposto no parágrafo único do Art. 20, da Lei nº 12.965/2014, pode haver a substituição do conteúdo considerado ilícito pela motivação ou pela ordem judicial que deu fundamento à indisponibilização, desde que tal providência conste no mandado ou, ainda, quando solicitado pelo usuário que disponibilizou o conteúdo tornado indisponível. É importante frisar que apenas os provedores de aplicações de internet profissionais e com fins econômicos terão essa obrigação.

Ressalte-se que, conforme a jurisprudência do STJ[107], se o provedor de aplicação, uma vez notificado, não promover a indisponibilização do conteúdo ilícito, pode vir a ser responsabilizado civilmente.

---

107 STJ. REsp nº 1.352.053-AL. Rel. Min. Paulo de Tarso Sanseverino.

6.3.2. A Indisponibilização de Conteúdo em Aplicação de Internet Hospedada no Exterior

Ao acessar uma aplicação de internet com o servidor hospedado em outro país, o comando é dirigido ao local em que o conteúdo está armazenado. A aplicação de internet retorna, numa fração de segundos, as informações que serão exibidas no terminal do usuário. É o caso, por exemplo, quando alguém acessa a página da CNN ou faz uso de um *app* de comunicação.

Assim, é imprescindível que seja realizada busca em sítios de whois internacionais (sem o ".br"), como, por exemplo, <https://who.is/whois> ou <http://whatismyipaddress.com/ip-lookup> (páginas internacionais), cuja utilização está descrita no Capítulo 9 desta obra, a fim de se identificar o provedor da aplicação, para o qual será encaminhada a requisição ou ordem judicial, bem como os respectivos e-mail e/ou numeral telefônico, sendo estes úteis especialmente quando não há sede ou representante no Brasil.

Em seguida, é importante tentar manter contato com o provedor identificado, cientificando-o (em língua estrangeira) acerca da requisição e/ou ordem judicial, bem como solicitando cooperação para o devido cumprimento, o que, em regra, tem se mostrado exitoso.

Pode-se cumular o pedido de indisponibilização de conteúdo com o de obtenção dos registros de acesso à aplicação, a fim de vir a identificar a autoria da postagem do ilícito, sendo que, neste caso, é imprescindível ordem judicial.

Havendo resistência por parte do provedor, devem ser tentadas novas formas para indisponibilizar o conteúdo infringente.

É nesse contexto que estão inseridos os *backbones*[108], popularmente conhecidos como "espinha dorsal" da internet ou rede de transporte telemático, interligando os provedores de conexão a serviços externos e possibilitando o rápido tráfego de dados até a rede local do usuário.

---

[108] Espinha dorsal da internet, ou seja, rede pela qual os clientes de internet trafegam. No Brasil temos os seguintes *backbones*: Algar Telecom, AT&T Global Network Services Brasil Ltda., Comsat Brasil Ltda., Embratel, Level 3 Comunicações do Brasil Ltda., Mundivox do Brasil Ltda., NTT do Brasil Telecomunicações Ltda., Oi Telemar Norte Leste, Rede Nacional de Ensino e Pesquisa, Tim Celular, Telefônica Brasil Vivo e UOL Diveo Tecnologia Ltda.

Esses provedores de infraestrutura serão os responsáveis por programar filtros, não permitindo que determinada aplicação de internet seja acessada, por exemplo, se for o caso de ordem judicial nesse sentido.

É importante frisar que não há garantia de bloqueio total do conteúdo, em razão de ser possível acessá-lo com a utilização de *proxy*[109], por exemplo, mas o cumprimento pelos *backbones* nacionais já dará efetividade à decisão.

6.3.3. Exclusão de Viral em Aplicativos

O termo "viral" vem da palavra "vírus" e denota a ideia de contaminação, referindo-se aos conteúdos que se espalham rapidamente, disseminando-se tal qual em uma epidemia.

A face positiva do compartilhamento do conteúdo viral é produzir um aumento expressivo na lembrança de uma marca ou de uma campanha, como foi o caso da *Ice Bucket Challenge* ou Desafio do Balde de Gelo[110], com o intuito de arrecadar doações para o incentivo da pesquisa sobre Esclerose Lateral Amiotrófica (ALS).

De outro lado, os virais têm um lado negativo, ao propagar vídeos sobre pornografia de vingança[111] e conteúdo pornográfico envolvendo crianças ou adolescentes. Além do mais, o artifício é utilizado para a difusão de todo tipo de boatos, propagando-se como se verdade fosse.

O compartilhamento de conteúdo pode ser realizado sob várias modalidades, indo desde o "boca a boca", mídias ópticas, envio de e-mail, bem como através de sites e aplicativos de comunicação instantânea, sendo que estes constituem-se em ferramentas capazes de difundir o conteúdo em proporções até então inimagináveis. Essa nova forma de interação permite o envio, via *smartphone*, de textos, áudios, vídeos e imagens, em tempo real, desconhecendo fronteiras.

---

[109] *Proxy* é o termo utilizado para definir os intermediários entre o usuário e seu servidor. Disponível em: <http://www.tecmundo.com.br/navegador/972-o-que-e-proxy-.htm>. Acesso em: 12 jul. 2016.

[110] O desafio consiste em derramar um balde de água gelada na cabeça para arrecadar doações para pesquisas sobre a esclerose lateral amiotrófica. Após celebridades do cinema e da internet tomarem banhos gelados, o desafio viralizou na internet.

[111] Ver Capítulo 9 da presente obra.

A partir do momento em que um vídeo ou imagem com conteúdo questionado é compartilhado através de um aplicativo, a vítima procura uma delegacia de polícia para o devido registro de ocorrência. Em que pese alguns estados, em conformidade com a Lei nº 12.735/2012, já terem instalado setores e equipes especializadas na repressão a crimes cometidos em rede de computadores, boa parte da estrutura dos órgãos de justiça criminal não está capacitada para tal mister.

A vítima, que deseja a todo custo interromper a divulgação de conteúdo que lhe causa sofrimento ou transtornos, sente-se impotente ao receber, em órgãos oficiais, a informação de que não há meios para tal.

É importante reiterar que os crimes tecnológicos deixam rastros; portanto, os arquivos compartilhados de conteúdo criminoso através de e-mails ou aplicativos de comunicação também podem vir a ser identificados, através da função *hash*, por exemplo, que constitui uma sequência única de números e letras. Ao ser compartilhado por um *smartphone* e reencaminhado por diversos outros aparelhos, um arquivo, ao ser examinado tecnicamente, contém o mesmo resultado *hash*. Entretanto, caso o arquivo seja editado e encaminhado, haverá a alteração desse resultado. Logo, desde que não seja alterado, é possível identificar o *hash* de um arquivo nos servidores do provedor de aplicação.

Entretanto, em questionamento formulado ao Prof. Eudes Mendonça, especialista em rede de computadores pela Universidade Federal do Pará, este informou que, se a fotografia com conteúdo supostamente ilícito for feita no celular (por exemplo, um caso de pedofilia) e essa imagem for repassada a outra pessoa, no Android automaticamente é feita uma compactação para o envio via WhatsApp, sendo que, nos aparelhos da Apple, há a opção de mandar a imagem no tamanho real. Tal processo de compactação modifica o *hash* da imagem original.

Segundo Flávio Ramon Almeida de Souza (2016), especialista em computação forense, o ideal, nesses casos, é a utilização de um programa que analise os padrões de imagem dentro da fotografia, propiciando que, mesmo no caso de recortes ou alterações, aquela possa ser reconhecida. Acrescenta que, em que pese o WhatsApp alterar o *hash* do arquivo original, essa cópia fica na pasta do próprio aplicativo, a qual possui o mesmo *hash* tanto no emissor quanto no receptor. Ressalta a relevância da realização de perícia, através da qual será possível saber quem primeiro enviou o arquivo, caso o perito o localize fora da pasta do

WhatsApp, ou seja, identifique a versão original trazida do computador ou feita com a própria câmera do celular.

Os algoritmos mais usados de *hash* são os de 16 *bytes* (ou 128 *bits*, tamanho do *message digest*) MD4 e MD5 ou o SHA-1, de 20 *bytes* (160 *bits*)[112]. Assim, o investigador deverá utilizar um desses para gerar o *hash* do conteúdo que está sendo difundido, para, em seguida, e mediante ordem judicial, verificar os usuários envolvidos na disseminação do conteúdo, bem como para excluí-lo.

Em seus Termos de Serviço, o WhatsApp[113] só permite o uso lícito e aceitável da aplicação, não permitindo a sua utilização em:

> (a) de forma a violar, apropriar-se indevidamente ou infringir direitos do WhatsApp, dos nossos usuários ou de terceiros, inclusive direitos de privacidade, de publicidade, de propriedade intelectual ou outros direitos de propriedade; (b) de forma ilícita, obscena, difamatória, ameaçadora, intimidadora, assediante, odiosa, ofensiva em termos raciais ou étnicos, ou instigue ou encoraje condutas que sejam ilícitas ou inadequadas, inclusive a incitação a crimes violentos; (c) envolvendo declarações falsas, incorretas ou enganosas; (d) para se passar por outrem; (e) para enviar comunicações ilícitas ou não permitidas, mensagens em massa, mensagens automáticas, ligações automáticas e afins; ou (f) de forma a envolver o uso não pessoal dos nossos serviços, a menos que esteja autorizado por nós.

Além de vários outros atos que causam violação aos Termos do Serviço, o aplicativo afirma que pode remover esse material ou cancelar a conta do usuário responsável pela postagem.

Ressalte-se que a adoção da criptografia ponta a ponta, pelo WhatsApp, dificultou ainda mais os procedimentos investigatórios em meios cibernéticos, uma vez que as mensagens só podem ser acessadas pelo emissor e pelo destinatário, os quais possuem a chave especial necessária para destrancá-la, sendo que a cada nova mensagem enviada são atribuídos um novo cadeado e uma nova chave, automaticamente[114].

---

[112] Disponível em: <https://pt.wikipedia.org/wiki/Fun%C3%A7%C3%A3o_hash>. Acesso em: 12 jul. 2016.

[113] WhatsApp. Informação Legal. Atualizações Importantes. Disponível em: <https://www.whatsapp.com/legal/#terms-of-service>. Última modificação em 25 ago. 2016. Acesso em: 06 set. 2016.

[114] Disponível em: <https://www.whatsapp.com/faq/pt_br/general/28030015>. Acesso em: 12 jul. 2016.

Entretanto, o provedor de aplicação deve buscar conciliar a proteção da privacidade de seus usuários com a segurança destes, uma vez que há, diuturnamente, milhares de crimes graves sendo praticados no ciberespaço, cujos criminosos não devem ficar impunes. Dessa forma, deve respeitar a legislação brasileira e prover formas de possibilitar a persecução criminal, sob pena de o aplicativo vir a ser caracterizado como instrumento de crime, responsabilizando-se seus representantes, nos termos, por exemplo, do §2º do Art. 241-A do ECA[115].

6.3.3.1 Modelo de Representação para a Exclusão de Viral em *App*

EXCELENTÍSSIMO SENHOR DOUTOR JUIZ (A) DE DIREITO DA ___ª VARA CRIMINAL DA COMARCA DE ______________

Ref. ao Inquérito Policial nº

A Polícia Civil deste Estado vem, por meio do Sr. ________________, Delegado de Polícia Civil, lotado ________________, com fulcro no que dispõem o Art. 6º do Código de Processo Penal pátrio e a Lei nº 12.965/2014, denominada Marco Civil da Internet, representar pelo AFASTAMENTO DE SIGILO TELEMÁTICO de usuários da aplicação de internet ____________________, com base nos fatos e fundamentos que passa a expor:

1. DOS FATOS

Os fatos objeto da presente investigação giram em torno da publicação de vários vídeos de conteúdo íntimo por meio do aplicativo de mensagens __________________, os quais começaram a ser divulgados a partir do dia __________________ do corrente ano e ainda permanecem sendo difundidos pela região ____________________________.

Tal situação gerou ampla repercussão na cidade de ____________________, em que a publicação de ____ vídeos atingiu diretamente ____________________, bem como seus pais, que vieram à Delegacia de Polícia para comunicar os fatos.

Os referidos vídeos foram extraídos e a função *hash* gerada, conforme tabela:

ARQUIVOS	HASH (__)

115 § 2º As condutas tipificadas nos incisos I e II do § 1º deste artigo são puníveis quando o responsável legal pela prestação do serviço, oficialmente notificado, deixa de desabilitar o acesso ao conteúdo ilícito de que trata o *caput* deste artigo (incluído pela Lei nº 11.829, de 2008).

Através dos códigos *hash* mencionados, é plenamente possível que a sociedade empresarial responsável pelo aplicativo de internet _______________ informe quando e por quais usuários foram enviados os referidos vídeos, descrevendo quando se iniciou o tráfego ou flutuação dos respectivos *hash(es)* nos servidores da aludida empresa, além de fornecer os registros de IP, data, hora e fuso horário respectivos.

Diante das informações trazidas, demonstrando a grande repercussão e gravidade dos fatos ora narrados, há a necessidade de investigação especializada, visando a identificação do autor ou dos autores responsáveis pela confecção do vídeo e da sua posterior publicação na internet, coibindo-se, assim, a utilização da tecnologia para a facilitação e propagação de práticas delitivas, as quais não podem restar impunes.

2. DO DIREITO

Os documentos que instruem esta representação, apresentados em sigilo diante da cautela que os fatos ora investigados exigem, demonstram a veracidade de todo o alegado, constituindo suporte probatório bastante para autorizar o afastamento de sigilo de dados telemáticos.

Os crimes praticados através da internet têm modificado o local de crime do ambiente real para o virtual, onde as condutas criminosas decorrentes de tais práticas não podem e nem têm como ser resolvidas da maneira tradicional, unicamente oitivando-se testemunhas ou expedindo relatório de missão para tentar localizar informações que possam levar à autoria e à materialidade delitiva, por exemplo. Há necessidade, portanto, do afastamento do sigilo telemático para o esclarecimento do fato.

Nesse contexto, surgiu a Lei nº 12.965/14, denominada de Marco Civil da Internet, a qual estabelece princípios, garantias, direitos e deveres para o uso da internet no Brasil e determina as diretrizes para atuação da União, dos Estados, do Distrito Federal e dos municípios em relação à matéria.

O aludido diploma legal, especificamente em seu Art. 19, disciplina que:

> Com o intuito de assegurar a liberdade de expressão e impedir a censura, o provedor de aplicações de internet somente poderá ser responsabilizado civilmente por danos decorrentes de conteúdo gerado por terceiros se, após ordem judicial específica, não tomar as providências para, no âmbito e nos limites técnicos do seu serviço e dentro do prazo assinalado, tornar indisponível o conteúdo apontado como infringente, ressalvadas as disposições legais em contrário.

É importante destacar que a indisponibilização de conteúdo íntimo (cenas de nudez ou de atos sexuais de caráter privado) divulgado na internet não precisa de ordem judicial, bastando a notificação ao provedor de aplicações, por parte do participante ou seu representante legal, ou, ainda, pelo próprio órgão investigativo.

O Art. 21, do Marco Civil da Internet preceitua:

> O provedor de aplicações de internet que disponibilize conteúdo gerado por terceiros será responsabilizado subsidiariamente pela violação da intimidade decorrente da divulgação, sem autorização de seus participantes, de imagens, de vídeos ou de outros materiais contendo cenas de nudez ou de atos sexuais de caráter privado quando, após o recebimento de notificação pelo participante ou seu representante legal, deixar de promover, de forma diligente, no âmbito e nos limites técnicos do seu serviço, a indisponibilização desse conteúdo.
>
> Parágrafo único. A notificação prevista no *caput* deverá conter, sob pena de nulidade, elementos que permitam a identificação específica do material apontado como violador da intimidade do participante e a verificação da legitimidade para apresentação do pedido.

Entretanto, para a obtenção dos registros de acesso a aplicação, é imprescindível ordem judicial, nos termos do Art. 10, do Marco Civil da Internet, ressaltando-se que aqui não se está requerendo a obtenção de conteúdo de comunicação e sim o fornecimento de dados telemáticos.

É válido destacar que o Facebook Serviços Online do Brasil Ltda. possui endereço em território brasileiro, à XXXXXXXXXXXXXXXXXXXXX.

Não persiste qualquer dúvida de que o Facebook e o WhatsApp fazem parte do mesmo grupo econômico, já tendo, inclusive, ocorrido a homologação da aquisição do segundo pelo primeiro, por parte da *Securities and Exchange Commission* (SEC), além de o Facebook apontar dentro de sua página que é proprietário do aplicativo de conversação instantânea.

Os vídeos viralizados, ao serem difundidos, violam a política de privacidade do WhatsApp, estando tal conduta prevista no tópico 5 (Status de Submissão do Usuário), especialmente no item C (envio de material protegido por direitos de privacidade; envio de material ofensivo e obsceno originador de responsabilidade civil).

É importante salientar, d. juízo, que o provedor de aplicação possui condições de interromper o fluxo dessas divulgações abusivas de conteúdo íntimo, através do bloqueio nas linhas de comando de seus servidores dos códigos *hash* informados na tabela anterior, **DEVENDO PROVER MEIOS TÉCNICOS PARA SANAR AS ILEGALIDADES QUE ESTÃO SENDO PRATICADAS POR SEU INTERMÉDIO.**

3. DO PEDIDO

Dessa forma, levando-se em consideração que os crimes cibernéticos representam um grande desafio para a persecução penal, em razão da volatilidade e complexidade das provas, e pela impossibilidade de estas serem produzidas por outros meios, o subscritor requer a Vossa Excelência:

a) Determinar ao **Facebook Serviços *On-line* do Brasil Ltda** (endereço à xxxxxxxxxxxxxxxxxxxx), representante do WhatsApp no Brasil, que:

- proceda ao imediato bloqueio de *uploads* e *downloads* do conteúdo ilícito por meio dos respectivos números de *hash* e outras providências que julgarem tecnicamente oportunas a fim de impedir a troca dos referidos conteúdos entre os usuários da aplicação;
- remova o conteúdo ilícito dos servidores e de memória *cache*, a fim de que este não seja mais compartilhado via *app* ou qualquer serviço ligado à empresa;
- informe de quais MSISDN, em ordem cronológica, partiram os referidos vídeos vinculados aos *hashes* (MD5) já informados;
- preserve os registros de publicação e de acesso aos vídeos relacionados anteriormente, a fim de subsidiar ações penais e cíveis;
- notifique os usuários que violaram os termos do serviço no momento em que compartilharam os conteúdos divulgados de forma criminosa (avaliar a conveniência deste pedido para a investigação!).

b) Que as informações ora solicitadas sejam encaminhadas diretamente à Autoridade Policial, para o e-mail institucional ______________@____.gov.br e, em seguida, enviados em via impressa e digital (com extensão .csv ou .xls) para a unidade policial, situada à ______________________________.

c) Que seja arbitrada multa diária no valor que entender o juízo, diante da gravidade dos fatos investigados, caso o provedor de aplicação retarde ou não cumpra a determinação judicial, caso seja deferida.

Nestes termos,

Pede deferimento.

__________________-____, ____ de ____________ de 20__

Delegada de Polícia Civil

6.4. Decisões Judiciais Determinando a Suspensão do Serviço

O cumprimento da ordem judicial quando se trata de suspensão do serviço tem gerado grandes questionamentos pelos operadores do Direito, muito em razão de tal prática ser recente no ordenamento jurídico brasileiro.

É importante mencionar que a ONU, recentemente, condenou as medidas intencionais usadas para prevenir ou interromper o acesso ou divulgação de informações *on-line*, afirmando tratar-se de violação da lei internacional de direitos humanos, chamando os Estados a absterem-se de acessarem tais medidas.

Nesse sentido, observa-se que tal posicionamento é não vinculante aos países, constituindo-se em recomendação, especialmente útil em países onde o poder público promove a censura.

A ONU acrescenta, ainda, que os Estados devem tratar de questões de segurança na internet, em conformidade com suas obrigações internacionais de direitos humanos, para garantir a proteção da liberdade de expressão, liberdade de associação, privacidade e outros direitos humanos *on-line*, inclusive por meio de instituições nacionais democráticas e transparentes, com base no Estado de direito, de forma que garanta a liberdade e a segurança na internet.[116]

Destaca-se, todavia, que, nos casos de crimes na internet, é necessário sempre ponderar os direitos das vítimas e dos autores dos delitos, visando não chancelar e promover a impunidade, bem como impedir a criação de uma terra virtual sem lei.

Para entender melhor como se dá o cumprimento de uma decisão de suspensão de determinada aplicação de internet, é importante lembrar que, quando alguém se conecta à rede, recebe um número de IP válido através de um provedor de conexão, permitindo acessar, através de um terminal (computadores, *notebooks, smartphones, tablets*, etc.), um conjunto de funcionalidades tais como sites de notícias, bancos, redes sociais, e-mail, *apps* de comunicação, entre outros.

[116] United Nations. General Assembly. Oral Revisions of 30 June 2016.

Entre as alegações dos provedores de aplicações de internet, principalmente os aplicativos de comunicação, destaca-se o argumento de impossibilidade técnica de cumprimento da decisão.

Em entrevista ao Olhar Digital[117], Matt Steinfeld, diretor de comunicação do WhatsApp, pretendendo explicar por que o *app* não entrega os dados que a polícia brasileira requer, alegou, especialmente, que nenhuma mensagem é guardada em seus servidores, logo não importaria quantas vezes a Justiça de qualquer lugar do mundo pedisse, o aplicativo não poderia oferecer o que ele não tem; que mesmo que armazenasse as mensagens, pouco poderia ser feito para auxiliar a Justiça, haja vista que o *app* possui criptografia *end-to-end*, ou seja, as mensagens saem do celular do emissor já criptografadas (codificadas, mediante o uso de algoritmo), fazendo todo o trajeto celular-servidor-outro celular, só sendo desencriptadas quando atingem o recipiente final, portanto não teria o WhatsApp a chave para poder vê-las ou para permitir que as autoridades as vejam (mesmo que armazenasse tais conteúdos). Tais medidas, segundo o representante do *app*, seriam garantias aos usuários de que suas mensagens não seriam interceptadas, quaisquer que fossem os motivos, seja para o caso do cibercrime, seja para o caso de ciberespionagem governamental, independentemente da origem.

Entretanto, diante da seriedade da situação, onde vários crimes gravíssimos começam na internet ou com a ajuda desta se perpetuam, é necessária a sensibilização dos provedores, no sentido de que se encontre uma solução, a fim de resguardar os direitos de vítimas e do próprio Estado, no sentido de realização do escorreito processo penal e enfrentamento a criminosos.

Relevante, para ilustrar as presentes afirmativas, foi a discussão ocorrida nos EUA, entre o FBI e a Apple[118], em razão do massacre no Departamento de Saúde Pública ocorrido em dezembro de 2015, na cidade de San Bernardino, na Califórnia, onde foram mortas 14 pessoas e feridas 22 como decorrência do ataque de um casal de terroristas, morto pela

---

117 WhatsApp explica por que não entrega os dados que a polícia brasileira pede. Disponível em: <http://olhardigital.uol.com.br/noticia/whatsapp-explica-por-que-nao-entrega-os-dados-que-a-policia-brasileira-pede/55829>. Acesso em: 12 jul. 2016.

118 O que é a disputa entre Apple e FBI e como ela afeta a sua vida? Disponível em: <http://olhardigital.uol.com.br/noticia/o-que-e-a-disputa-entre-apple-e-fbi-e-como-ela-afeta-a-sua-vida/55294>. Acesso em: 12 jul. 2016.

polícia. Na investigação do caso, tornou-se peça-chave o iPhone 5C de um dos terroristas, que estava encriptado.

O FBI conseguiu que a justiça americana determinasse à Apple que criasse uma brecha proposital (*backdoor*) na criptografia do iPhone, permitindo o acesso às informações de investigados apenas neste caso.

A Apple reagiu, argumentando que tal determinação lhe traria danos à imagem, já que sempre afirmou que seu software era mais seguro e livre de vulnerabilidades. Acatar esse precedente seria colocar em risco a segurança dos usuários, já que poderia ser utilizado para outros fins, como, por exemplo, a prática de cibercrimes ou de abusos por parte dos próprios governos.

Pouco tempo depois, o Departamento de Justiça dos Estados Unidos retirou as ações que pediam que a empresa de tecnologia desbloqueasse o telefone, uma vez que as autoridades de investigação conseguiram acessar os dados do iPhone 5C sem o auxílio da fabricante[119].

Dos argumentos anteriores, verifica-se que as impossibilitadas técnicas alegadas pelas empresas instadas são meramente opcionais, significando antes que aquelas estão mais preocupadas com seus lucros do que com o respeito ao ordenamento jurídico, a proteção às vítimas e o enfrentamento aos grupos criminosos que praticam graves delitos.

Valendo-se da possibilidade de anonimato e de proteção na internet, o crime organizado tem se alastrado no mundo, em grande velocidade e de forma cada vez mais lesiva, sendo imperioso chegar-se a um consenso entre as empresas da área de tecnologia e as agências de segurança e investigação, com o fim de equilibrar as forças entre a proteção extrema dos dados de usuários e a desestimulação dos criminosos e práticas criminosas em meio virtual.

Dessa forma, vislumbra-se que é plenamente aplicável a sanção de suspensão do serviço, especialmente no caso de resistência, por parte dos provedores, em obedecer a legislação brasileira, nos casos em que esta é aplicável, seja na exclusão de material da internet ou ainda no fornecimento do conteúdo de comunicação de usuários. Há diversos casos de suspensão do serviço no Brasil.

---

[119] Disponível em: <http://olhardigital.uol.com.br/noticia/fbi-consegue-desbloquear-iphone-de-san-bernardino-e-poe-fim-a-briga-com-a-apple/56653>. Acesso em: 12 jul. 2016.

a) YouTube

No ano de 2007, a justiça paulista determinou o bloqueio ao YouTube após um vídeo, no qual uma apresentadora e seu namorado trocavam carícias íntimas na praia de Cadiz, Espanha, ter sido divulgado sem autorização.

Na ocasião, uma das partes ingressou com uma ação judicial solicitando que as imagens fossem retiradas da internet, sendo que, em razão de descumprimento da ordem de exclusão do conteúdo, o magistrado expediu nova decisão, determinando a suspensão da aplicação através dos *backbones*.

Essa decisão, em razão do seu pioneirismo, causou muita repercussão à época em que foi prolatada, sendo criticada como tentativa de censura ou como medida unilateral de controle da internet.

b) Facebook

Em decisão anterior ao Marco Civil da Internet, o juiz da 13ª Zona Eleitoral do Tribunal Regional Eleitoral de Santa Catarina[120] determinou a aplicação de multa pecuniária de R$ 50.000,00 por dia, além da suspensão pelo período de 24h de todo o conteúdo informativo da aplicação de internet. Em seguida, o juiz reconsiderou a decisão, em razão de a empresa ter alegado questões de ordem técnicas e ter prestado compromisso de atender da melhor forma possível à Justiça Eleitoral brasileira. Nesse caso, se tivesse sido aplicada uma sanção diferente, talvez a empresa não cooperasse com mecanismos céleres no cumprimento da decisão judicial.

c) Secret[121]

O Ministério Público do Espírito Santo[122] ingressou com uma ação civil pública solicitando a remoção do aplicativo Secret das lojas oficiais, bem

[120] Tribunal Regional Eleitoral de Santa Catarina. 13ª Zona Eleitoral. Análise do Pedido de Reconsideração de sanção aplicada por descumprimento de liminar de multa diária e suspensão de acesso de rede social no Brasil. Ação Cautelar nº 86-37.2012.6.24.0013. Juiz da 13ª Zona Eelitoral Dr. Luiz Felipe Schuch. 11 de agosto de 2012. Disponível em: <http://www.tre-sc.jus.br/site/fileadmin/arquivos/noticias/2012/08/decisao_liminar.pdf>. Acesso em: 12 jul. 2016.

[121] Aplicativo que permitia o compartilhamento de mensagens anônimas dentro de um determinado círculo de amigos, que foi lançado em maio de 2014. Podia ser adquirido gratuitamente através das plataformas Android (Google) e iOS (Apple). Para Windows Phone estava disponível com o nome de Cryptic. O *app* foi descontinuado no ano de 2015.

[122] 26ª Promotoria de Justiça Cível de Vitória. Ação Civil Pública. Vitória, ES, 15 de agosto de 2014. Marcelo Zenkner. Promotor de Justiça.

como a exclusão remota dos aplicativos dos usuários que já haviam feito o *download* do *app*.

De forma diversa dos outros casos de suspensão, o pedido fora direcionado às lojas de aplicativos *on-line* e não aos *backbones* para a retirada do conteúdo.

Entre os vários argumentos elencados, destaca-se a evidente violação das exigências constitucionais que regulamentam o direito à imagem, à privacidade, à honra e, principalmente, à dignidade da pessoa humana.

Além da aplicação de multa diária em caso de descumprimento no valor de R$ 30.000,00, determinou-se à Google, à Microsoft e à Apple a remoção do aplicativo de suas lojas oficiais, bem como a desinstalação remota do *app* dos aparelhos de seus usuários.

Ao fundamentar a decisão de suspensão do aplicativo o magistrado asseverou[123]:

> Não obstante os técnicos em tecnologia da informação afirmarem que a utilização da rede mundial de computadores sempre deixa "rastros", possibilitando a identificação do usuário, no caso dos aplicativos, as mensagens publicadas não exibem a sua origem, sendo que na tela inicial do aplicativo consta a seguinte advertência: você ficará totalmente anônimo, e nós jamais publicaremos qualquer coisa no Facebook. Constata-se, pois, mesmo em cognição sumária, que a utilização dos aplicativos desrespeita a parte final do art. 5º, IV, da Constituição Federal (vedação ao anonimato), bem como inviabiliza, ou pelo menos torna extremamente difícil, a possibilidade de obter indenização por dano material ou moral decorrente de eventual violação ao direito da privacidade, honra e imagem das pessoas (Art. 5, X, CF).

Em sede de agravo de instrumento[124], o Relator concedeu efeito suspensivo à decisão prolatada por entender que a suspensão do aplicativo, nesse caso, tratava-se de medida ineficaz.

---

[123] Ação Civil Pública. Processo: 0028553-98.2014.8.08.0024. 5ª Vara Cível. Juiz de Direito Paulo César de Carvalho. Vitória, 19 de agosto de 2014.

[124] Agravo de Instrumento. Processo: 0035186-28.2014.8.08.0024. **Órgão Julgador:** Terceira Câmara Cível. Vitória, ES, 06 de novembro de 2014. Rel. Des. Robson Luiz Albanez.

d) WhatsApp

No Piauí, houve uma determinação judicial exigindo o bloqueio do aplicativo de mensagens instantâneas, em razão do descumprimento de decisões anteriores que lhe ordenavam o fornecimento de informações de usuários sob investigação criminal. Apesar de não ter sido o primeiro pedido nesse sentido, o caso teve repercussão mundial, em razão da popularidade do aplicativo.

Após solicitar a implementação da interceptação telemática do aplicativo, a polícia judiciária recebeu como respostas a impossibilidade técnica para cumprimento da medida e, ainda, a alegação de que o Facebook e WhatsApp eram pessoas jurídicas distintas, não tendo como compartilhar dados. Devido ao descumprimento reiterado de decisões judiciais, a autoridade policial solicitou à Justiça a determinação da suspensão do aplicativo por prazo determinado.

Ao impetrar mandado de segurança contra a decisão que mandou suspender, por determinado período de tempo, o aplicativo WhatsApp, as empresas alegaram limitações técnicas para garantir a eficaz suspensão do aplicativo via *backbone*, bem como que ficaria prejudicada a guarda de registros de conexão. Na decisão, o Relator asseverou[125]:

> Os organismos policiais dispõem de diversos outros meios de investigação, não se mostrando plausível que toda uma investigação passe a depender de informações de natureza telemática. Ora, se houve — ou está havendo — crime por meio de transmissão de dados no aplicativo WhatsApp (ou outro programa da mesma natureza), tais fatos não serão elucidados — e muito menos evitados — com a suspensão desse serviço, pois, sabe-se, há uma infinidade de softwares dessa natureza, à disposição de quem quer que seja.

Em dezembro de 2015, a polícia paulista solicitou a suspensão do aplicativo em todo o território nacional. Num período de 127 dias, a empresa foi notificada por várias vezes para cumprir a decisão que envolvia uma investigação de uma facção criminosa e, apesar de ser aplicada uma multa de R$ 12,7 milhões, a empresa se negou a cumprir a decisão judicial, alegando dificuldades técnicas.

---

125 TJ-PI. MS nº 2015.0001.001592-4. Relator: Des. Raimundo Nonato da Costa Alencar. Julgado em 26 fev. 2015.

A decisão judicial determinou o bloqueio do aplicativo em todo o território nacional pelo prazo de 48 horas, sendo que, pela primeira vez, a suspensão foi efetivamente cumprida pelos provedores de infraestrutura. Após o serviço ficar fora do ar por aproximadamente 12 horas, o Tribunal de Justiça de São Paulo suspendeu a decisão.

Nesse caso, a empresa WhatsApp, ao impetrar mandado de segurança, alegou prejuízo a milhões de usuários, violação do Marco Civil e cumprimento da ordem judicial apenas através de cooperação jurídica internacional. O relator asseverou[126]:

> Em face dos princípios constitucionais, não se mostra razoável que milhões de usuários sejam afetados em decorrência da inércia da impetrante, mormente quando não esgotados outros meios disponíveis para a obtenção do resultado desejado.

Em março de 2016, o vice-presidente do Facebook para a América Latina foi preso em São Paulo, por ocasião do cumprimento de mandado expedido pelo juízo da comarca de Lagarto, em Sergipe, tendo como motivação a não interceptação do conteúdo do WhatsApp solicitada pela Polícia Federal, em um caso de tráfico de drogas interestadual, o que estaria embaraçando a investigação de infração penal que envolvia organização criminosa, nos termos da Lei nº 12.850/2013[127].

É certo que a empresa, em sua política de privacidade, busca a todo custo resguardar a privacidade do usuário, a qual também é garantida como princípio no Art. 3 do Marco Civil da Internet. Entretanto, a ponderação de valores é imprescindível na democracia, a fim de verificar qual bem jurídico deve preponderar no caso concreto, pois, ao descumprir decisão de fornecer dados à polícia, a empresa protege dados de criminosos em detrimento da segurança de toda a sociedade.

A evolução tecnológica, também acompanhada por criminosos, praticamente impossibilita que os órgãos investigativos individualizem a autoria e materialidade de crimes complexos sem o auxílio da própria tecnologia. A migração dos criminosos para a utilização de ferramentas que permitem não serem alcançados pela investigação faz com que se necessite justamente destes dados para o deslinde do procedimento investigatório.

---

[126] TJ-SP. Mandado de Segurança nº 2271462-77.2015.8.26.0000. Relator: Xavier de Souza. Órgão Julgador: 11ª Câmara de Direito Criminal.

[127] Disponível em: <http://www.bbc.com/portuguese/noticias/2016/03/160225_prisao_facebook_sp_if>. Acesso em: 12 jul. 2016.

A exigência de um provedor, quanto à necessidade de cooperação jurídica internacional formal para o fornecimento de informações, compromete a celeridade e a viabilidade da apuração de delitos, que normalmente necessitam de respostas imediatas e pontuais. A cooperação deve ser colocada como um meio que pode ser utilizado, mas não como único caminho, não sendo adequado para a grande maioria das investigações.

O Procurador Aldo Campos, em artigo publicado sobre o assunto, faz um brilhante apanhado sobre a necessidade desse cumprimento ao citar[128]:

> O serviço prestado pelo WhatsApp não tem natureza pública, não é considerado essencial e possui concorrentes eficientes em um mercado relevante. A suspensão, ademais, não teve o objetivo de prejudicar os consumidores do produto. Pelo contrário. Sinalizou à população o baixo grau de comprometimento do Facebook com a segurança pública, que, nos termos do Art. 144 da Constituição da República, parece ser direito e responsabilidade de todos, menos da referida empresa.

Nesse panorama, é necessário acompanhar o julgamento da matéria no STF, através da ADPF 403 — SE, que tem como requerente o Partido Popular Socialista (PPS) e como Relator o Min. Edson Fachin, ressaltando-se que no dia 19 de julho de 2016 foi deferida liminar pelo então presidente da suprema corte, Min. Ricardo Lewandowski, no sentido da suspensão da decisão proferida pelo Juízo da 2ª Vara Criminal da Comarca de Duque de Caxias/RJ, nos autos do IP 062-00164/2016, restabelecendo o serviço de mensagens do aplicativo WhatsApp, sem prejuízo de novo exame da matéria pelo Relator sorteado.

Como já explicitado, o fornecimento das informações legalmente requeridas é uma questão de respeito à soberania brasileira.

e) Tudo Sobre Todos

Em uma ação cautelar preparatória, em trâmite na 1ª Vara da Justiça Federal do Rio Grande do Norte, o Ministério Público Federal acionou a empresa proprietária do site "Tudo Sobre Todos[129]" em face desta apli-

---

[128] Facebook, esse desobediente. Publicado em 19 dez. 2015. Disponível em: <http://jota.info/facebook-esse-desobediente>. Acesso em: 12 jul. 2016.

[129] Top Documents, responsável pela manutenção e administração do site.

cação ter disponibilizado, a quem quisesse pagar, dados pessoais de todos os brasileiros, incluindo data de nascimento, CPF, endereço completo e ainda o perfil dos parentes e de vizinhos. O juiz, ao analisar o caso, concedeu a medida liminar pleiteada, determinando "as empresas que prestam serviços de acesso a *backbones*, que neles insiram obstáculos tecnológicos capazes de inviabilizar, até o julgamento definitivo do processo principal, o acesso ao site[130]".

No caso do "Tudo Sobre Todos", a sanção aplicada foi a suspensão, não havendo necessidade de gradação, até porque questiona-se: como seria aplicada uma advertência a uma aplicação de internet que está sediada em um país, com domínio e servidores em outros países e ainda recebendo pagamentos através de *bitcoin*[131]? Não seria efetiva.

6.5. Das Condições Técnicas para Cumprimento da Suspensão de Serviço

6.5.1. Do Servidor SFTP

Inicialmente, é importante destacar que a interceptação do fluxo de comunicações telemáticas, referentes a conteúdo de aplicativos de conversação instantânea, é tecnicamente possível, especialmente através de uso de protocolo de transferência de arquivos usando SSH, com o intuito de assegurar comandos e dados que estão sendo transferidos entre o cliente e o servidor. Esse procedimento é realizado através de um servidor SFTP (*Secure File Transfer Protocol*).

Esse protocolo de transferência de arquivos permite que os dados transferidos entre o provedor de aplicação e os órgãos investigativos (servidor e cliente) sejam criptografados, impedindo que terceiros tenham acesso ao seu conteúdo.

---

[130] Justiça Federal do Rio Grande do Norte. 1ª Vara Federal de Natal. Cautelar Inominada. Proc. 0805175-58.2015.4.05.8400. Juiz Magnus Augusto Costa Delgado. 29 de julho de 2015. Disponível em: <http://www.omci.org.br/m/jurisprudencias/arquivos/2015/jfrn_08051755820154058400_30072015_IsJFHO3.pdf>. Acesso em: 12 jul. 2016.

[131] Moeda virtual criada em 2009, que não possui nenhuma autoridade central que a regule. Não existe em papel físico, apenas saldos associados com chaves públicas e privadas.

6.5.2. Da Suspensão do Serviço

Em razão da novidade do tema, é imprescindível ilustrar nesta obra os caminhos que devem ser trilhados para se efetivar o que reza o artigo 12, inciso III, da Lei nº 12.965/2014, o qual se refere às sanções aplicadas no caso do não cumprimento do que disciplinam as normas previstas nos arts. 10 e 11 da referida lei.

Destaque-se que tais sanções previstas no Marco Civil da Internet podem ser aplicadas de forma isolada ou cumulativa, devendo ser escolhida a que, dentro do critério da proporcionalidade, se mostre compatível com o caso concreto.

Em havendo resistência por parte da aplicação de internet em cumprir a decisão judicial de interceptação, afastamento de sigilo telemático ou exclusão de conteúdo, por exemplo, observa-se considerável prejuízo às investigações em trâmite, possibilitando a perpetuação de crimes graves e o fortalecimento de organizações criminosas cada vez mais especializadas. Não se pode tolerar que o Brasil se transforme em "paraíso cibernético", cenário ideal para que os criminosos atuem.

Assim, em casos de crimes graves e reiteração de descumprimento de requisição anterior por parte do provedor, faz-se imprescindível a suspensão temporária das atividades do aplicativo em território nacional, podendo ser operacionalizada por meio do bloqueio nos *backbones* nacionais.

É importante relembrar que *backbone* ("espinha dorsal" ou "rede de transporte", em português) se refere à rede principal por onde os dados dos clientes da internet trafegam, controlando o esquema de ligações centrais de um sistema mais abrangente com elevado desempenho, sendo responsável pelo envio e recebimento dos dados entre diferentes localidades, dentro ou fora de um país.

Ao enviar uma mensagem através de um aplicativo qualquer, o usuário na verdade está enviando dados de uma rede local para o *backbone*, que depois os encaminha a outra rede local, até que a mensagem chegue ao destino. O mesmo ocorre ao acessar um site: o tráfego de informações passa necessariamente pelo *backbone* antes de chegar à rede local do usuário.

Em outras palavras, quando um usuário envia uma mensagem de um terminal, tais informações são encaminhadas a alguma empresa que presta esse serviço de espinha dorsal, regional ou nacional, para somente depois trafegar em uma ligação internacional, chegando até os servidores da empresa receptora e fazendo, em frações de segundo, o caminho de volta até que a mensagem chegue ao seu destino.

É importante mencionar que na internet há vários *backbones* divididos hierarquicamente, com o objetivo de manter sistemas internos com elevado desempenho, a fim de controlar e monitorar o tráfego de dados. Existem os *backbones* de ligação intercontinental que são derivados dos *backbones* internacionais, sendo os *backbones* nacionais derivados destes.

Assim, o magistrado poderá determinar que as empresas brasileiras que prestam serviços de rede de transporte, tipo *backbones* a nível internacional, suspendam o acesso através dos serviços da empresa, referente aos domínios representados, bem como de todos os subdomínios e todos os outros domínios que contenham a extensão respectiva em seus nomes, e ainda a todos os números de IP (*Internet Protocol*) vinculados aos domínios já citados, devendo garantir a suspensão do tráfego de informações de coleta, armazenamento, guarda e tratamento de registros de dados pessoais ou de comunicações entre usuários do serviço e servidores da aplicação de troca de mensagens "multiplataforma", em que pelo menos um desses atos ocorra em território nacional.

No Brasil, as empresas Embratel, Rede Nacional de Pesquisa (RPN), Oi/Brasil Telecom, KDD Nethal, Comsat Brasil, Impsat Comunicações, AT&T, NTT, Diveo do Brasil, CTBC, Mundivox do Brasil, Telefônica, Intelig e Geodex GVT fornecem esse serviço, devendo, para tanto, serem notificadas para o cumprimento de eventual decisão judicial.

6.6. Modelo de Ofício Informando Descumprimento de Ordem Judicial

Ofício nº ____/201_. ___________(__), __ de ____________ de 201_.

EXMO. SR. DR.

____

JUIZ DE DIREITO DA _________________

Nesta.

Ref. Processo nº.

Senhor Juiz,

Informamos a V. Exa. que na data de ______________, através do Ofício nº ______________, levamos ao conhecimento do provedor ________________________ o mandado judicial nº _________, expedido por esse d. juízo, o qual determina que a referida empresa adote as devidas medidas legais para o fiel cumprimento do teor descrito na referida decisão.

Ocorre que, em resposta, a aludida empresa aduziu que não possui habilidades técnicas para cumprir o referido mandado, uma vez que o servidor onde estão armazenadas as informações requeridas está localizado em outro país, logo essas informações devem ser prestadas apenas através do Acordo de Assistência Judiciária em Matéria Penal (MLAT) e não por meio da representante do mesmo grupo econômico sediada no Brasil.

A jurisprudência brasileira é no sentido da desnecessidade do MLAT para a obtenção de dados telemáticos:

> PROCESSO PENAL. MANDADO DE SEGURANÇA. II – QUEBRA DE SIGILO TELEMÁTICO. ORDEM JUDICIAL ENDEREÇADA À GOOGLE BRASIL INTERNET LTDA. DESCUMPRIMENTO. IMPOSSIBILIDADE DE CUMPRIMENTO NÃO CONSTATADA. JURISDIÇÃO BRASILEIRA. CONTROLADORA NOS EUA. SUBMISSÃO DA CONTROLADA ÀS LEIS BRASILEIRAS. III – SEGURANÇA PARCIALMENTE CONCEDIDA. LIMINAR REVOGADA. Não acolhidas as alegações acerca da impossibilidade material de atender ao comando judicial, porquanto existiriam lugares onde sequer há subsidiárias da Google Inc. norte-americana e aos quais ela também leva e-mails, operando remotamente pela própria internet, de modo que os dados armazenados remanesceriam apenas nos

Estados Unidos. V — Não estamos diante de fatos investigados que, a princípio, se convertam em infrações transnacionais. Afastadas as alegações de aplicação, no caso, das leis americanas sobre privacidade e sigilo (Lei do Grampo — *Wiretap Act* — e Lei da Privacidade das Comunicações Eletrônicas — *Eletronic Comunications Privacy Act* — ECPA). VI — A Google Brasil Internet Ltda., destinatária da ordem judicial brasileira, embora controlada pela empresa norte-americana Google Inc., foi constituída no Brasil, de acordo com as leis brasileiras. Submete-se, nas circunstâncias, à Lei nº 9.296/96; ao Código Penal Brasileiro; ao Código de Processo Penal Brasileiro; bem como às disposições do Código Civil Nacional, por força de sua própria constituição como pessoa jurídica sujeita às nossas leis. VII — Não impressiona o fato de o objeto social da Google Brasil não incluir especificamente o envio de conteúdos por meio dos serviços comerciais prestados pela Google Inc. conhecidos como e-mails, porquanto a função e os objetos em virtude dos quais são criadas as "sociedades controladas" levam em conta a associação de empresas para dividirem esforços empresariais para a realização de atividades comuns. VIII — Não é relevante o fato de a Google Inc. até mesmo operar os serviços de e-mails de forma remota, e nem mesmo o fato de não possuir controladas em alguns países do mundo. O que importa é que aqui no Brasil possui uma empresa da qual é sócia, e como componente do grupo de fato de sociedades mercantis, é por meio de sua empresa controlada que o grupo se apresenta às autoridades nacionais como destinatária de regras de comando no que concerne ao fornecimento de dados, ainda que sigilosos, mas que visam a instruir investigação em curso no país, sobre fato aqui cometido, por pessoa aqui estabelecida, e sem nítido contorno de crime internacional. IX — Para as autoridades brasileiras que hoje estão na contra-face de uma relação de direito público com a Google Brasil, o que impera é a boa-fé que deve orientar a relação com a pessoa jurídica que se predispõe a vir incrementar seus negócios empresariais aqui no Brasil, por meio de novos serviços da controlada que somam à finalidade comercial de suas controladoras, a ponto de se conceber que, também para fins de sua responsabilidade constitucional para com a persecução da polícia judiciária federal, ela se apresenta também como representante do grupo empresarial

> de fato, integrado pela Google Brasil Ltda., Google Inc. e Google International LLC, devendo por isso se submeter às requisições das autoridades da persecução penal, diretamente, independentemente do MLAT. XI — Não procede o argumento de que as medidas determinadas violam a necessidade, em razão de haver a via do MLAT como procedimento menos gravoso. As medidas previstas nos tratados de cooperação internacional estão no mesmo patamar das medidas de obtenção de provas contidas na legislação nacional, sendo certo que não é suficiente o argumento de que os dados são armazenados no exterior para que supere a aplicação da lei local, nesse caso em que a infração investigada ocorreu aqui no Brasil, mediante ação de pessoas nacionais aqui residentes. XII — Não configurada a desproporcionalidade das medidas, que haverão de recair exatamente sobre quem se apresenta e aparenta representando a Google e responsável pela obrigação legal exigida pela lei nacional. XIV — A questão versa sobre dados telemáticos submetidos ao sigilo e já existe ordem judicial autorizando a quebra desse sigilo. Afastada a alegação de falta de exequibilidade da ordem, posto que não importa, para o cumprimento dela, que estejam armazenados no exterior (nos EUA ou em outro país) e não no Brasil. XV — A alegada impossibilidade material e jurídica para o cumprimento da ordem judicial pode e deve ser superada no âmbito das relações internas das empresas do grupo de fato, controladoras e controlada. Ausência de afronta aos princípios da razoabilidade, da proporcionalidade, da territorialidade e da separação de poderes, nem ao MLAT, ao art. 97 da CR/88 e à Súmula Vinculante nº 10 (Tribunal Regional Federal da 2ª Região. MS 201302010105854. Rel. Des. Fed. Abel Gomes. E-DJF2R — Data: 27 fev. 2014).

O fato de o conteúdo estar armazenado em um *datacenter* de outro país não impede que o representante aqui situado forneça as informações legalmente requisitadas, pois o armazenamento extraterritorial ocorre especialmente em virtude de questões operacionais e reduções de custo por parte da empresa.

Não se pode, ainda, vincular a obtenção de informações de dados com as leis do local onde o servidor de armazenamento estiver instalado, sob pena de poderosos grupos econômicos reposicionarem seus *datacenters* em paraísos cibernéticos e ficarem imunes à aplicação de qualquer legislação, sendo nesse sentido a jurisprudência:

> A recusa em entregar os dados telemáticos necessários à persecução é fruto de uma política deliberada e proposital de não colaborar com as autoridades judiciais brasileiras, e não consequência da real impossibilidade física. Isso é facilmente constatável pela conduta das outras empresas multinacionais que disputam com a Google o mercado de internet no Brasil. Tanto a Microsoft Corp. como a Yahoo Inc., não obstante mantenham os dados de serviços semelhantes ao do Google depositados em servidores localizados nos EUA, as filiais dessas empresas no Brasil cumprem as ordens judiciais brasileiras, sem levantarem o fictício óbice da falta de condições fáticas em função da localização física dos dados. Há, sem dúvida alguma, possibilidade fática de cumprimento das decisões judiciais de quebra de sigilo pela Google Brasil Internet Ltda., bastando, apenas, o mínimo de boa vontade (Justiça Federal. Seção Judiciária do Estado de São Paulo, 17ª Vara Cível. Ação Civil Pública. Processo nº 0018332-19.2006.4.03.6100. Juiz Federal José Marcos Lunardelli em 30 de agosto de 2006).[132]

Desse modo, comunicamos que até a data de hoje o provedor de aplicação ______________ deixou de cumprir a ordem judicial emanada desse d. juízo, sendo imprescindível o arbitramento de multa diária no valor de R$ ____________, sob pena de não ser possível o deslinde da presente investigação, restando o(s) autor(es) de graves fatos criminosos sob o manto da impunidade.

Atenciosamente,

Delegada de Polícia Civil

---

132 Disponível em: <http://www.prsp.mpf.mp.br/prdc/area-de-atuacao/direitos-humanos/dhumint/Liminar%20na%20ACP%20Google.pdf>. Acesso em: 12 jul. 2016.

6.7. Modelo de Mandado Judicial Determinando a Suspensão Temporária do Provedor de Aplicação de Internet

PODER JUDICIÁRIO DO ESTADO DO __________

COMARCA DE _________

____ VARA CRIMINAL

Processo nº ________________________________

MANDADO DE SUSPENSÃO DE ACESSO AO SERVIDOR DE APLICAÇÃO DE INTERNET

O ______________________________, Juiz de Direito da ____ Vara Criminal da Comarca de _________, Estado do _________________, na forma da Lei etc.

MANDA ao DIRETOR da **EMPRESA PRESTADORA DE REDE DE TRANSPORTE TELEMÁTICO *BACKBONE* xxxxxxxxxxxxxxxxxxx (Provedor de *Backbone* com endereço) ou A QUEM ESTE FOR APRESENTADO**, que, sob pena de incursão no crime de desobediência, **SUSPENDA PELO PRAZO DE 72 HORAS**, em todo território nacional, **em CARÁTER DE URGÊNCIA**, com **implementação em até 24h após o recebimento deste**, o acesso através dos serviços da empresa aos domínios xxxxxxxxxxx, xxxxxxxxxxxxxx e xxxxxxxxxxxx, bem como todos os seus subdomínios e todos os outros domínios que contenham xxxxxxxxxxx, xxxxxxxxxxxxxx e xxxxxxxxxxxx em seus nomes, e ainda a todos os números de IP (*Internet Protocol*) vinculados aos domínios citados, devendo garantir a suspensão do tráfego de informações de coleta, armazenamento, guarda e tratamento de registros de dados pessoais ou de comunicações entre usuários do serviço e servidores da **aplicação de troca de mensagens multiplataforma denominada xxxxxxxxxxxxxxxxx**, em que pelo menos um desses atos ocorra em território nacional. CUMPRA-SE. Na forma da lei. Dado e passado nesta cidade de ________________________, Estado do _________, aos ____ dias do mês de ______________ do ano de _____. Eu, __________________, digitei e subscrevi.

____

Juiz de Direito da ____ Vara Criminal da Comarca de ___________

7. Da Responsabilidade por Danos Decorrentes de Publicação de Conteúdo

7.1. Responsabilidade do Provedor em Caso de Propaganda Eleitoral Irregular

A responsabilidade do provedor de internet nos casos de matéria eleitoral é tratada na Lei nº 9.504 de 1997[133], alterada pela Lei nº 12.034 de 2009[134]. O dispositivo de lei é dirigido ao provedor de conteúdo ou de serviços multimídia responsável pela hospedagem de propaganda eleitoral de candidato, partido ou coligação.

O diploma legal mencionado disciplina que o provedor será responsabilizado quando, notificado de decisão sobre a existência de propaganda irregular, não tomar providências para cessar a disponibilização na internet daquele conteúdo. Ressalte-se que essa responsabilização do provedor só persistirá se for comprovado que a publicação do material era de seu conhecimento[135].

Nesse sentido, têm decidido os tribunais brasileiros:

> RECURSO ELEITORAL. PROPAGANDA ANTECIPADA. PÁGINA HOSPEDADA EM REDE SOCIAL, RESPONSABILIDADE DO PROVEDOR DE CONTEÚDO QUE DESCUMPRE MEDIDA LIMINAR. ALEGAÇÃO DE IMPOSSIBILIDADE DE CUMPRIMENTO DA LIMINAR. INDICAÇÃO DE URL. NÃO ACOLHIMENTO.

---

133 Estabelece normas para as eleições.

134 Altera as Leis nº 9.096, de 19 de setembro de 1995 — Lei dos Partidos Políticos, nº 9.504, de 30 de setembro de 1997, que estabelece normas para as eleições, e nº 4.737, de 15 de julho de 1965 — Código Eleitoral.

135 TSE, Resolução nº 23.404. Dispõe sobre a propaganda eleitoral e as condutas ilícitas em campanha eleitoral nas eleições de 2014. Art. 24, § 2º O prévio conhecimento de que trata o parágrafo anterior poderá, sem prejuízo dos demais meios de prova, ser demonstrado por meio de cópia de notificação, diretamente encaminhada e entregue pelo interessado ao provedor de internet, na qual deverá constar, de forma clara e detalhada, a propaganda por ele considerada irregular.

> O provedor de conteúdo pode ser responsabilizado e sofrer a imposição da penalidade se, notificado, não cumprir o determinado na decisão judicial. Não se acolhe a alegação de impossibilidade de cumprimento da obrigação por inexistência de informação acerca da URL — se a página está perfeitamente identificada e pode ser localizada pelo provedor. Recurso improvido[136].

O Tribunal Superior Eleitoral (TSE) já se manifestou sobre o direcionamento das representações eleitorais em caso de utilização irregular da internet para a realização de propaganda eleitoral, sendo cabível[137]:

a) contra a pessoa diretamente responsável pela divulgação tida como irregular, seja por autoria própria, seja pela seleção prévia do conteúdo divulgado; e
b) contra o provedor de aplicação ou hospedagem, quando demonstrado que este, em relação ao material incluído por terceiros, foi previamente notificado da irregularidade apontada ou, por outro meio, é possível verificar o seu prévio conhecimento.

Desta última hipótese, excetua-se o armazenamento da propaganda realizada diretamente por candidatos, partidos e coligações, quando o provedor somente poderá retirar a propaganda após prévia apreciação judicial da irregularidade apontada, sendo responsável apenas no caso de descumprimento da decisão judicial.

A legislação estabelece ainda que a identificação do responsável não é condição *sine qua non* para a exclusão de conteúdo, não prejudicando, portanto, a apuração de responsabilidade para permitir eventual discussão sobre sanção.

7.2. Da Responsabilidade por Postagens na Internet

Quando se fala em responsabilidade civil dos provedores de internet, necessário se faz tecer comentários às situações anteriores e posteriores ao Marco Civil da Internet.

Com o crescimento do número de usuários da rede mundial de computadores, houve um aumento considerável de violações de imagem, intimidade e honra, sobretudo pela sensação de anonimato percebida

---

136 TRE/DF, acórdão n° 5782, Rel. Desembargador Eleitoral César Loyola.

137 TSE — Agravo Regimental em Ação Cautelar AgR-AC 138443 DF (TSE). Data de publicação: 17 ago. 2010.

pelos agressores no ciberespaço e pela lacuna legislativa sobre obrigações e deveres dos usuários e dos provedores de internet, especialmente antes da entrada em vigor do Marco Civil, em 2014.

Muitas decisões judiciais já se baseavam em relações previstas no código consumerista, onde de um lado havia o usuário como consumidor e do outro, o provedor de internet como fornecedor.

Não há dúvidas de que um provedor de conexão ou de aplicação de internet presta serviço nos termos do CDC[138], mesmo que a título, em tese, gratuito, haja vista que a remuneração existe sim, por parte do usuário, mesmo que de forma indireta, normalmente através do alcance de publicidade ou comercialização direta ou indireta de dados e informações de navegação dos seus usuários.

Sobre a necessidade de o provedor de conteúdo fiscalizar, previamente, o conteúdo gerado por terceiros, o STJ já decidiu não ser essa atividade intrínseca ao serviço prestado:

> A fiscalização prévia, pelo provedor de conteúdo, do teor das informações postadas na web por cada usuário não é atividade intrínseca ao serviço prestado, de modo que não se pode reputar defeituoso, nos termos do Art. 14 do CDC, o site que não examina e filtra os dados e imagens nele inseridos[139].

Os provedores alegam que não são responsáveis pelo conteúdo postado por terceiros, funcionando apenas como um meio de transmissão e armazenamento de informações a serviço do usuário. Leonardi[140] assevera:

> No entanto, isto não pode servir de justificativa para uma conduta omissiva. Não se pode permitir que provedores de serviços de internet nada façam com relação a material manifestamente ilegal encontrado em seus servidores ou que ignorem reiterados abusos de seus usuários ou, ainda, que deixem de adotar as medidas técnicas necessárias para preservar dados cadastrais e de conexão. Isto, notadamente, se devidamente notificados sobre tais ocorrências, pois não apenas têm o poder de fazer cessar o ato ilícito, como também detêm, na maioria

[138] Serviço é qualquer atividade fornecida no mercado de consumo, mediante remuneração, inclusive as de natureza bancária, financeira, de crédito e securitária, salvo as decorrentes das relações de caráter trabalhista.

[139] STJ. REsp 1193764/SP, Rel. Ministra Nancy Andrighi, Terceira Turma, julgado em 14 dez. 2010, DJe 08 ago. 2011.

[140] Responsabilidade Civil dos Provedores de Internet, p. 48, 2005.

dos casos, todas as informações necessárias à identificação e localização dos responsáveis.

Assim, dúvidas não restam sobre a possibilidade de atribuir responsabilidade civil aos provedores de aplicação de internet. Entretanto, deve-se frisar que essa responsabilidade só será atribuída se houver omissão por parte deste na exclusão de conteúdo. Caso contrário, não deverá sê-lo. O STJ já se manifestou sobre em que momentos essa responsabilidade civil alcançará o provedor[141]:

I) Ao ser comunicado de que determinado texto ou imagem tem conteúdo ilícito, por ser ofensivo, não atua de forma ágil, retirando o material do ar imediatamente, passando a responder solidariamente com o autor direto do dano, em virtude da omissão em que incide.
II) Se não mantiver um sistema ou não adotar providências que estiverem tecnicamente ao seu alcance, de modo a possibilitar a identificação do usuário responsável pela divulgação ou a individuação dele, a fim de coibir o anonimato.

O dano moral decorrente de mensagens com conteúdo ofensivo inseridas no site pelo usuário não constitui risco inerente à atividade dos provedores de conteúdo, de modo que não se lhes aplica a responsabilidade objetiva prevista no Art. 927, parágrafo único, do CC/02[142].

Da mesma forma, não é possível atribuir responsabilidade civil a um provedor por conteúdo ilícito enviado via e-mail, uma vez que a fiscalização prévia do conteúdo das mensagens enviadas por cada usuário também não é atividade intrínseca ao serviço prestado, de modo que não se pode reputar defeituoso, nos termos do Art. 14 do CDC, o site que não examina e filtra os dados e imagens encaminhados[143].

É o caso, por exemplo, do buscador Google: o STJ decidiu que os provedores de pesquisa realizam buscas dentro de um universo virtual, com acesso público e irrestrito[144], logo a vítima carecia de interesse de agir contra aquele provedor de aplicação, desde que identificado o autor do *link* ofensivo.

---

141 STJ — Agravo Regimental no Recurso Especial: Agrg no Resp 1402104 rj 2012/0154715-6.

142 STJ. REsp 1.308.830-RS, Rel. Ministra Nancy Andrighi, Terceira Turma, julgado em 08 maio 2012, DJe 19 jun. 2012).

143 STJ. AgRg no Recurso Especial nº 1.384.340 — DF (2013/0152794-0), Relator: Ministro Paulo de Tarso Sanseverino.

144 STJ. REsp 1.316.921/RJ.

Destaque-se que é inviável a um provedor de internet fiscalizar todo o conteúdo gerado por terceiro, em tempo real, em razão do imenso volume de informações postadas a cada minuto. Dessa forma, em muitos casos, o provedor disponibiliza uma ferramenta para que o usuário denuncie o abuso, com o intuito de identificar perfis falsos ou atitudes ilícitas.

Na lição de Stoco[145]:

> o provedor da internet age como mero fornecedor de meios físicos, repassando mensagens e imagens transmitidas por outras pessoas e, portanto, não as produziu nem exerceu juízo de valor. O fato de ter o poder de fiscalização não o transforma em órgão censor das mensagens veiculadas nos 'sites', mas apenas o autoriza a retirar aqueles que, após denúncia, se verificam ofensivos e ilícitos.

Assim, quando fornece ao usuário um serviço, o provedor deverá propiciar meios para a identificação de quem cometeu um ato ilícito, visando, principalmente, coibir o anonimato criminoso na *web*. Mesmo no caso de o ato ter sido cometido através de perfil falso, os provedores têm que guardar os registros de acesso à aplicação[146] pelo prazo de seis meses[147].

Mesmo antes do Marco Civil, os provedores de aplicações de internet tinham o dever de armazenar dados cadastrais de usuários, com vistas a identificar os responsáveis por danos causados através de publicações ofensivas ou falsas[148], ressaltando-se que acabavam por funcionar como a última instância sobre a ilicitude ou não do conteúdo postado, normalmente privilegiando a legislação estrangeira, ante a lacuna legal brasileira.

A Lei nº. 12.965/2014, em seu Capítulo III, que trata da provisão de conexão e de aplicações de internet, possui a seção III, que, especificamente, disciplina a responsabilidade por danos decorrentes de conteúdo gerado por terceiros.

---

145 Tratado de Responsabilidade Civil, 6. ed., p. 901.

146 O conjunto de informações referentes à data e hora de uso de uma determinada aplicação de internet a partir de um determinado endereço IP.

147 Marco Civil da Internet: Art. 15. O provedor de aplicações de internet constituído na forma de pessoa jurídica e que exerça essa atividade de forma organizada, profissionalmente e com fins econômicos deverá manter os respectivos registros de acesso a aplicações de internet, sob sigilo, em ambiente controlado e de segurança, pelo prazo de seis meses, nos termos do regulamento.

148 TJ-SP. Agravo de Instrumento nº 2094990-61.2014.8.26.0000, da Comarca de São Paulo.

O Art. 18 da citada lei é expresso no sentido de que o provedor de conexão à internet não será responsabilizado civilmente por danos decorrentes de conteúdo gerado por terceiros, isso porque apenas promove a conexão à rede mundial de computadores e não funcionalidades que podem ser acessadas por meio de um terminal conectado à internet, sendo-lhe, inclusive, vedado que guarde os registros de acesso a aplicações de internet (Art. 14, Marco Civil).

Já o Art. 19, *caput*, do Marco Civil, determina que:

> o provedor de aplicações de internet somente poderá ser responsabilizado civilmente por danos decorrentes de conteúdo gerado por terceiros se, após ordem judicial específica, não tomar as providências para, no âmbito e nos limites técnicos do seu serviço e dentro do prazo assinalado, tornar indisponível o conteúdo apontado como infringente, ressalvadas as disposições legais em contrário.

Assim, ao ser comunicado sobre decisão judicial de indisponibilização de conteúdo, o provedor de internet deverá retirar o material ilícito no prazo máximo estipulado, sob pena de responder pela omissão praticada. Após a desabilitação do conteúdo, o provedor de aplicação comunicará à outra parte os motivos e as informações que levaram àquela providência, a fim de possibilitar o contraditório e a ampla defesa, caso não seja determinado o contrário na ordem judicial.

Tal determinação legal de que a exclusão de conteúdo se dê apenas por via judicial visou garantir a liberdade de expressão do usuário, evitando-se qualquer censura por parte do provedor de aplicação de internet, mas também trouxe inconvenientes, como, por exemplo, quando se precisar remover um conteúdo ilícito postado em determinada rede social em uma manhã de domingo. A ordem judicial é prescindível apenas em casos de divulgação de conteúdo íntimo, sem autorização dos participantes da cena.

É importante frisar que o § 1º do Art. 19 disciplina que a ordem judicial ali mencionada deverá conter, sob pena de nulidade, a identificação clara e específica do conteúdo apontado como infringente, a fim de permitir a localização inequívoca do material.

O § 3º do Art. 19 da mesma lei dispõe que as causas que versem sobre ressarcimento por danos decorrentes de conteúdos disponibilizados na internet relacionados à honra, à reputação ou a direitos de personalidade, assim como sobre a indisponibilização desse material por provedores de aplicações, poderão ser apresentadas perante os juizados especiais. Trata-se de uma opção legal e de não exclusividade, a fim de dar celeridade a tais processos. Permite-se, ainda, a antecipação, total ou parcialmente, dos efeitos da tutela, caso haja prova inequívoca do fato e considerado o interesse da coletividade na disponibilização do conteúdo na internet, aliados à presença dos requisitos de verossimilhança da alegação do autor e de fundado receio de dano irreparável ou de difícil reparação (§ 4º).

Oliveira[149] assevera:

> Os olhos do legislador lançaram-se na tensão existente entre dois fatos: de um lado, a velocidade vertiginosa da difusão das informações na internet, capaz de, em questões de minutos, espalhar conteúdos a milhares de pessoas; e, de outro lado, a regra da exigibilidade de ordem judicial prevista no Art. 19 para a retirada de conteúdos ofensivos.
>
> Ora, é fato que, até a vítima conseguir encontrar um advogado, ajuizar uma ação judicial, receber uma decisão judicial liminar e cientificar o provedor de aplicações acerca da determinação judicial, o dano sofrido pela vítima poderá ter-se consumado de modo irreversível.

Infelizmente, o dispositivo legal, ao exigir ordem judicial, não acompanha a velocidade com que as informações trafegam na *web*. Na era da internet e com a massificação dos *apps* de comunicação, a violação à imagem de uma pessoa, mesmo no ar apenas por algumas horas, poderá ser vista por milhares ou até milhões de usuários, causando um dano irreparável à vítima.

Além do mais, em que pese a Lei Azeredo[150] determinar a estruturação das polícias judiciárias com setores e equipes especializadas na repressão de delitos informáticos, na prática, isso ainda não ocorreu em todo o Brasil. Apesar de alguns estados já terem avançado com a criação de setores especializados, a grande maioria dos órgãos policiais não tem capacitação e estrutura para enfrentar a cibercriminalidade.

---

149 Carlos Eduardo Elias de Oliveira. *Op. cit.*

150 Lei nº 12.735, de 10 de novembro de 2012. Altera o Decreto-Lei no 2.848, de 07 de dezembro de 1940 — Código Penal, o Decreto-Lei no 1.001, de 21 de outubro de 1969 — Código Penal Militar, e a Lei no 7.716, de 5 de janeiro de 1989, para tipificar condutas realizadas mediante uso de sistema eletrônico, digital ou similares, que sejam praticadas contra sistemas informatizados e similares; e dá outras providências. Disponível em: <http://www.planalto.gov.br/ccivil_03/_Ato2011-2014/2012/Lei/L12735.htm>. Acesso em: 13 jul. 2016.

Nesse diapasão, é fácil constatar que os juizados também não têm, em sua maior parte, estrutura e/ou meios técnicos para a prestação jurisdicional adequada aos casos de ciberdelitos, havendo a necessidade de capacitação permanente dos servidores dessas instituições, com o intuito de que a vítima seja bem atendida e tenha uma solução para seu problema quando procurar a Justiça.

Mesmo com o advento do Marco Civil, alguns provedores de aplicação ainda possibilitam à vítima a opção de denunciar o conteúdo, por meio de ferramentas alocadas na própria página da *web*. Dessa forma, a vítima poderá solicitar diretamente ao provedor a desabilitação do material infringente, sendo que este poderá excluí-lo, ou não, sem sofrer, por ora, consequências acerca da sua omissão.

Ressalte-se que, anteriormente ao Marco Civil, o entendimento jurisprudencial era no sentido da responsabilização do provedor que oferecia ferramenta para a exclusão de conteúdo, mas, após denúncia, não o fazia:

> Embora não haja no ordenamento jurídico pátrio norma que atribua à demandada o dever legal de monitoramento das comunicações, esta criou, no próprio site, ferramenta denominada 'Denunciar Abusos' com o fito de identificar perfis falsos ou que não condizem com a moralidade. Nesse exato ponto reside a omissão da demandada. O autor ao se deparar com as imagens e mensagens envolvendo seu nome utilizou-se de tal ferramenta, consoante documentos de fls. 13-15. O requerente denunciou a comunidade e o perfil do usuário como sendo falsos, no entanto, referidas páginas continuaram no ar, sem qualquer explicação por parte da demandada. Ora, se o site hospedeiro disponibiliza tal ferramenta para coibir a prática de abusos e, mesmo com a denúncia por parte do autor, não retira a página do ambiente virtual, resta evidente sua atitude omissa, a qual causou danos ao autor[151].

Dessa forma, o usuário solicitava a exclusão do conteúdo ao provedor de internet e este, caso não o fizesse, responderia também pelo dano causado ao autor. Hoje, com o advento do Marco Civil, a jurisprudência há de ser adequada, pois essa responsabilidade civil só existirá se, após ordem judicial específica, o provedor de internet não fizer a exclusão de

[151] STJ. Trecho do voto do AgRg no Agravo em Recurso Especial nº 495.503 — RS (2014/0070834-0). Rel. Min. Marco Buzzi.

conteúdo gerado por terceiro que causou danos, exceto em casos de ciberpornografia.

Essa conduta por parte do usuário em notificar o provedor de aplicação através de plataforma disponibilizada para esse mister auxilia, muitas vezes, na agilidade da exclusão do conteúdo, bem como demonstra inconformismo do usuário com a situação.

Há necessidade, no entanto, de que a ordem judicial específica estabeleça um prazo razoável para que o responsável torne indisponível o conteúdo causador de dano. É importante lembrar que, caso seja solicitado pelo usuário, ao indisponibilizar o conteúdo, o provedor de aplicação poderá substituí-lo pela motivação ou pela ordem judicial que deu fundamento à indisponibilização.

7.3. Responsabilidades por Armazenamento em Nuvem

O vazamento de dados pessoais em servidores de armazenamento em nuvem tem preocupado bastante os usuários, especialmente em razão das recentes notícias na mídia acerca da divulgação indevida de fotos de celebridades ou de informações de cartões de crédito que estavam em servidores de provedores de aplicações de internet gigantes no ramo. Isso tem gerado questionamentos sobre a real segurança do serviço, mas ainda é pouco discutido nos tribunais pátrios.

Cloud computing ou computação em nuvem é o acesso remoto de serviços ou informações armazenadas em *datacenters* de terceiros. Nessa ótica, o usuário armazena seus dados em um servidor distante com a possibilidade de acesso de qualquer local e de qualquer terminal, desde que tenha conexão com internet.

A computação em nuvem possui as seguintes características:

- Possibilidade de acesso em qualquer lugar e a qualquer tempo.
- Acessível por diferentes dispositivos: *desktop*, *notebook*, *tablet*, *smartphone*, etc.
- Unilateralidade do serviço.
- Partilha de recursos, ou seja, serviços oferecidos ao mesmo tempo para vários destinatários de forma flexível.

É certo que o armazenamento em nuvem diminui custos para as empresas, havendo o aumento da procura desse serviço e, via de consequência, potencializando-se o risco de violação de dados. Além do mais, há, em tese, a perda do controle dos dados pelo seu proprietário, uma vez que a guarda desse conteúdo ocorre em locais diversos.

Ao aderir a um serviço de armazenamento em nuvem, o usuário de internet tem como opção apenas marcar uma caixa no final da página *web* com a seguinte frase: "li e aceito os termos do contrato". Caso não o faça, o serviço não será ofertado. Assim, trata-se de contrato de adesão, eis que as cláusulas são estabelecidas unilateralmente pela aplicação de internet, sem que o usuário possa discutir ou modificar seu conteúdo.

Didier Jr.[152] pontua magistralmente sobre o tema, ao mencionar que:

> O instrumento negocial objeto da presente discussão se trata de contrato de prestação de serviços, e que foi firmado entre os agravantes de forma virtual. Sobre o assunto, é possível afirmar que este se qualifica como um verdadeiro contrato de adesão, notadamente porque à agravada coube apenas aderir a todos os termos do contrato já previamente elaborado pela agravante.
>
> Ou seja, não se pode concluir que as partes tenham discutido e interpretado todas as suas cláusulas. Ora, uma vez não havendo discussão sobre as cláusulas contratuais, notadamente a cláusula de eleição de foro, há que se falar em contrato de adesão já que, segundo a doutrina, estes "se caracterizam pela inexistência da liberdade de convenção, porque excluem a possibilidade de debate ou discussão sobre os seus termos; um dos contratantes se limita a aceitar as cláusulas e condições previamente redigidas pelo outro, aderindo a uma situação contratual que já está previamente definida".

O Marco Civil da Internet estabelece em seu Art. 8 a nulidade de pleno direito em contratos de adesão que não ofereçam ao contratante a adoção do foro brasileiro para solução de controvérsias decorrentes de serviços prestados no Brasil.

Dessa forma, não têm valor no Brasil as cláusulas de contrato de adesão que não ofertam a possibilidade de eleição do foro brasileiro, transferindo uma futura demanda judicial para a justiça estadual ou federal de

---

152 Curso de Direito Processual Civil. Introdução ao Direito Processual Civil e Processo de Conhecimento. Vol. 1. 13. ed. Editora JusPodivm, 2011, p. 158.

outros países, uma vez que dificultaria a defesa da parte, que teria, por exemplo, que ir acompanhar um processo nos Estados Unidos.

A grande maioria das aplicações de internet que oferecem o serviço de hospedagem em nuvem busca se eximir da responsabilidade pela segurança, desde os termos do serviço ou em sua política de privacidade, passando-a ao usuário nos casos de danos indiretos, pessoais ou incidentais e ainda pela perda de dados. Limitam, a todo custo, sua responsabilidade.

Dessa forma, a proteção aos dados acaba por configurar uma grande preocupação quando armazenados em nuvem, pois os invasores visam driblar a segurança, a fim de obter informações de *login*, senha, conteúdo armazenado, cartões de crédito e contas bancárias, por exemplo.

Ao contratar esse serviço de armazenamento, o usuário tem a expectativa de segurança do serviço para guardar suas informações, ideia esta que é repassada pela aplicação de internet. Dessa forma, nos precisos termos do Art. 186 do Código Civil Brasileiro, "aquele que, por ação ou omissão involuntária, negligência ou imprudência, violar o direito e causar dano a outrem, ainda que exclusivamente moral, comete ato ilícito". Eventual ato ilícito no armazenamento de conteúdo ocasionará o dever de reparação[153].

É certo que, caso não forneça a segurança a que se propõe intrinsecamente, o serviço será considerado defeituoso. O Código de Defesa do Consumidor atribui responsabilidade ao fornecedor de serviços por defeitos relativos à sua prestação, independentemente da existência de culpa, devendo, para tanto, reparar os danos causados.

A responsabilidade da aplicação de internet só não persistirá quando houver comprovação, de sua parte, de que o defeito inexistiu ou que a culpa é exclusiva do usuário ou de terceiro. Assim, quando o usuário não observar os cuidados de zelo e sigilo de sua senha pessoal e intransferível, não persistirá o dever de indenizar por parte do responsável pelo serviço.

---

[153] Código Civil Brasileiro. Art. 927. Aquele que, por ato ilícito (arts. 186 e 187), causar dano a outrem, fica obrigado a repará-lo. Parágrafo único. Haverá obrigação de reparar o dano, independentemente de culpa, nos casos especificados em lei, ou quando a atividade normalmente desenvolvida pelo autor do dano implicar, por sua natureza, risco para os direitos de outrem.

É importante saber se a aplicação de internet oferta serviço ao público brasileiro ou possui representante do mesmo grupo econômico no Brasil. Caso uma dessas condições seja positiva, não resta dúvida de que deverá obedecer à legislação brasileira e aos direitos relativos à privacidade e à proteção de dados pessoais.

O Marco Civil da Internet estabelece vários pontos que reafirmam o dever de indenizar em caso de violação:

- **Princípios do uso da internet no Brasil:** proteção da privacidade e de dados pessoais, sendo este último na forma da lei.
- **Direito do usuário de internet:** inviolabilidade da intimidade e da vida privada, sua proteção e indenização pelo dano material ou moral decorrente de sua violação.

Assim, verifica-se que a hospedagem em nuvem é um serviço facilitador para as grandes empresas e para o usuário comum brasileiro, oferecendo considerável redução de valores do custo operacional da atividade, já que não necessita investir em servidores caríssimos para armazenamento da informação. Por outro lado, implicações jurídicas advirão disso.

Nesse sentido, é imprescindível que seja sempre levada em conta a aplicação da legislação brasileira e não a do país onde o servidor de armazenamento se encontra localizado.

8. Procedimentos a Serem Adotados por Vítimas ou Seus Representantes

A investigação de um crime cibernético exige a adoção de medidas preliminares que visem auxiliar na individualização da autoria e da materialidade delitivas, mas, muitas vezes, essa coleta inicial de provas resta prejudicada, em razão de a vítima não saber o que fazer e nem a quem procurar, tendo dúvidas, ainda, acerca de quando há necessidade de exclusão de conteúdo de forma imediata, ou se a situação é ou não infração penal.

Em algumas situações em que procura a delegacia, a vítima apenas gostaria que certo conteúdo fosse excluído de determinada aplicação de internet, como, por exemplo, desabilitar o perfil de rede social atinente a uma pessoa morta. Noutros casos, sequer há a prática de crime, logo não se trata de problema a ser solucionado pela polícia, mas que pode, por vezes, ser resolvido diretamente pela própria vítima ou seu representante legal.

8.1. Delegacias Especializadas

A Lei nº 12.735/2012, em seu artigo 4, tornou obrigatória a estruturação, na polícia judiciária, de equipes e setores especializados no combate à ação delituosa em rede de computadores, dispositivo de comunicação ou sistema informatizado.

No entanto, tal dispositivo legal ainda não foi regulamentado, não sendo possível o oferecimento de atendimento especializado em todos os estados brasileiros. Quando uma vítima vai a uma delegacia ou distrito policial próximo à sua residência, por vezes acaba não conseguindo o atendimento adequado ao seu problema, em razão de possíveis especificidades técnicas do caso.

Entre os estados que possuem delegacias ou setores especializados, podem ser citados:

- **Bahia:** Grupo Especializado de Repressão aos Crimes por Meios Eletrônicos. Salvador.
- **Espírito Santo:** DRCE — Delegacia de Repressão aos Crimes Eletrônicos. Vitória.
- **Minas Gerais:** Delegacia Especializada de Crimes Cibernéticos. Belo Horizonte.
- **Pará:** DPRCT — Divisão de Prevenção e Repressão a Crimes Tecnológicos. Belém.
- **Paraná:** NUCIBER — Núcleo de Combate aos Crimes Cibernéticos. Curitiba.
- **Piauí:** DERCAT — Delegacia Especializada de Repressão a Crimes de Alta Tecnologia. Teresina.
- **Rio de Janeiro:** Delegacia de Repressão a Crimes de Informática. Rio de Janeiro.
- **Rio Grande do Sul:** DRCI — Delegacia de Repressão aos Crimes Informáticos. Porto Alegre.
- **São Paulo:** DEIC — Divisão de Investigações Gerais — 4ª Delegacia — Delitos Praticados por Meios Eletrônicos. São Paulo.
- **Sergipe:** Delegacia de Repressão a Crimes Cibernéticos. Aracaju.

Mesmo nos estados que possuem núcleos especializados, é fundamental a qualificação de todos os policiais que atuam na área operacional, visando capacitá-los no sentido da orientação de vítimas e seus representantes legais sobre como proceder em casos de cibercrimes, especialmente quando não houver a necessidade de realização de investigação complexa.

8.2. Denúncias *On-line*

Diversos são os canais e ferramentas destinados a viabilizar denúncias de abusos *on-line*, possibilitando à própria vítima ou seus representantes, ou mesmo terceiros, adotar medidas para coibir o uso indevido da internet e o cometimento de crimes e violações de direitos humanos.

Elencaremos algumas dessas ferramentas a seguir.

8.2.1. Sala de Atendimento ao Cidadão do Ministério Público Federal

A Sala de Atendimento ao Cidadão foi instituída pelo Procurador Geral da República[154], através de portaria, com o intuito de oferecer atendimento ao público e aos advogados.

O serviço está disponibilizado tanto em ambiente físico quanto em sítio eletrônico (<http://cidadao.mpf.mp.br/>), onde o cidadão poderá denunciar irregularidades, encaminhar representações, etc., sendo realizada triagem e feito o encaminhamento para o setor competente.

8.2.2. Polícia Federal

A polícia federal possibilita ao cidadão fazer uma denúncia através da página <http://denuncia.pf.gov.br/> nos casos de pornografia infantil, crimes de ódio, genocídio e tráfico de pessoas. Neste caso, os crimes devem ter sido praticados em alguma página da internet. Caso contrário, a denúncia deverá ser feita através do disque 100 ou da delegacia mais próxima.

A seguir consta relação de endereços eletrônicos, além dos casos para os quais se destinam:

- **Tráfico ou porte de drogas:** cgpre@dpf.gov.br
- **Tráfico de armas:** dpat.dcor@dpf.gov.br
- **Empresas irregulares de segurança privada:** dicof.cgcsp@dpf.gov.br
- **Crimes cometidos por Policiais Federais:** coain.coger@dpf.gov.br
- **Crimes previdenciários:** dprev.cgpfaz@dpf.gov.br

8.2.3. Polícias Estaduais

Algumas polícias estaduais permitem que essa denúncia seja feita através da internet, como, por exemplo, em São Paulo, através do sítio <http://www.webdenuncia.org.br/> e no Rio Grande do Sul, por meio do portal <http://deic.pc.rs.gov.br/denuncie/internet>.

---

[154] Procuradoria Geral da República. Portaria PGR /MPF nº 412 de 05 de julho de 2003. Institui a Sala de Atendimento ao Cidadão no âmbito do Ministério Público Federal. Disponível em: <http://cidadao.mpf.mp.br/imagens/port_pgr_412_2013.pdf>. Acesso em: 13 jul. 2016.

8.2.4. Humaniza Redes

Em abril de 2015, o governo federal lançou o Pacto pelo Enfrentamento às Violações de Direitos Humanos na Internet, com o intuito de tornar a internet livre de discriminação e preconceito.

O pacto é coordenado pela Secretaria de Direitos Humanos da Presidência da República, mas envolve outras secretarias e ministérios, além da parceria com o Comitê Gestor da Internet no Brasil (CGI), SaferNet Brasil, Associação Brasileira de Internet (Abranet), Ordem dos Advogados do Brasil (OAB), Associação Brasileira de Emissoras de Rádio e Televisão (Abert), Sindicato Nacional das Empresas de Telefonia e de Serviço Móvel Celular e Pessoal (SindTeleBrasil), Unicef, Unesco, CNJ, CNMP e Condege.

O site <http://www.humanizaredes.gov.br/> permite que o usuário de internet comunique fatos acerca dos seguintes conteúdos[155], cujas denúncias são direcionadas à Ouvidoria Nacional de Direitos Humanos, a qual, após análise, encaminha aos órgãos competentes para conhecimento e providências:

- Violência ou discriminação contra mulheres.
- Homofobia.
- Xenofobia.
- Intolerância religiosa.
- Pornografia infantil.
- Racismo.
- Apologia e incitação a crimes contra a vida.
- Neonazismo.
- Tráfico de pessoas.

Caso a violação tenha ocorrido fora da internet, é possível denunciar o seguinte[156]:

- **Violações contra crianças e adolescentes:** casos de violação de direitos de meninas e meninos, como violência sexual, violência física e psicológica, pornografia infantil, ameaças e maus tratos.

---

[155] Humaniza Redes. Crimes contra os Direitos Humanos na Internet. Disponível em: http://www.humanizaredes.gov.br/disque100/. Acesso em: 20 dez. 2015.

[156] Humaniza Redes. Ouvidoria Online.

- **Violências contra pessoas LGBT:** violência ocasionada por intolerância, preconceitos e discriminação contra lésbicas, gays, bissexuais, travestis e transexuais.
- **Violações contra a pessoa com deficiência:** discriminação, intolerância, maus tratos e abandono contra a pessoa com deficiência.
- **Violações contra pessoas em restrição de liberdade:** tortura e atos de violência contra pessoas em presídios, penitenciárias, unidades socioeducativas, comunidades terapêuticas, hospitais psiquiátricos, manicômios judiciais, delegacias com unidades prisionais.
- **Violações contra população em situação de rua:** discriminação, intolerância, preconceito, maus tratos e abandono contra população em situação de rua.
- **Violações contra pessoa idosa:** violência, negligência, abandono, maus tratos, abuso financeiro e econômico contra pessoa idosa.
- **Outras violações:** denúncias de violações envolvendo trabalho escravo, violência policial, violências contra comunicadores e jornalistas, tráfico de pessoas, intolerância religiosa, violência contra ciganos, quilombolas, indígenas e outras comunidades tradicionais e conflitos agrários.

As denúncias ainda poderão ser realizadas pelo Disque 100 ou pelo WhatsApp.

8.2.5. SaferNet

A página do SaferNet, cujo *link* é <http://new.safernet.org.br/denuncie#mobile>, permite denunciar pornografia infantil, racismo, apologia e incitação a crimes contra a vida, xenofobia, neonazismo, maus tratos contra animais, intolerância religiosa, homofobia e tráfico de pessoas. A denúncia é anônima, bastando colocar a URL do site e fazer o comentário.

A ferramenta possibilita ao denunciante acompanhar o andamento da denúncia formulada e, caso haja procedência nesta, a equipe de analistas faz a colheita de todas as informações úteis a comprovar a atividade ilícita e as encaminha à Polícia Federal ou ao Ministério Púbico Federal, quando o conteúdo é hospedado no Brasil. Caso esteja hospedado no exterior, as informações são encaminhadas a canais internacionais.

8.2.6. NCMEC[157]

O Centro Nacional para Crianças Desaparecidas e Exploradas — NCMEC (*Nacional Center for Missing & Exploited Children*) é uma organização internacional sem fins lucrativos que auxilia na recuperação de crianças desaparecidas, na redução da exploração sexual infantil e na prevenção à vitimização da criança.

Há um serviço no site, denominado *Amber Alert*, que possibilita a difusão de maneira rápida e eficiente de fotografias de crianças desaparecidas, possibilitando, assim, sua localização em tempo recorde. A divulgação é feita através de rádio, televisão, internet e de toda tecnologia que possibilite agilidade nesse processo.

O Facebook[158] e o Twitter[159], por exemplo, encaminham todo o conteúdo relacionado com exploração sexual diretamente ao NCMEC, a fim de que seja examinado o mais rápido possível, permitindo a divulgação através do *Amber Alert* para outros países. O serviço ainda não se encontra disponível para o Facebook no Brasil[160].

8.2.7. INHOPE

É uma rede colaborativa que possibilita denunciar conteúdo relacionado com pornografia infantil, aliciamento de menores e xenofobia.

A página <http://www.inhope.org/> está disponível em inglês, devendo-se, para denunciar, selecionar o país em que o conteúdo está hospedado, possuindo 51 pontos de contato para recebimento de denúncias em 45 países. Recomenda-se sua utilização para conteúdo hospedado fora do país, uma vez que as denúncias que estejam em aplicações de internet hospedadas no Brasil serão redirecionadas para o SaferNet.

8.2.8. IC3

O IC3 é fruto de uma parceria entre o FBI e o NW3C[161], com a finalidade de receber denúncias *on-line* sobre fatos relacionados à internet.

---

[157] Disponível em: <http://www.missingkids.com/>. Acesso em: 13 jul. 2016.
[158] Disponível em: <https://www.facebook.com/safety/groups/law/guidelines/>. Acesso em: 13 jul. 2016.
[159] Disponível em: <https://support.twitter.com/articles/297654>. Acesso em: 13 jul. 2016.
[160] Disponível em: <https://www.facebook.com/AMBERalert>. Acesso em: 13 jul. 2016.
[161] National White Collar Crime Center.

Qualquer pessoa ou seu representante pode fazer a denúncia, desde que forneça dados como: nome completo, endereço físico, telefone para contato, detalhes sobre a ocorrência e qualquer outra informação útil ao esclarecimento do fato.

As denúncias podem ser realizadas através da URL <http://www.ic3.gov/default.aspx>.

8.2.9. Google

A Google[162] permite a denúncia de abuso e atividade ilegal de indivíduos ou empresas que enviam spam, tentam vender produto falsificado, distribuem *malwares* ou abusam dos sistemas da empresa.

Caso a segurança de uma conta de e-mail do Gmail seja comprometida, o usuário poderá solucionar o problema acessando a página da aplicação de internet[163].

Os problemas mais comuns são:

a) Comprometimento da conta do Gmail:

- Envio de mensagens suspeitas através do seu endereço de e-mail.
- Contatos e e-mails desaparecem.
- Recebimento de aviso de atividade suspeita em sua conta.
- Caso um dos problemas citados ocorra e o usuário ainda possua acesso à conta, recomenda-se clicar na Lista de Verificação de Segurança do Gmail[164], onde são ofertadas dicas e ferramentas que podem auxiliá-lo a não permitir esse acesso indevido.

Não conseguindo acesso ao e-mail, recomenda-se acessar e preencher o formulário para recuperação de conta[165].

---

162 Google. Denuncie abuso e atividade ilegal. Disponível em: <https://support.google.com/plus/answer/1253377?hl=en>. Acesso em: 18 jul. 2016.

163 Disponível em: <https://support.google.com/mail/topic/3406147?hl=pt-BR&rd=2>. Acesso em: 13 jul. 2016.

164 Disponível em: <https://support.google.com/mail/checklist/2986618?-vid=1-635772428996969545-608346855>. Acesso em: 13 jul. 2016.

165 Disponível em: <https://www.google.com/accounts/recovery/?ard=AHwGkRmLvAiD3_nxYfjdGOPrFgYGyiqnJVp_rtw3BvoreSWHAFJE05AOUPdu8hJ8cob3qMGRN4T_YtDGqGCyTTXsYVpAiP3uOrkstHAH49rKPc-bv7Pha6d_5m8iyPA-ZBbmP7EBCj6t51NYIOwi5kQmkEliUpsFZlYjN_4X7Byodt4JEULHEFuO_PPXBUCqqL5WqmVASqfCpRduGXpqp2fJ2fpgmT5dmg>. Acesso em: 13 jul. 2016.

b) Envio de mensagens indevidas utilizando endereço eletrônico do usuário

Nesta hipótese, é possível que um terceiro tenha falsificado o endereço do usuário como remetente; utilizado o endereço daquele para recebimento de resposta; ou, ainda, em razão de algum programa malicioso, tê-lo feito. Recomenda-se o acesso às últimas atividades da conta para verificar se houve uso indevido daquela conta de e-mail.

Pode ocorrer, também, o recebimento de devolução de mensagens não enviadas pelo usuário, como, por exemplo, "*spamming* de dicionário[166]". Neste caso, recomenda-se o envio do cabeçalho completo da mensagem de devolução para a *Federal Trade Commission* através do endereço eletrônico spam@uce.gov.

Se algum spam for enviado da conta do usuário para terceiros, aquele deve solicitar a alguém o envio do cabeçalho completo da mensagem e, de posse deste dado, o usuário deverá informar o problema através de um formulário *on-line*[167].

c) Denunciar *phishing*

É possível denunciar mensagem que solicita informações pessoais, senhas e dados de cartão de crédito, sendo necessário, para tanto, o preenchimento de formulário *on-line*[168], a fim de que a aplicação de internet adote as devidas providências.

8.2.10. UOL

A UOL permite fazer denúncias, de forma anônima ou não, com o intuito de manter a internet livre de crimes. Lá, o denunciante deverá colocar um e-mail para contato e poderá relatar[169]:

- Pedofilia e pornografia infantil.
- Exploração sexual.
- Apologia e incitação ao crime.

---

166 Envio de mensagens em massa com conteúdo ilegal utilizando softwares para gerar listas aleatórias de e-mail de domínios conhecidos com base no dicionário.

167 Google. Denunciar um problema com uma mensagem. Disponível em: <https://support.google.com/mail/contact/gtag_headers?group=hijack_spam&vid=1-635772428996969545-608346855>. Acesso em: 13 jul. 2016.

168 Disponível em: <https://support.google.com/mail/contact/abuse?vid=1-635772428996969545-608346855>. Acesso em: 13 jul. 2016.

169 Disponível em: <https://denuncia.uol.com.br/>. Acesso em: 13 jul. 2016.

- Neonazismo.
- Apologia e incitação a práticas cruéis contra animais.
- Calúnia, difamação, injúria e crimes contra a honra.
- Direitos autorais.
- Falsa identidade.
- Propaganda política.
- Pornografia.
- Vírus e spam.
- Invasão de privacidade.
- Racismo, xenofobia e intolerância sexual ou religiosa.

Por fim, solicita-se a inserção da URL do conteúdo violador, com descrição detalhada deste e, caso, possível, o *upload* de *printscreen*, foto, texto ou qualquer material que possa robustecer a denúncia.

8.3. Políticas de Privacidade

Não é comum que o usuário da internet leia a política de privacidade de um site, a qual fica situada, normalmente, em *links* na parte de baixo da página. Aquela pode ser definida como o documento emitido pelo provedor de conexão e/ou aplicação sobre a coleta e o gerenciamento de informações pessoais do usuário ao acessar a internet, sofrendo modificações, constantemente, pelo provedor de internet, devendo, para tanto, notificar o usuário do serviço.

A fim de conhecer os termos da relação jurídica que se está firmando com o provedor, é fundamental que os usuários conheçam as respectivas políticas de privacidade e demonstrem o seu assentimento quanto a estas.

Uma das primeiras leis a tratar da privacidade do usuário, regulamentando a coleta, o uso e a disseminação da informação obtida, foi uma lei federal americana, a *Fair Credit Reporting Act* (FCRA)[170], promulgada em 26 de outubro de 1970.

A preocupação sobre como os dados de um indivíduo são tratados não é recente, remontando ao ano de 1968, quando se começou a estudar na

---

[170] Disponível em: <https://www.ftc.gov/enforcement/rules/rulemaking-regulatory-reform-proceedings/fair-credit-reporting-act>. Acesso em: 13 jul. 2016.

Europa os efeitos da tecnologia sobre o homem. Nesse passo, a OECD[171] traçou diretrizes sobre a proteção de dados pessoais de terceiros que estivessem em posse tanto do setor público como do privado, levando o Conselho da Europa a elaborar Convenção 108 — Convenção para Proteção das Pessoas relativamente ao Tratamento Automatizado de Dados Pessoais.

A Convenção 108[172], apesar de contar com mais de três décadas, trouxe conceitos inovadores para o período:

1. **Dados pessoais:** qualquer informação relativa a uma pessoa singular identificada.
2. **Arquivos de dados automatizados:** um conjunto de dados objeto de tratamento automático.
3. **Processamento automático:** inclui as seguintes operações, se realizadas, no todo ou em parte, por meios automatizados: armazenamento de dados, realizações de operações lógicas e ou aritméticas sobre esses dados, a sua alteração, apagamento, recuperação ou divulgação.
4. **Controlador de arquivo:** pessoa física ou jurídica, autoridade competente, agência ou qualquer outro órgão que tenha competência prevista em lei para decidir o que deve ser a finalidade do arquivo automatizado de dados, quais as categorias de dados pessoais que devem ser armazenados e que operações devem ser aplicadas a eles.

No seu artigo 6º, mencionou a categoria de dados especiais, ou seja, aqueles que trazem conteúdos sobre origem racial, opiniões políticas, crenças religiosas, bem como os dados relativos à saúde ou sexualidade, que não devem ser repassados a terceiros. Esse dispositivo foi incorporado à política de privacidade de provedores de internet, só permitindo o compartilhamento quando houver a expressa autorização do usuário.

---

171 A OECD — Organização para Cooperação e Desenvolvimento Econômico — é oriunda da OEEC — Organização de Cooperação Econômica Europeia —, surgida em 1948 com o intuito de financiar a reconstrução do continente europeu pós-guerra. Após a adesão por parte do Canadá, Estados Unidos e países membros da OPEP, a entidade passou a existir como OECD desde 30 de setembro de 1961. Sua função é auxiliar os governos dos países integrantes na promoção de prosperidade, bem como na luta contra a pobreza com crescimento econômico e estabilidade financeira.

172 Conselho da Europa. Convenção 108. Convenção para Proteção das Pessoas relativamente ao Tratamento Automatizado de Dados Pessoais. Disponível em: <http://conventions.coe.int/Treaty/en/Treaties/Html/108.htm>. Acesso em: 13 jul. 2016.

8.3.1. Políticas de Privacidade no Marco Civil da Internet

A coleta e o uso de dados dos usuários por parte de provedores, seja de conexão ou de aplicação de internet, foi uma preocupação do Marco Civil, o qual, no capítulo referente aos direitos e garantias dos usuários, assegura o seguinte:

- Não fornecimento de dados pessoais a terceiros, inclusive registros de conexão e de acesso a aplicações de internet, salvo mediante consentimento livre, expresso e informado ou nas hipóteses previstas em lei.
- Informações claras e completas sobre coleta, uso, armazenamento, tratamento e proteção dos seus dados pessoais, que somente poderão ser utilizados para finalidades que justifiquem sua coleta; não sejam vedadas pela legislação; estejam especificadas nos contratos de prestação de serviço ou em termos de uso de aplicações de internet.
- Consentimento expresso sobre coleta, uso, armazenamento e tratamento de dados pessoais, opção que deverá vir destacada das demais cláusulas contratuais.

Assim, nos termos legais, os provedores devem demonstrar como estão coletando, armazenando e utilizando as informações do usuário. Isso na prática é feito nos termos de uso ou na política de privacidade dos provedores de aplicação da internet.

Não pode, todavia, copiar a política de privacidade de provedores que estão situados em outros países ou usar plataformas gratuitas na *web*[173] para gerar sua política. Deve, para tanto, fazer sua adequação ao Marco Civil e à legislação pátria.

Ao disponibilizar a sua política de privacidade de forma clara, o provedor passa maior segurança, transparência e confiança ao usuário. É importante frisar que política não deve ser confundida com proteção de privacidade, pois esta última depende não só da empresa, mas também do usuário.

---

173 Free Privacy Policy. Ferramenta que auxilia na criação e personalização de política de privacidade. Disponível em: <http://www.freeprivacypolicy.com/>. Acesso em: 13 jul. 2016.

Uma boa política de privacidade recomenda aos provedores clareza ao descrever a maneira como coletam e protegem as informações dos usuários, pois normalmente costumam armazenar dados de navegação, contatos do usuário, páginas visitadas, localização, entre outros, gerando um certo temor sobre como esses dados são utilizados. Algumas grandes companhias garantem que não repassam nem vendem o conteúdo armazenado a terceiros; outras abertamente citam na sua política que esses dados são enviados a outrem como forma de lucro para a empresa responsável pelo provedor, sob o pretexto de oferecer um conteúdo personalizado ao usuário.

Uma boa prática a ser desenvolvida pela autoridade policial é a leitura da política de privacidade a fim de saber que informações pode solicitar do provedor de conexão ou da aplicação de internet.

Seguem informações sobre a política de privacidade de alguns provedores de aplicação de internet.

8.3.1.1. Facebook

Quando alguém acessa o Facebook[174], são coletadas informações de cadastro de conta, compartilhamento de conteúdo, envio de mensagens, frequência de uso, tipo de conteúdo, localização de uma foto ou data em que o arquivo foi criado. São coletadas, ainda, informações quando um terceiro posta conteúdo relacionado com o usuário, tais como compartilhamento de fotos, envio de mensagens, carregamento, sincronia e importação das informações de contato.

São coletadas, também, informações de rede e conexões, informações do dispositivo utilizado para conexão, dados sobre pagamentos, além de informações de sites e aplicativos que utilizam os serviços do Facebook. A empresa afirma que o intuito disso é fornecer uma melhor navegação e acesso de conteúdo personalizado ao usuário.

Nos padrões da comunidade do Facebook[175], todo conteúdo que possua risco real de lesões físicas ou ameaça direta à segurança pública será

---

174 Política de Privacidade do Facebook. Última versão: 30 de janeiro de 2015. Disponível em: <https://pt-br.facebook.com/about/privacy>. Acesso em: 13 jul. 2016.

175 Padrões da Comunidade Facebook. Disponível em: <https://pt-br.facebook.com/communitystandards>. Acesso em: 13 jul. 2016.

removido. A polícia pode encaminhar e-mail diretamente à empresa solicitando a retirada de conteúdo quando se tratar de:

- **Violência e ameaças:** em casos de ameaças ou atos reais de violência — por exemplo, no caso de torcidas organizadas que marcam confrontos em determinada área da cidade. Não são permitidas organizações com histórico de terrorismo nem atos que possam resultar em prejuízo financeiro a terceiros. O criminoso sexual com condenação não pode, segundo os termos de uso, utilizar o Facebook. Nesse caso, poderá ser utilizado o preenchimento de formulário *on-line*[176] com documentos que comprovem a condenação, visando a exclusão do perfil.
- **Automutilação:** não são permitidas postagens de autoflagelação ou de incentivo à mutilação.
- ***Bullying* e assédio:** não são aceitos comportamentos abusivos ou mensagens enviadas repetidamente.
- **Discurso de ódio:** não são permitidos ataques em razão de raça, religião, etnia, nacionalidade, gênero, orientação sexual, deficiência ou doença.
- **Nudez:** há limitação a cenas de nudez, não sendo aceito compartilhamento de conteúdo pornográfico nem qualquer conteúdo que exponha menores. A melhor forma de reportar conteúdo abusivo é utilizar a opção "denunciar", que fica próxima ao conteúdo postado. No caso de imagens de conteúdo sexual que envolvam crianças e adolescentes, deve-se fazer a notificação imediata, tendo o cuidado de alertar a terceiros que não devem publicar, baixar ou compartilhar o arquivo, sob pena de cometimento de crime previsto no Estatuto da Criança e do Adolescente.
- **Identidade e privacidade:** não se permite a criação de perfis falsos ou a criação de várias contas em desacordo com os termos de uso. Para denunciar o *fake*, recomenda-se acessar o perfil falso, clicar na foto de capa e denunciar a imagem. Caso não seja usuário, poderá fazer a denúncia através de preenchimento de formulário na página[177]. Há vários casos de crianças

---

[176] Facebook. Denunciar um infrator sexual condenado. Disponível em: <https://pt-br.facebook.com/help/contact/207005222725325>. Acesso em: 13 jul. 2016.
[177] Facebook. Denunciar uma conta impostora. Disponível em: <https://pt-br.facebook.com/help/contact/169486816475808>. Acesso em: 13 jul. 2016.

que criam contas de usuário; entretanto, na maioria dos países o Facebook estipula 13 anos como a idade mínima para ser membro da rede, devendo, portanto, ser comunicada a violação aos termos de uso com a respectiva URL[178].

- **Propriedade intelectual:** não serão permitidas violações a direitos autorais. Neste caso, recomenda-se que o usuário atingido entre primeiro em contato com o responsável pela publicação do conteúdo a fim de evitar abusos. Caso seja comprovada a violação, o conteúdo será retirado, com a notificação do responsável pela publicação. Não há necessidade de conta para fazer a denúncia[179].
- **Produtos controlados:** não é permitida a venda de drogas, álcool, armas de fogo ou qualquer outro produto que tenha venda controlada.

No caso do falecimento do usuário, os parentes podem solicitar a exclusão da conta[180] ou sua transformação em um memorial[181], devendo comprovar o óbito para tal.

8.3.1.2. Twitter

A coleta de informações pelo Twitter é feita, segundo o provedor de aplicação de internet, com o objetivo de avaliação e melhoria do serviço. Afirma ser regra a não divulgação de informações pessoais, só sendo feita em caráter excepcional nos termos de sua política de privacidade. Dentre as que ele coleta, podemos citar como mais importantes[182]:

- **Informações básicas sobre contas:** nome, usuário, senha de acesso, endereço de e-mail e, às vezes, o número de telefone.
- **Informação adicional:** biografia, localização, website, fotografia.
- Tweets, seguidores, listas.

---

178 Facebook. Denunciar uma criança com menos de 13 anos. Disponível em: <https://pt-br.facebook.com/help/contact/209046679279097>. Acesso em: 13 jul. 2016.

179 Facebook. Denunciar uma violação ou infração de seus direitos. Disponível em: <https://pt-br.facebook.com/help/contact/208282075858952>. Acesso em: 13 jul. 2016.

180 Solicitação especial para a conta de pessoa falecida. Disponível em: <https://pt-br.facebook.com/help/contact/228813257197480>. Acesso em: 13 jul. 2016.

181 Facebook. Solicitação de memorial. Disponível em: <https://pt-br.facebook.com/help/contact/651319028315841>. Acesso em: 13 jul. 2016.

182 Twitter. Política de Privacidade. Disponível em: <https://twitter.com/privacy?lang=pt>. Acesso em: 13 jul. 2016.

- **Informação de localização:** quando o usuário opta por essa função.
- **Dados de utilização:** endereço IP, tipo de navegador, sistema operacional, página *web* de origem, páginas *web* visitadas, localização, operadora de telefonia utilizada e informações do dispositivo utilizado para conexão.

A aplicação de internet oferece várias formas de fazer a denúncia de violações *on-line* por parte de usuário, entre elas: falsa identidade, marcas registradas, produtos falsificados, direitos autorais, assédio, privacidade, informações privadas, spam, reportar automutilação e denunciar um anúncio.

Ressalte-se, por oportuno, que criança menor de 13 anos não poderá ser usuária do Twitter. Caso isso ocorra, deverá o responsável enviar um e-mail para privacy@twitter.com e solicitar a exclusão da conta.

Quando o conteúdo versar sobre a exploração sexual de criança ou adolescente, este poderá ser removido diretamente (sem ordem judicial). Deve-se, para tanto, preencher um formulário *on-line*[183] com informações com o nome de usuário, *link* para o tweet, além de um e-mail válido do denunciante para contato.

No caso de falecimento de usuário de uma conta do Twitter, é possível o encerramento daquela por requerimento de familiar do falecido. Deve, para tanto, fornecer: conta, cópia do atestado de óbito, cópia do documento de identificação do solicitante, declaração com assinatura e autenticada (nome, sobrenome, endereço de e-mail, relacionamento com o usuário, telefone para contato, solicitação para desativação de conta, detalhes que demonstrem que a conta é do falecido, etc.). É possível, ainda, a remoção de imagens ou vídeos de pessoas falecidas mediante o encaminhamento de e-mail diretamente para privacy@twitter.com.

Para denúncias, o Twitter oferece várias opções:

a) Um perfil falso[184]:

- Uma conta está se passando por mim ou por alguém que eu conheço.

---

[183] Twitter. Denuncie um problema com exploração sexual de menores. Disponível em: <https://support.twitter.com/forms/cse>. Acesso em 15 de março de 2015.

[184] <https://support.twitter.com/forms/impersonation>. Acesso em: 13 jul. 2016.

- Criaram uma falsa identidade minha.
- Criaram uma falsa identidade para alguém que eu represento.
- Criaram uma falsa identidade para alguém (um amigo ou alguém de quem sou fã).
- Uma conta está fingindo ser ou representar minha empresa, marca ou organização.
- Eu sou um representante autorizado da empresa, marca ou organização.
- Eu não sou afiliado à empresa, marca ou organização.
- Minha conta foi suspensa.
- Não consigo entrar em minha conta.
- Alguém está usando meu endereço de e-mail sem minha permissão.

No caso de recebimento de e-mail solicitando a confirmação da conta, o usuário deverá informar que aquela conta não é sua e que não deseja que aquele e-mail seja vinculado a uma conta do Twitter.

b) Problemas com marca registrada[185]:

- Eu sou o titular da marca registrada ou o representante autorizado.
- Eu gostaria de denunciar o uso indevido da marca registrada de um terceiro.

c) Produtos falsificados[186]:

- Eu gostaria de denunciar um problema de falsificação referente à marca registrada de outra pessoa.
- Eu sou o titular da marca registrada ou o representante autorizado.

d) Direitos autorais[187]:

- Eu sou o proprietário dos direitos autorais.
- Eu sou o representante legal do proprietário dos direitos autorais.
- Nenhum dos itens anteriores.

---

185 <https://support.twitter.com/forms/trademark>. Acesso em: 13 jul. 2016.
186 <https://support.twitter.com/forms/counterfeit>. Acesso em: 13 jul. 2016.
187 <https://support.twitter.com/forms/dmca>. Acesso em: 13 jul. 2016.

e) Comportamento abusivo ou ofensivo[188]:

- Natureza do comportamento:
    - ✓ Dirigido a mim.
    - ✓ Dirigido a alguém que eu represento legalmente.
    - ✓ Dirigido a outros.
- O que você está denunciando:
    - ✓ Conteúdo ofensivo, desrespeitoso ou em desacordo com minha opinião.
    - ✓ Assédio.
    - ✓ Ameaças diretas específicas de violência que envolvem integridade física ou bem-estar.
    - ✓ Informação ou foto particular exposta.
    - ✓ Alguém no Twitter está publicando spam.

f) Privacidade[189]:

- Estou solicitando informações sobre uma conta do Twitter:
    - ✓ Para minha conta do Twitter.
    - ✓ Em nome da pessoa que represento.
    - ✓ Para uma conta do Twitter da minha organização.
    - ✓ Para uma conta do Twitter de outra pessoa.
- Quero denunciar uma conta de usuário menor de idade.
- Quero solicitar a desativação da conta de usuário falecido.
- Nenhum dos itens anteriores.
- Quero fazer uma pergunta sobre privacidade.

g) Informações privadas expostas[190]:

- Alguém no Twitter está publicando informações:
    - ✓ Sobre mim.
    - ✓ Sobre alguém que represento legalmente.
    - ✓ Sobre outros.
- Alguém no Twitter está publicando informações privadas que incluem:
    - ✓ Informações de contato: endereço, número de celular, endereço de e-mail.
    - ✓ Informações financeiras.

---

188 <https://support.twitter.com/forms/abusiveuser>. Acesso em: 13 jul. 2016.
189 <https://support.twitter.com/forms/privacy>. Acesso em: 13 jul. 2016.
190 <https://support.twitter.com/forms/private_information>. Acesso em: 13 jul. 2016.

- ✓ Número de documento de identificação emitido pelo governo ou RG.
- ✓ Uma foto minha, ou vídeo, não autorizado (o solicitante deve estar na foto).
- ✓ Algo mais.

h) Spam:

- Alguém no Twitter está publicando informações privadas que incluem:
  - ✓ Quero denunciar a prática de spam no Twitter.
  - ✓ Eu não posso tweetar porque o Twitter acha que é spam.
  - ✓ Eu gostaria de denunciar uma mídia pornográfica ou ofensiva que vi no Twitter.

i) Reportar automutilação[191]:

- Possibilita denunciar possíveis ameaças de suicídio ou qualquer outra forma de automutilação no Twitter.

j) Denunciar um anúncio[192]:

- Um anunciante está usando uma linguagem ofensiva e/ou palavrões.
- Um anunciante está divulgando algo de forma enganosa ou fraudulenta.
- Um anunciante está promovendo produtos, serviços ou conteúdos ilegais.
- Um anunciante está se passando por mim, pela minha empresa ou organização.
- Um anunciante está usando meu conteúdo protegido por direitos autorais.
- Um anunciante está violando a marca registrada de minha propriedade, minha empresa ou organização.
- Um anunciante está vendendo ou promovendo produtos falsificados.
- Estou recebendo spam de outro anunciante.
- Outro.

---

191 <https://support.twitter.com/forms/suicide>. Acesso em: 13 jul. 2016.

192 <https://support.twitter.com/forms/ads>. Acesso em: 13 jul. 2016.

8.3.1.3. Google

Sua política de privacidade indica quais informações de usuário são coletadas, o porquê da coleta e como irá utilizá-las. A Google afirma que coleta as informações a partir de dados fornecidos pelo usuário ou quando este acessa os serviços do provedor. Na primeira operação, são coletados dados como: nome, endereço, e-mail vinculado, número de telefone, cartão de crédito, dentre outros. Uma das formas de coleta é feita através do envio de *cookies* e identificadores anônimos visando coletar informações sobre o usuário. Caso não concorde, este poderá configurar o navegador para desabilitar o uso desses *cookies*; entretanto, alguns serviços oferecidos poderão não funcionar.

Já quando faz uso do serviço, o provedor de aplicação coleta os seguintes dados[193]:

- **Informações de dispositivos:** coletam-se modelo do equipamento, sistema operacional utilizado, número de telefone e informações sobre rede móvel.
- **Informações de registro:** detalhes da utilização do serviço, incluindo consulta e pesquisas, informações de chamador e chamado, data, hora, local e duração de chamadas, endereço IP e *cookies* que podem identificar o navegador ou associá-lo à conta de e-mail respectiva.
- **Informações de local:** coleta a localização do usuário.
- **Número de aplicativos:** dados sobre a instalação de aplicativos por parte do usuário.

Essas informações são coletadas sob o argumento de aperfeiçoamento e proteção de serviços fornecidos ao usuário. Entretanto, a política é bem clara ao permitir, como regra, o compartilhamento desse conteúdo com terceiros, especialmente empresas e organizações não pertencentes ao Google, exceto quando se tratar de informações íntimas de caráter pessoal, tais como dados médicos, raça, etnia, religião, política ou sexualidade, quando deverá existir autorização para o compartilhamento.

---

[193] Google. Política de Privacidade. Atualizada em 19 de agosto de 2015. Disponível em: <https://www.google.com/policies/privacy/>. Acesso em: 13 jul. 2016.

8.3.1.3.1. Procedimento em Caso de Falecimento do Usuário

Em caso de falecimento, a Google abre possibilidade para parentes ou representantes legais solicitarem vários procedimentos relacionados à conta do falecido, entre os quais:

- Encerramento de conta.
- Solicitação de fundos de uma conta.
- Recebimentos de dados da conta.
- Invasão de conta do falecido.

O usuário poderá gerenciar os dados de sua conta descrevendo o que deve acontecer com seus dados e quem poderá ter acesso a estes, caso haja determinado período de inatividade contado a partir do último *login*. Para a exclusão de conta de falecido, deve-se preencher um formulário *on-line*[194], com identificação e envio de documento comprobatório, endereço de e-mail para contato, dados da pessoa falecida com cópia do atestado de óbito, endereço de e-mail do falecido e qual a exclusão do serviço a que se pretende.

8.3.1.4. YouTube

O YouTube faz parte do mesmo grupo econômico da Google, portanto, a política de privacidade aplicada é a mesma, sendo que disponibiliza uma Central de Denúncias e Execução para a análise de conteúdo inadequado, havendo um setor responsável por esse procedimento, que decidirá se o conteúdo viola ou não as diretrizes da comunidade.

Em caso de retirada do conteúdo, o responsável será notificado da exclusão por e-mail e poderá recorrer nos termos das Diretrizes da Comunidade. No primeiro aviso de violação, receberá advertência. Caso receba outro em até seis meses, ficará por duas semanas impedido de postar qualquer conteúdo no YouTube. No caso do terceiro, haverá encerramento da conta[195]. Quando se tratar de violação a direitos autorais, o usuário perderá acesso a alguns recursos do YouTube. Se receber três

[194] Google. Enviar uma solicitação a respeito da conta de um usuário falecido. Disponível em: <https://support.google.com/accounts/contact/deceased?hl=pt-BR>. Acesso em: 13 jul. 2016.
[195] YouTube. Aviso das Diretrizes da Comunidade. Disponível em: <https://support.google.com/youtube/answer/2802032?hl=pt-BR>. Acesso em: 13 jul. 2016.

avisos de violação de direitos autorias, a conta será excluída junto com todos os vídeos que nela se encontram[196].

É possível fazer a denúncia na própria página e, para tanto, deve-se fazer *login* e clicar na opção "mais" logo abaixo do vídeo. Ao clicar em "denunciar", poderá relatar conteúdo sexual, repulsivo ou violento, abominável ou abusivo, atos perigosos, abuso infantil, spam ou enganoso, infração de direitos e relatório de legendas.

No caso, por exemplo, de conteúdo sexual que envolva criança ou adolescente, a autoridade policial, além do ofício direto solicitando a retirada imediata de conteúdo, pode acessar esse canal para a exclusão. O mesmo raciocínio se aplica aos casos de "vingança pornô", podendo essa ferramenta ser utilizada, visando evitar uma maior exposição da vítima. Ao preencher o formulário, recomenda-se a quem estiver apurando o fato que, além de fazer sua identificação de nome e cargo, forneça informações sobre o número do Boletim de Ocorrência e ou Inquérito Policial em andamento.

A denúncia pode ser feita também através do *link* <https://www.youtube.com/reportabuse>[197] para relatar problemas relacionados a:

a) Assédio e *bullying*:

- Um usuário roubou meus vídeos.
- Um usuário está exibindo minhas informações pessoais no site.
- Um usuário está me assediando pelo site.
- Um usuário está atacando ou depreciando uma celebridade, país ou outro usuário do YouTube.

b) Falsificação de identidade:

- Meu canal do YouTube está sendo alvo de falsificação de identidade.
- Estão se passando por mim e o canal está usando meu nome real.
- Minha marca registrada ou empresa está sendo alvo de falsificação de identidade.
- Meu amigo, parente, estudante, colega de trabalho ou outra pessoa que não represento está sendo alvo de falsificação de identidade.

---

196 YouTube. Conceitos básicos sobre aviso de direitos autorais. Disponível em: <https://support.google.com/youtube/answer/2814000>. Acesso em: 13 jul. 2016.

197 YouTube. Safety and Abuse Reporting. Acesso em: 13 jul. 2016.

c) Ameaças violentas.

d) Risco para crianças.

e) Incitação ao ódio contra minorias.

f) Spams e golpes:

- Publicidade em massa.
- Medicamento para venda.
- Texto enganoso.
- Miniatura enganosa.
- Golpes e fraudes.
- Tráfego artificial.

Em alguns casos, são postados vídeos de indivíduos mortos ou lesionados em acidentes, ocasião em que é necessário que algum parente preencha um formulário e o submeta *on-line* para o YouTube[198], constando nome completo, relação de parentesco com a vítima, URLs em que foram postados os vídeos, além de concordar com os termos para exclusão.

Nas situações de vídeos que envolvam cenas que demonstrem comportamentos suicidas, de automutilação ou de depressão, ou ainda qualquer conteúdo criminoso, deve-se sinalizar o vídeo imediatamente, bem como encaminhá-lo à autoridade com atribuição para a investigação do fato.

---

[198] YouTube. Remoção de conteúdo do momento da morte. Disponível em: <https://support.google.com/youtube/contact/momentdeath>. Acesso em: 13 jul. 2016.

9. Praticando a Investigação do Ciberdelito

A investigação de um crime tecnológico busca percorrer o caminho inverso ao tomado pelo criminoso, sendo importante ilustrar a dinâmica do delito:

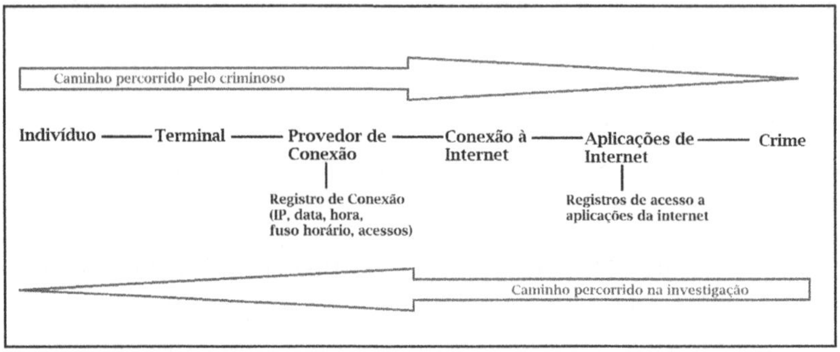

Figura 8. Caminho percorrido pelo criminoso x caminho percorrido na investigação

Para melhor compreensão, é fundamental também ilustrar exemplo de registro de acesso à aplicação da internet, ressaltando que o provedor só é obrigado a fornecê-lo mediante ordem judicial (mas pode fornecer ao órgão investigativo por conta própria):

IP	xxx.xxx.xxx.xxx	Horário de verão?
Duração	17:07:04	
Data inicial	15/12/2015 17:59:27 -0300	SIM
Data final	16/12/2015 11:06:31 -0300	SIM

Importante reiterar que os dados cadastrais de protocolos de IP podem ser obtidos por autoridade administrativa diretamente, sem ordem judicial, trazendo informações que podem ser esclarecedoras, com relação aos fatos investigados, conforme exemplo a seguir:

> Dados cadastrais do Usuário para o IP: xxx.xxx.xxx.xxx.
>
> Circuito: VSA_ 5012136 _____Produto: AD — xxxx (ADSL)
>
> Terminal: xxxxxxx
>
> Nome do Cliente: XXXXXXX
>
> CPF/CGC do Cliente: 0000000000000-0
>
> Tipo de Pessoa: FÍSICA
>
> Usuário Ponta A: xxx XXXXXXXX
>
> Endereço Ponta A: xxx (xx) XXXXXXXXX 305
>
> Bairro: xxx CA A

Visando identificar quem é o provedor de aplicações de internet ou o provedor de conexão de um usuário, utilizam-se os sites de whois (quem é?), sendo indicado o <http://www.whois.registro.br>, quando forem sítios ou IPs brasileiros, e <http://www.lacnic.net>, <http://www.who.is/whois>, <http://www.ip2location.com>, <http://www.whatismyipaddress.com>, <https://www.maxmind.com>, entre outros, quando forem estrangeiros (ou seja, sem o ".br"). A escolha da presente ferramenta fica a critério do investigador, que pode escolher outras, bastando colocar em um buscador na internet o nome do site ou o número do IP, bem como a palavra "whois", tudo entre aspas.

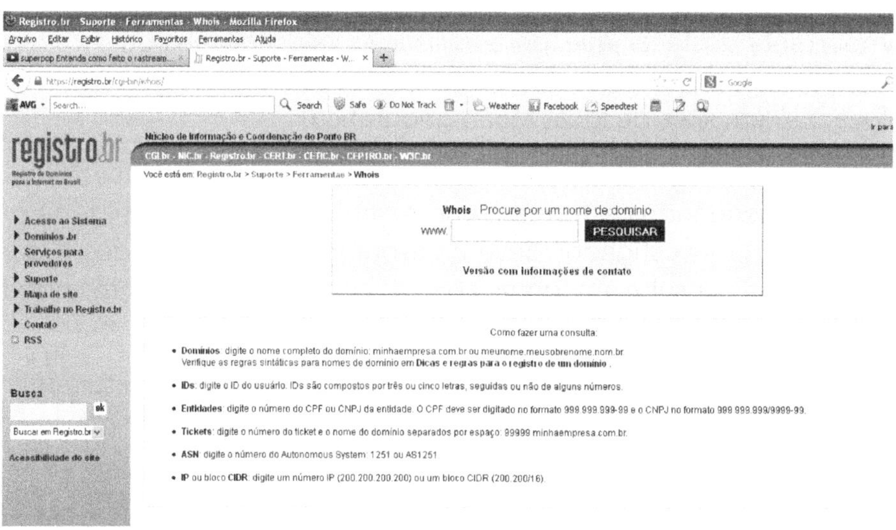

Figura 9. Sítio do Registro.br

No site de whois da figura anterior, por exemplo, no retângulo abaixo da palavra Whois pode-se colocar um endereço eletrônico (ex.: www.policiacivil.pa.gov.br) ou um IP xxx.xxx.xxx.xxx e depois clicar em "pesquisar", sendo que as primeiras informações relevantes ali disponíveis são:

- Nome do responsável pelo site.
- CNPJ ou CPF do responsável pelo site.
- Endereço.
- Telefone e e-mail para contato.
- Servidor de armazenamento de informações.
- Data de alterações.
- Sites relacionados por CNPJ.

Dessa forma, as primeiras providências a serem tomadas são:

- Verificar o CNPJ ou CPF no site da Receita Federal do Brasil.
- Localizar o endereço ali constante.
- Tentar contato telefônico, se for o caso.
- Pesquisar em fontes abertas e fechadas, como o Infoseg, outras informações que levem à individualização da autoria delitiva.

Para obter informações acerca de um CPF[199] ou CNPJ[200], basta acessar o sítio <http://www.receita.fazenda.gov.br>, da Receita Federal do Brasil. Lembrando que o CNPJ deve ter 14 dígitos, portanto, se no site de whois tiver números a mais, retirar um ou mais zeros à esquerda.

É importante destacar que, para agilizar as investigações ou os processos judiciais, é possível ter noção da localização da conexão quando se coloca o IP em sites de localização geográfica.

Ressalte-se, por oportuno, que essa localização de IP muitas vezes não é precisa, dependendo da forma como é gerenciada a rede utilizada pelo investigado. O investigador deve confrontar os dados obtidos a partir desse tipo de consulta em fontes abertas com outros elementos obtidos durante a investigação policial.

Alguns sites de geolocalização de IP são disponibilizados gratuitamente na internet. Pode haver resultados divergentes para uma mesma consul-

---

199 <http://www.receita.fazenda.gov.br/Aplicacoes/ATCTA/CPF/ConsultaPublica.asp>. Acesso em: 13 jul. 2016.

200 <http://www.receita.fazenda.gov.br/PessoaJuridica/CNPJ/cnpjreva/Cnpjreva_Solicitacao.asp>. Acesso em: 13 jul. 2016.

ta em serviços diferentes, uma vez que eles podem se basear em dados distintos. Entre os vários disponíveis, podem ser citados:

- <http://www.meuenderecoip.com/localizar-ip.php>
- <http://www.whatismyipaddress.com>
- <http://www.ipfingerprints.com/>
- <http://www.dnsstuff.com/>
- <http://www.ip2location.com/>

Também é possível identificar os *logs* (IP, data, hora e fuso horário) de um remetente de e-mail criminoso de forma mais célere, através da identificação do cabeçalho completo da correspondência eletrônica:

```
Received: from [189.81.96.100] by web162106.mail.bf1.yahoo.com via HTTP;
Thu, 11 Apr 2015 13:11:26 PDT

X-Rocket-MIMEInfo: 002.001,VGVzdGUBMAEBAQE-

X-Mailer: YahooMailClassic/15.1.7 YahooMailWebService/0.8.140.532

Message-ID: <1365711086.23049.YahooMailClassic@web162106.mail.bf1.
yahoo.com>

Date: Thu, 11 Apr 2013 13:11:26 -0700 (PDT)

From: Maria José <bbbbbb@yahoo.com.br>

Subject: teste

To: xxxxxxxx@hotmail.com

MIME-Version: 1.0

Content-Type: multipart/alternative;
boundary="-309136488-1676617496-1365711086=:23049"

Return-Path: bbbbbb@yahoo.com.br

X-OriginalArrivalTime: 11 Apr 2015 20:11:28.0011 (UTC)
FILETIME=[BFE945B0:01CE36F0]
```

Várias são as formas para identificar os *logs* em cabeçalhos de e-mails, podendo-se destacar:

- No Outlook, basta clicar com o botão direito do mouse sobre a mensagem a ser analisada e, em seguida, em "exibir a origem da mensagem".
- No Gmail, abre-se a mensagem, clica-se na seta para baixo ao lado do botão "responder" e, depois, em "mostrar original".
- No Yahoo, abre-se a mensagem, clica-se em "mais", depois em "exibir cabeçalho completo".

Entretanto, tal método de identificação de IP está perdendo o uso, uma vez que a maioria dos provedores de aplicação está mascarando o IP do remetente, logo só é possível identificar, nesses casos, o IP do próprio provedor. Nessas situações, deve-se recorrer às vias padrões, solicitando ordem judicial para a obtenção dos registros de acesso à aplicação.

Após localizar o cabeçalho completo de um e-mail suspeito, há diversos sites que fazem a respectiva análise, podendo ser indicados os seguintes:

- <http://whatismyipaddress.com/trace-email>
- <http://my-addr.com/trace_email_address/free_email_email_trace_route/online_email_trace_route_tool.php>
- <http://www.iptrackeronline.com/header.php>

A análise do cabeçalho de e-mail permanece relevante mais no que se refere à identificação da "Message-ID", ou seja, dos dados de identificação da correspondência eletrônica no provedor de aplicação, que são como um "CPF" da mensagem, individualizando-a no servidor:

```
Received: by   .   ..   .  with HTTP; Tue, 10 Nov 2015 10:02:04 -0800 (PST)
From:
Date: Tue, 10 Nov 2015 16:02:04 -0200
Message-ID: <CAFYp2GqW4MT8sUaS9EOWWSO2-Xcd3ZxM7GHadvnvhyjbgSb1cA@mail.gmail.com>
Subject:
To:
Content-Type: multipart/mixed; boundary=001a113d385e0e204f0524338327
```

Figura 10. Message-ID

Tal informação deverá ser indicada em representações a serem protocoladas em juízo, quando se desejar identificar a autoria de e-mail com conteúdo criminoso, sendo imprescindível para que o provedor de aplicação consiga localizar a mensagem eletrônica em seus servidores e, consequentemente, fornecer ao requerente os respectivos registros de acesso.

9.1. Breves Considerações acerca dos Principais Cibercrimes

9.1.1. Ameaça

O Art. 147 do Código Penal dispõe que é crime "ameaçar alguém, por palavra, escrito ou gesto, ou qualquer outro meio simbólico, de causar-lhe mal injusto e grave".

Quando a conduta descrita ocorre em meios cibernéticos, pode se manifestar, por exemplo, em redes sociais, blogs, mensagens em aplicativos de comunicação instantânea, correspondências eletrônicas, etc., meios estes escolhidos pelos criminosos acreditando que não será descoberta a autoria delitiva, confiando na impunidade no meio digital.

Comete o crime de ameaça o indivíduo que envia mensagens eletrônicas à vítima, prometendo difamá-la gravemente em redes sociais e, ainda, sugerindo males indeterminados que poderiam acometer sua família[201].

É possível identificar o cibercriminoso que ameaçou outrem no ciberespaço mediante uma série de evidências a serem coletadas pelo órgão investigativo, entre elas a coleta do IP e da porta de acesso utilizados pelo suspeito para conectar-se à internet, no dia e na hora dos fatos sob apuração.

As diligências indicadas são:

- Registrar o Boletim de Ocorrência Policial (BOP).
- Preservar as evidências e solicitar perícias, se for o caso.
- Se a ameaça for em blogs, através de comentários de "anônimos", ver as orientações no item 9.1.1.1, acerca de qual *link* deve constar na representação e no mandado judicial.
- Representar ao juízo para determinar ao provedor de aplicação que informe os dados cadastrais e de acesso à aplicação onde foi praticada a ameaça. Exemplo: se a ameaça foi feita no Blogspot, juiz determina que a Google informe o cadastro do usuário (provavelmente falso) que postou o conteúdo, bem como IP, data, hora e fuso horário da referida postagem.
- Uma vez possuindo os registros de acesso à aplicação, consultar no whois (http://www.whois.registro.br> ou http://www.who.is/whois>, por exemplo) qual o provedor de conexão a que foram distribuídos aqueles blocos de IP.
- Oficiar diretamente ao provedor de conexão, identificado através da busca no whois, a fim de que forneça os dados cadastrais do(s) indivíduo(s) responsável(is) pela utilização do ser-

[201] TJ-MG. APR 10480110105404001 MG. Rel. Agostinho Gomes de Azevedo. Julgado em 28 ago. 2015.

viço, ou seja, do(s) consumidor(es) em nome de quem está aquela conexão, bem como a localização de onde foi realizada tal postagem.

- De posse dos dados cadastrais, realizar outras diligências a fim de confirmar o endereço ali constante e o nome do suspeito.
- Solicitar busca e apreensão domiciliar, a fim de apreender terminais e dispositivos eletrônicos, se for o caso.

É válido destacar que, quando for informado pelo provedor de conexão o cadastro do usuário de internet que contratou tal serviço, o endereço ali constante não necessariamente se refere ao local de onde saiu a postagem, pois a conexão pode ter sido realizada por meio de dispositivo móvel. Dessa forma, devem-se cruzar tais informações com a localização fornecida pelo provedor ou, caso este não forneça, com sites de localização de IPs, tais como <http://www.whatismyipaddress.com>, <http://www.ip2location.com>, entre outros.

9.1.1.1. Postagem em Comentários de Blogs Como "Anônimo"

Uma vez ocorrendo uma postagem com conteúdo criminoso (não só ameaças) por meio de comentários de "anônimos", é imprescindível verificar qual o *link* que deve constar na representação do órgão investigativo e na decisão judicial, a fim de que o provedor de aplicação identifique a postagem ilícita referida.

Inicialmente, deve-se clicar na publicação feita pelo autor do blog, a fim de localizar os comentários dos anônimos possivelmente ilícitos. Uma vez identificado qual o comentário, clicar na data, a fim de gerar novo *link* na URL — esse, sim, referente à postagem do anônimo.

O novo *link* gerado na barra de URL é que deve constar no pedido do órgão investigativo e no mandado judicial, ressaltando que o procedimento de identificação de *link* deve ser repetido a cada postagem de "anônimo" que se deseja investigar.

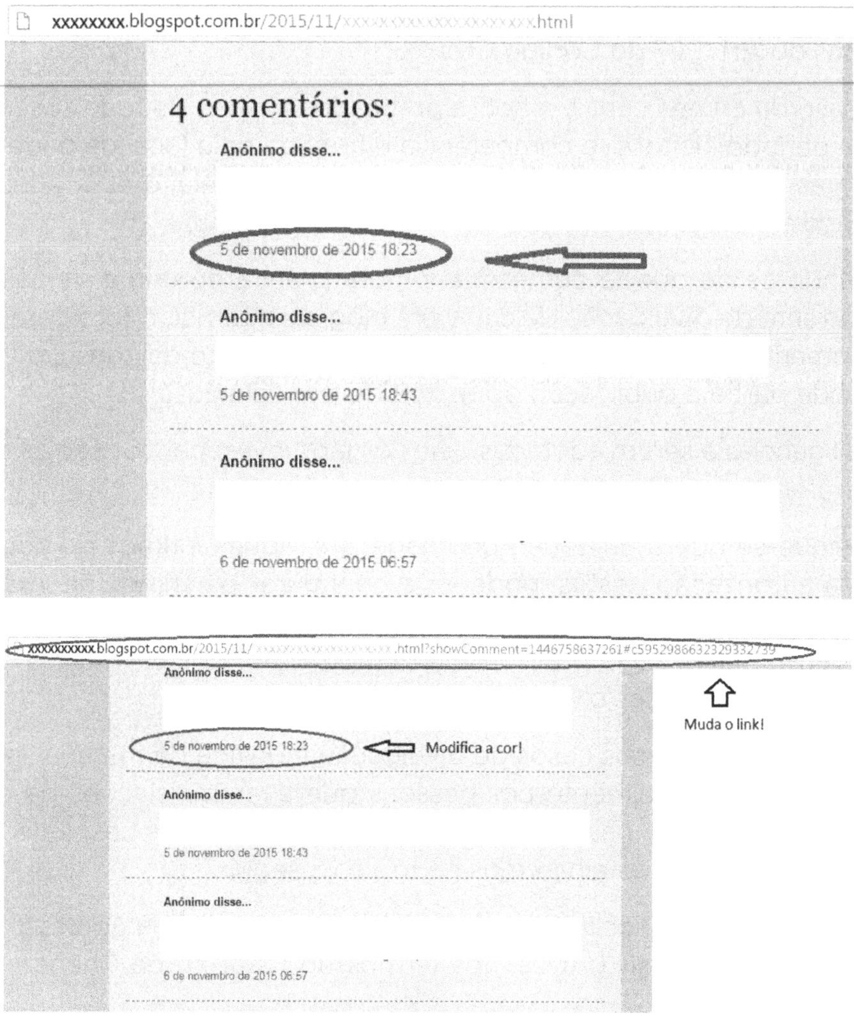

Figura 11. Identificando o *link* de conteúdo supostamente ilícito em comentários de anônimos

9.1.2. Injúria, Calúnia e Difamação

As redes sociais, sites, blogs ou e-mails, por exemplo, acabam por se mostrarem, também, instrumentos para a prática dos crimes contra a honra (injúria, calúnia e difamação), previstos nos Arts. 138 a 140 do CP.

O fato de a publicação em rede social ter veiculado texto que induz os leitores à ocorrência de prática de crimes é suficiente para atingir a esfera íntima das pessoas envolvidas na acusação, configurando evidente abuso à liberdade de informação, passível de responsabilização civil, nos termos do Art. 927 do Código Civil[202].

No caso de crimes contra a honra praticados através de rede social durante período eleitoral, a competência é firmada pelo local de onde partiram as ofensas e não daquele onde residem os eleitores a quem se pretendia divulgá-las[203].

Tratando-se de queixa-crime que imputa prática do crime de calúnia, decorrente de divulgação de carta em blog, na internet, o foro para processamento e julgamento da ação é o do lugar do ato delituoso, ou seja, de onde partiu a publicação do texto tido por calunioso[204].

As diligências a serem adotadas pelos órgãos investigativos são as mesmas referidas no item 9.1.1 desta obra.

Destaque-se que a utilização de imagens e vídeos íntimos de adultos, sem a autorização destes, pode vir a configurar os crimes de injúria e difamação[205], uma vez que podem atingir a honra subjetiva (o que a pessoa pensa de si) e a honra objetiva (a reputação) dos envolvidos, além de caracterizar ilícitos civis.

Em razão dos diversos casos de divulgação indevida de material íntimo na internet, especialmente por pessoas que tiveram relações de afeto com quem aparece nas mídias, passou-se a chamar tais casos de "vingança pornô", que detalharemos no tópico a seguir.

Se as imagens ou vídeos íntimos envolverem crianças ou adolescentes, os crimes serão mais graves, nos termos do Estatuto da Criança e do Adolescente (ECA).

Nos demais casos de crimes contra a honra no ciberespaço, as diligências sugeridas também são as mesmas do item 9.1.1.

---

[202] TJ-DF — Apelação Cível do Juizado Especial ACJ 20140610112806. Rel. Robson Barbosa de Azevedo. Julgado em 09 jun. 2015.

[203] TRE-SP. CJ 14819 SP. Rel. Luiz Guilherme da Costa Wagner Junior. Julgado em 12 nov. 2013.

[204] STJ. CC 125125 SP 2012/0214861-1. Rel. Min. Alderita Ramos de Oliveira (Desembargadora convocada do TJ-PE). Julgado em 12 dez. 2012.

[205] TJ-RS. CJ 70054543715 RS. Rel. Aristides Pedroso de Albuquerque Neto. Julgado em 20 jun. 2013.

9.1.2.1. Vingança Pornô (*Porn Revenge*)

9.1.2.1.1. Conceito

O termo "porn revenge" tem se popularizado ultimamente, significando pornografia de revanche ou vingança pornô, que ocorre quando há a divulgação de fotos e/ou vídeos íntimos de terceiros sem o consentimento prévio. Esses vídeos ou fotografias são realizados mediante consentimento durante algum tipo relacionamento e, após o término deste, são expostos através de redes sociais ou de aplicativos de comunicação em telefones celulares, com o intuito de causar humilhação pública a uma das partes.

A vingança pornô também ocorre quando essas fotos são subtraídas de equipamentos das vítimas e os indivíduos que se apossaram desse material têm o intuito de lucro, notoriedade ou de entretenimento, como é o caso dos *crackers*. Alguns chegam a invadir remotamente o equipamento da vítima e subtrair fotos ou filmagens íntimas. Neste caso, a conduta está tipificada nos crimes contra a liberdade individual, Art. 154-A do Código Penal.

Em alguns relacionamentos, os casais se permitem filmar e/ou fotografar, por ocasião de atos íntimos. Apesar do vídeo ou fotografia ter o consenso do casal naquele momento, não o abrange para divulgação em público, havendo o que se pode chamar de contrato de privacidade íntimo. Mesmo assim, com o término da relação, o contrato é rompido e esses arquivos são repassados ao público, como forma de atacar ou ameaçar o parceiro. As mulheres são as maiores vítimas nesse tipo de comportamento e sofrem várias consequências, desde a mudança de emprego, de domicílio e de faculdade, a tratamentos médicos e psicológicos. São vítimas de apedrejamentos virtuais.

Em trecho do voto de Recurso Especial, o Min. Luis Felipe Salomão, do STJ, assevera sobre esse comportamento hostil difundido na *web*[206]:

> Os verdadeiros apedrejamentos virtuais são tanto mais eficazes quanto o são confortáveis para quem os pratica: o agressor pode recolher-se nos recônditos ambientes de sua vida privada, ao mesmo tempo em que sua culpa é diluída no anonimato da massa de agressores que

[206] Superior Tribunal de Justiça. REsp nº 1.306.157-SP. Rel. Min. Luis Felipe Salomão. Publicada em 24 de março de 2014. Acesso em 14 de novembro de 2015.

> replicam, frenética e instantaneamente, o mesmo comportamento hostil, primitivo e covarde de seu idealizador, circunstância a revelar que o progresso técnico científico não traz consigo, necessariamente, uma evolução ética e transformadora das consciências individuais.

Na Alemanha, um tribunal decidiu que as fotografias íntimas de um casal devem ser apagadas após o fim do relacionamento. A decisão foi motivada em razão de uma mulher ter procurado o antigo companheiro e ele se recusado a deletar as fotografias íntimas[207].

Ao divulgar essas imagens, o agressor potencializa seu ato através da coleta de dados pessoais (nome completo, endereço de casa e trabalho, telefone), endereços de e-mail, *links* para amigos, familiares e colegas de trabalho e perfis de redes sociais que permitam a rápida identificação da vítima, visando expô-la nos mundos virtual e real rapidamente.

A vingança pornô não surgiu com a internet, apenas foi facilitada com ela. Antes, imagens ou vídeos que eram compartilhadas apenas por SMS, e-mail ou por meio físico agora são postadas em redes sociais ou em grupos de *apps* de troca de mensagens e em pouco tempo tornam-se virais, chegando ao conhecimento da vítima e de todos de seu convívio social.

Há dezenas de sites especializados em pornografia que acabam por facilitar a divulgação de pornografia de revanche. Neles, além de ser possível a hospedagem dos vídeos íntimos, o site orienta que sejam colocados os dados completos das vítimas para facilitar a sua identificação. Um desses casos foi protagonizado por Craig Brittain, que utilizava vários artifícios para conseguir fotos íntimas de mulheres e posteriormente as hospedava em outro site. Brittain utilizava então outra aplicação de internet, oferecendo serviços para a retirada do conteúdo do ar. Após reclamação junto à *Federal Trade Commission*[208] dos Estados Unidos, órgão equivalente ao Cade no Brasil, o envolvido se comprometeu a retirar todo o conteúdo do site.

---

[207] OLTERMANN, Philip. Revenge Porn Victims Receive Boost From German Court Rulling. The Guardian, 22 de maio de 2014. Disponível em: <https://www.theguardian.com/technology/2014/may/22/revenge-porn-victims-boost-german-court-ruling>. Acesso em: 13 jul. 2016.

[208] Federal Trade Commission. Website Operator Banned from the 'Revenge Porn' Business After FTC Charges He Unfairly Posted Nude Photos. Publicado em 29 de janeiro de 2015. Disponível em: <http://www.ftc.gov/news-events/press-releases/2015/01/website-operator-banned-revenge-porn-business-after-ftc-charges>. Acesso em: 13 jul. 2016.

IsAnyoneUp era outra ferramenta que possibilitava o compartilhamento de conteúdo íntimo ilícito, bem como dos dados das vítimas. Após várias ameaças de morte e processos judiciais, a aplicação foi retirada da internet.

Esse tipo de comportamento tem como maiores vítimas mulheres e adolescentes. Uma das vítimas foi a dinamarquesa Emma Holten[209], que teve divulgadas fotos íntimas por parte do ex-namorado quando tinha 17 anos de idade. Três anos após a exposição de fotos sem o seu consentimento, Holten decidiu posar nua, como forma de protestar e reumanizar o seu corpo.

No Brasil houve vários casos, entre eles o de uma jornalista que, após terminar um relacionamento, teve suas fotografias íntimas divulgadas. Após o fato, criou a ONG Marias da Internet[210] para dar apoio às mulheres que foram vítimas de violência semelhante.

No mesmo sentido, há outra iniciativa denominada *Cyber Civil Rights* (Direito Civil Cibernético), fundada por Holly Jacobs, após ter sido vítima de vingança pornô por parte de um ex-namorado. Outra ação de Jacobs é o End Revenge Porn (Acabe com a Vingança Pornô)[211]. O objetivo do projeto é prestar auxílio e apoio jurídico às vítimas de vingança pornô.

O Centro Canadense de Proteção à Criança — *Canadian Center for Child Protection* — lançou a plataforma NeedHelpNow.ca[212] com o objetivo de auxiliar e orientar vítimas de pornografia de vingança. A ferramenta mostra como a vítima deve proceder para excluir seu conteúdo da internet.

O estado do Piauí lançou o *app* Vazow, que objetiva auxiliar pessoas que tiveram conteúdo íntimo postado na internet. Foram registrados mais de 1.200 *downloads* em menos de 24 horas do lançamento[213]. O aplicativo

---

209 MOREIRA, Fernando. Vítima de pornografia de vingança decide expor nudez na internet. Page Not Found, 12 de janeiro de 2015. Disponível em: <http://oglobo.globo.com/blogs/pagenotfound/posts/2015/01/12/vitima-de-pornografia-de-vinganca-decide-expor-nudez-na-internet-558519.asp>. Acesso em: 13 jul. 2016.

210 Disponível em: <https://www.facebook.com/MariasDaInternet/?fref=ts>. Acesso em: 18 jul. 2016.

211 Disponível em: <http://www.cybercivilrights.org/> e em: <http://www.endrevengeporn.org/>. Acesso em: 13 jul. 2016.

212 Disponível em: <https://needhelpnow.ca/app/en/>. Acesso em: 13 jul. 2016.

213 Aplicativo contra 'revenge porn' registra 1.200 downloads em 24 horas. Disponível em: <http://g1.globo.com/pi/piaui/noticia/2016/03/aplicativo-contra-revenge-porn-registra-1200-downloads-em-24-horas.html>. Acesso em: 13 jul. 2016.

possui elenco detalhado de procedimentos e outras orientações, vislumbrando especialmente a exclusão do conteúdo ilicitamente divulgado.

9.1.2.1.2. Projetos de Lei no Brasil e no Direito Comparado

Alguns países, dentro de uma tendência mundial, já criminalizaram a pornografia de revanche, especialmente em razão dos efeitos sociais devastadores que a tecnologia pode causar em razão da propagação rápida de informações e da intensidade dos danos gerados às vítimas dessa conduta.

Em 2009, as Filipinas[214] criminalizaram, de forma pioneira, essa conduta, atribuindo pena de três a sete anos, além de multa, permitindo a responsabilização da pessoa jurídica do servidor público e a deportação, caso o agressor seja estrangeiro.

Israel pune a vingança pornô com até cinco anos de prisão[215]. Na Austrália, um estado legislou também sobre o assunto[216]. Vários estados americanos já legislaram ou estão com projetos de lei acerca do tema, sendo que a Califórnia foi o primeiro a fazê-lo.

O Reino Unido também tem a sua lei de pornografia de revanche[217], punindo com pena de até dois anos de prisão e multa aquele que compartilha imagens íntimas sem o consentimento de terceiro que está no conteúdo divulgado e com o intuito de causar-lhe sofrimento.

O Japão aprovou sua lei no final de 2014[218], penalizando a conduta com multa de 300 mil ienes e pena de prisão de até três anos, bem como determinando que os provedores de internet excluam o conteúdo no prazo máximo de dois dias.

---

[214] Anti-Photo and Video Voyeurism Act of 2009. Republic Act No. 9995. Disponível em: <http://www.wipo.int/edocs/lexdocs/laws/en/ph/ph137en.pdf>. Acesso em: 13 jul. 2016.

[215] YAAKOV, Yifa. Israeli Law Make Revenge Porn A Sex Crime. The Times of Israel, 06 de janeiro de 2014. Disponível em: <http://www.timesofisrael.com/israeli-law-labels-revenge-porn-a-sex-crime/>. Acesso em: 13 jul. 2016.

[216] MARTINDALE, Jon. Australian states outlaws revenge porn. KitGuru, 12 de dezembro de 2013. Disponível em: <http://www.kitguru.net/channel/jon-martindale/australian-state-outlaws-revenge-porn/>. Acesso em: 13 jul. 2016.

[217] BARRETT, David. What is the Law in Revenge Porn? The Telegraph, 13 de abril de 2015. Disponível em: <http://www.telegraph.co.uk/news/uknews/law-and-order/11531954/What-is-the-law-on-revenge-porn.html>. Acesso em: 13 jul. 2016.

[218] Época Negócios. Japão aprova lei para punir vingança pornô. Publicada em 19 de novembro de 2014. Disponível em: <http://epocanegocios.globo.com/Informacao/Acao/noticia/2014/11/japao-aprova-lei-para-punir-vinganca-porno.html>. Acesso em: 13 jul. 2016.

No Brasil, apesar de o Marco Civil dispor sobre a possibilidade de exclusão de imagens e vídeos quando publicados, ainda não há lei que trate especificamente sobre o assunto. Apesar disso, a conduta pode ser tipificada como crime contra a honra (adulto) ou contra criança e adolescente, com penalização prevista no ECA.

Ressalte-se que, em razão da gravidade dos fatos, os quais podem levar as vítimas a atitudes extremas — como no caso da adolescente de 17 anos que se suicidou no estado do Piauí no ano de 2013, ao ter um vídeo seu difundido em um aplicativo de troca de mensagens —, há a necessidade de criminalização mais severa da pornografia de vingança, a fim de inibir a prática de tal ato. Adequar conduta tão covarde e reprovável apenas como atentatória à honra, quando se tratar de conteúdo de maiores, é alimentar pensamentos machistas, ao repetir a exposição vexatória de vítimas, especialmente mulheres.

É como afirma Silveira (2015)[219]:

> Verifica-se, nesse panorama, que os crimes cibernéticos vêm se alastrando, consolidando a manifestação da violência psicológica, da violência moral e da violência patrimonial, em contrapartida à violência física — que só é possível de ocorrer no ambiente real. Destaque-se, todavia, que tais formas de violência (psicológica, moral e patrimonial) são tão perniciosas como a violência física, pois são capazes de abalar profundamente a dignidade humana.

Nesse sentido, alguns projetos de lei foram propostos na Câmara dos Deputados para regulamentar o tema, visando à proteção da integridade psicológica da vítima:

a) Projeto de lei nº 5.555/2013[220] de autoria do Deputado João Arruda. Propõe a alteração da Lei Maria da Penha visando a criação de mecanismos para o combate a condutas ofensivas contra a mulher na internet ou em outros meios de propagação da informação.
b) Projeto de lei nº 5.822/2013[221] de autoria da Deputada Rosane Ferreira. Visa incluir a violação da intimidade da mulher na inter-

[219] SILVEIRA, Beatriz de Oliveira da., *op. cit.*
[220] Projeto de lei nº 5.555/2013. Disponível em: <http://www2.camara.leg.br/proposicoesWeb/fichadetramitacao?idProposicao=576366&ord=1>. Acesso em: 13 jul. 2016.
[221] Projeto de lei nº 5.822/2013. Disponível em: <http://www2.camara.leg.br/proposicoesWeb/fichadetramitacao?idProposicao=581988>. Acesso em: 13 jul. 2016.

net entre as formas de violência doméstica e familiar constantes na Lei Maria da Penha. Foi apensado ao PL 5.555/2013.

c) Projeto de Lei nº 6.713/2013[222] de autoria da Deputada Eliene Lima. Pune com um ano de reclusão e mais vinte salários mínimos a quem publicar as chamadas postagens pornográficas de vingança da internet. Apensado ao PL 6.630/2013.

d) Projeto de Lei nº 7.377/2014[223] de autoria do Deputado Fábio Trad. Propõe a alteração do Código Penal para tipificar o delito de violação de privacidade tipificando como o ato de "oferecer, trocar, disponibilizar, transmitir, distribuir, publicar ou divulgar, sem consentimento da vítima, imagem em nudez total, parcial ou em ato sexual ou comunicação de conteúdo sexualmente explícito, de modo a revelar sua identidade, utilizando-se de qualquer mídia, meio de comunicação ou dispositivo". Apensado ao PL 6.630/2013.

e) Projeto de Lei nº 3.158/2015[224] de autoria da Deputada Iracema Portella. Tipifica a exposição pública da intimidade física ou sexual, modificando o Código Penal. Apensado ao PL 6.630/2013.

O projeto de lei nº 6.630, de autoria do então deputado federal Romário[225], propõe criminalizar no Código Penal, sob a denominação de "divulgação indevida de material íntimo", a conduta de divulgar fotos ou vídeos com cenas de nudez sem autorização da vítima.

De acordo com o projeto, haverá a criminalização da conduta de divulgar, por qualquer meio, fotografia, imagem, som, vídeo ou qualquer outro material contendo cena de nudez, ato sexual ou obsceno sem a autorização da vítima. A pena prevista será de um a três anos de reclusão e poderá ser aumentada de um terço se o crime for cometido com o fim de vingança ou humilhação ou por agente que era cônjuge, companheiro, noivo, namorado ou manteve relacionamento amoroso com a vítima.

---

222 Projeto de lei nº 6.713/2013. Disponível em: <http://www2.camara.leg.br/proposicoesWeb/fichadetramitacao?idProposicao=599910>. Acesso em: 13 jul. 2016.

223 Projeto de lei nº 7.377/2014. Disponível em: <http://www2.camara.leg.br/proposicoesWeb/fichadetramitacao?idProposicao=611608>. Acesso em: 13 jul. 2016.

224 Projeto de lei nº 3.158/2015. Disponível em: <http://www2.camara.leg.br/proposicoesWeb/fichadetramitacao?idProposicao=1806100>. Acesso em: 13 jul. 2016.

225 Disponível em: <http://www.camara.gov.br/sileg/integras/1166720.pdf>. Acesso em: 13 jul. 2016.

A iniciativa prevê, ainda, a indenização à vítima para fins de suprir os gastos com tratamento médico e psicológico, mudança de domicílio e de instituição de ensino e por perda de emprego. O projeto foi apensado a outro, de nº 5.555 de 2013, de autoria do deputado João Arruda. Com eles foram apensadas outras proposições que visam a prevenção, bem com a punição dos culpados em razão da exposição da intimidade das vítimas.

Após parecer da Comissão de Seguridade Social e Família da Câmara dos Deputados, opinou-se pela adoção de um substitutivo criando o delito de exposição pública de intimidade sexual como o ato de "ofender a dignidade ou o decoro divulgando por meio de imagem, vídeo ou outro material que contenha cenas de nudez ou de atos sexuais de caráter privado de pessoa com quem mantém ou manteve relacionamento, com ou sem afetividade[226]".

9.1.2.1.3. Exclusão de Conteúdo

O Marco Civil da Internet estabelece, em seu Art. 21, a obrigatoriedade por parte do provedor de aplicações de internet de excluir o conteúdo gerado por terceiro que viole a intimidade de outrem, contendo cenas de nudez ou de atos sexuais de caráter privado. Essa responsabilização será subsidiária, ou seja, só ocorrerá caso o provedor deixe de agir de forma diligente após ser notificado pelo participante ou seu representante legal.

Esse dispositivo não fazia parte do projeto inicial do Marco Civil, sendo acrescentado em razão de várias notícias veiculadas e repercutidas na mídia dando conta de pornografia de revanche, bem como em razão do forte apelo da bancada feminina da Câmara dos Deputados. Assim, para se adequar à nova realidade, houve a inclusão, possibilitando à vítima agilidade na retirada do conteúdo da internet.

Diferentemente dos demais dispositivos, não há necessidade de ordem judicial para exclusão desse tipo de conteúdo. Essa notificação por parte da vítima deverá conter elementos que a individualizem e permitam a identificação específica do material apontado como violador da intimidade.

---

226 Disponível em: <http://imagem.camara.gov.br/Imagem/d/pdf/DCD0020141113001710000.PDF#page=407>. Acesso em: 13 jul. 2016.

A falta de indicação de URL (localizador de recurso universal) impossibilita a exclusão do conteúdo, em razão de não poder identificar o que se pretende remover. Sem essa indicação, não há como assegurar a eficácia da exclusão. No mesmo sentido o STJ já se manifestou[227].

Desse modo, a solicitação deverá apontar os *links* e as respectivas URLs nas quais o conteúdo se encontra postado, bem como a identificação da vítima atingida com a exposição de conteúdo. Após isso, recomenda-se o envio por e-mail com aviso de leitura e pelos Correios com aviso de recebimento, com o intuito de subsidiar uma futura ação de reparação de danos contra o provedor de aplicação de internet, caso haja demora na retirada do material infringente.

No caso da exposição indevida de criança ou adolescente, o ECA[228] prevê que o responsável pelo provedor de aplicação de internet poderá ser responsabilizado criminalmente, com pena de três a seis meses de reclusão, quando, depois de notificado oficialmente, não excluir o conteúdo ilícito.

A jurisprudência dos tribunais pátrios vem se posicionando no sentido de responsabilização do provedor de aplicação, em razão da injustificável demora na exclusão do conteúdo, após a comunicação da vítima:

> RESPONSABILIDADE CIVIL. INTERNET. PERFIL FALSO. IMAGENS VEXATÓRIAS. DEMORA NA EXCLUSÃO. RESPONSABILIDADE DA PROVEDORA DO SERVIÇO. DANOS MORAIS CARACTERIZADOS. Prolongação injustificada de divulgação de fotos íntimas e dados pessoais da autora em perfil de rede social. Insurgência contra sentença de procedência. Manutenção. Ilicitude verificada diante da inércia da provedora em excluir o perfil falso quando comunicada. Danos mo-

---

227 Rcl 5072/AC, REsp: 1396417/MG, 1403749/GO, 1406448/RJ.

228 Art. 241-A. Oferecer, trocar, disponibilizar, transmitir, distribuir, publicar ou divulgar por qualquer meio, inclusive por meio de sistema de informática ou telemático, fotografia, vídeo ou outro registro que contenha cena de sexo explícito ou pornográfica envolvendo criança ou adolescente:

Pena — reclusão, de 3 (três) a 6 (seis) anos, e multa.

§ 1º Nas mesmas penas incorre quem:

I — assegura os meios ou serviços para o armazenamento das fotografias, cenas ou imagens de que trata o *caput* deste artigo;

II — assegura, por qualquer meio, o acesso por rede de computadores às fotografias, cenas ou imagens de que trata o *caput* deste artigo.

§ 2º As condutas tipificadas nos incisos I e II do § 1º deste artigo são puníveis quando o responsável legal pela prestação do serviço, oficialmente notificado, deixa de desabilitar o acesso ao conteúdo ilícito de que trata o *caput* deste artigo.

> rais evidentes. Fotos com apelo sexual. Suficiência e razoabilidade do quantum indenizatório. Condenação às verbas da sucumbência mantida. Recurso não provido[229].

Para a eficácia da exclusão do conteúdo íntimo, deve-se ficar atento, ainda, para a indexação dos sites existentes realizada por ferramentas de busca, com o intuito de entregar o melhor resultado ao usuário final, pois mesmo que a URL tenha sido excluída do provedor de aplicação originário, caso ela tenha sido indexada por um buscador, é possível que o conteúdo esteja armazenado em *cache*[230] e ainda possa ser visto.

Dessa maneira, recomenda-se oficiar também aos principais provedores de busca a fim de que não indexem as URLs relacionadas com o conteúdo de caráter íntimo exposto — e, caso já tenham feito, que façam a desindexação de imediato.

É certo que também os órgãos investigativos, ao receberem denúncias de vingança pornô, devem buscar orientar as vítimas acerca dos procedimentos mencionados alhures, lembrando que, a fim de identificar qual é o provedor de determinada aplicação, basta realizar pesquisas em sítios de whois (<http://www.whois.registro.br> ou <http://www.who.is/whois>, por exemplo), onde será possível obter o e-mail e muitas vezes o telefone e o endereço para contato do responsável pela página da internet.

---

[229] Tribunal de Justiça de São Paulo. 3ª Câmara de Direito Privado. Apelação nº 0018308-22.2013.8.26.0037 Comarca: Araraquara. Juiz sentenciante: Fernando de Oliveira Mello Voto nº 3759. Disponível em: <http://esaj.tjsp.jus.br/cjsg/getArquivo.do?cdAcordao=8030428&cdForo=0&vlCaptcha=HCshM>. Acesso em: 13 jul. 2016.

[230] Mostra como uma página da *web* foi vista pela última vez.

9.1.2.1.3.1. Modelo de Requerimento Exclusão de Vídeo Íntimo em Provedor de Aplicação

Ilmo. Sr. Representante do ______________________ (provedor de aplicação)

Eu, Fulana de Tal (qualificação completa: nome, filiação, RG, CPF, endereço, e-mail, telefone, *app* de troca de mensagens), venho, com base na Lei nº 12.695/2014 (Marco Civil da Internet), expor para ao final requerer:

No dia XX de XXXXXX de 201X, vídeo contendo atos sexuais de caráter privado onde eu estava presente foi divulgado, sem a minha autorização, nas seguintes URLs, ocasião em que ressalto que tal material foi produzido na época em que mantinha um relacionamento com terceiro, que era o detentor desse conteúdo:

- www.____________________
- www.____________________

A situação foi registrada por meio do Boletim de Ocorrência nº __________ e está sendo apurada na Delegacia ____________________.

Tal conteúdo ilicitamente propalado tem repercutido negativamente em meu círculo de amizades, sendo que esses *links* têm sido difundidos por várias redes sociais para amigos e familiares, onde, além da traição ao ser indevidamente exposta, estou sendo "julgada pela sociedade" através de olhares maliciosos, por um comportamento de caráter íntimo, que só me diz respeito e a ninguém mais.

A Lei nº 12.695 de 23 de abril de 2014 (Marco Civil da Internet) estabelece em seu art. 21:

> O provedor de aplicações de internet que disponibilize conteúdo gerado por terceiros será responsabilizado subsidiariamente pela violação da intimidade decorrente da divulgação, sem autorização de seus participantes, de imagens, de vídeos ou de outros materiais contendo cenas de nudez ou de atos sexuais de caráter privado quando, após o recebimento de notificação pelo participante ou seu representante legal, deixar de promover, de forma diligente, no âmbito e nos limites técnicos do seu serviço, a indisponibilização desse conteúdo.

Dessa forma, venho solicitar a célere cooperação dessa empresa, no sentido de:

- imediata indisponibilização do conteúdo das URLs ______________ e ______________ por violação de intimidade decorrente da divulgação indevida, sob pena de responsabilização do provedor de aplicação;
- exclusão do *cache* do servidor de aplicação de todos os arquivos relacionados ao conteúdo associado às URLs mencionadas;
- providências no sentido de preservar os registros de criação do usuário e upload dos vídeos relacionados nas respectivas URLs (contendo IP, data, hora e fuso horário), a fim de subsidiar ações penais e cíveis;
- informar a retirada do conteúdo através do e-mail ________________ e aplicativo de mensagens ____________ nº ( ) _____________, pertencentes à requerente, bem como enviar cópia do cumprimento para o meu endereço residencial, situado à ______________________;
- garantir o sigilo no trâmite do presente requerimento, a fim de preservação de intimidade, visando evitar novos danos à solicitante.

Nestes Termos,

Pede e Espera Deferimento

Local e Data

ASSINATURA

Anexos:

1. Cópia do RG da vítima.
2. Cópia do B.O.
3. *Printscreens* indicando os *links* do material ilícito.

9.1.2.1.3.2. Modelo de Requerimento para a Exclusão de Vídeo Íntimo de Cache de Servidor

Ilmo. Sr. Representante da Google Brasil Internet Ltda.

Eu, Fulana de Tal (qualificação completa: nome, filiação, RG, CPF, endereço, e-mail, telefone, *app* de troca de mensagens), venho, com base na Lei nº 12.695/2014 (Marco Civil da Internet), expor para o final requerer:

No dia XX de XXXXXXXX de 201X, vídeo contendo atos sexuais de caráter privado onde eu estava presente foi divulgado, sem a minha autorização, nas seguintes URLs, ocasião em que ressalto que tal material foi produzido na época em que mantinha um relacionamento com terceiro, que era o detentor desse conteúdo:

- www.________________________
- www.________________________

Tal situação foi registrada por meio do Boletim de Ocorrência nº ___________ e está sendo apurada na Delegacia ________________________.

No dia XX de XXXXXXXX de 201X, protocolei requerimento junto ao provedor ________________, para exclusão do conteúdo ilicitamente divulgado, apontando as URLs que continham o material respectivo.

A Lei nº 12.695 de 23 de abril de 2014 (Marco Civil da Internet) estabelece em seu Art. 21:

> O provedor de aplicações de internet que disponibilize conteúdo gerado por terceiros será responsabilizado subsidiariamente pela violação da intimidade decorrente da divulgação, sem autorização de seus participantes, de imagens, de vídeos ou de outros materiais contendo cenas de nudez ou de atos sexuais de caráter privado quando, após o recebimento de notificação pelo participante ou seu representante legal, deixar de promover, de forma diligente, no âmbito e nos limites técnicos do seu serviço, a indisponibilização desse conteúdo.

Apesar de já ter interposto requerimento para retirada do conteúdo junto ao provedor de aplicação que o hospedou, tal material ilícito pode estar armazenado em *cache* e ainda ser visualizado por terceiros, prorrogando, assim, eventual dano contra a requerente.

Dessa forma, venho solicitar célere cooperação, no sentido de:

- excluir do *cache* do servidor de aplicação todos os arquivos relacionados ao conteúdo associado às URLs ____________ e ____________, com imediata indisponibilização do conteúdo sob pena de responsabilidade;

- desindexar qualquer conteúdo relacionado aos arquivos associados às URLs citadas, dos respectivos servidores;
- informar a retirada do conteúdo através do e-mail ________________ e aplicativo de mensagens __________ nº ( ) __________, pertencentes à requerente, bem como enviar cópia do cumprimento para o meu endereço residencial, situado à ______________________.

Nestes Termos,

Pede e Espera Deferimento

Local e Data

ASSINATURA

Anexos:

1. Cópia do RG da vítima.
2. Cópia do B.O.
3. *Printscreens* indicando os *links* do material ilícito.

9.1.2.1.4. Solicitação de Exclusão de Conteúdo Através da Própria Aplicação de Internet

A vítima poderá requerer diretamente à aplicação de internet a exclusão de vídeo ou foto íntima postada sem o seu consentimento, ressaltando que, em razão do fechamento de muitos sites que eram especializados na divulgação de "porn revenge", muitos dos agressores migraram seu conteúdo para redes sociais e sites de compartilhamento de conteúdo pornográfico.

Algumas aplicações de internet, visando coibir esses atos criminosos, disponibilizam formulários ou e-mails para contato, a fim de possibilitar a exclusão diretamente pela vítima ou seu representante legal, bastando, para tanto, que haja a identificação daquela e principalmente a declaração de que não houve autorização para veicular tal material na rede.

Ressalte-se, por oportuno, que esses sites de compartilhamento de vídeos ou imagens não têm qualquer participação na criação ou edição do conteúdo, apenas o disponibilizam para que qualquer usuário tenha acesso. Assim, não é viável, por parte do provedor, a fiscalização antecipada do que será publicado pelo usuário, em razão de impossibilidades técnicas, seja pela infinidade de arquivos disponibilizados a cada dia, seja porque aquele atuaria como censor, vindo a ofender a liberdade de expressão, estabelecida na Constituição Federal e no Marco Civil, Art. 3, inc. I.

Muitos dos provedores de aplicação de internet que hospedam material pornográfico, apesar de possuírem servidores fora do país, possibilitam o envio de formulários para a exclusão de conteúdo hospedado sem a autorização.

Ressalte-se que essa exclusão pode ser feita através de plataformas ou *links* disponibilizados pelos provedores de conteúdo, ou, ainda, através de requerimento assinado pela vítima, conforme explicitado no item anterior.

A seguir estão elencados os procedimentos referentes a alguns provedores de aplicação:

a) Facebook e Instagram

Os padrões da Comunidade Facebook garantem a remoção de conteúdos que ameacem ou promovam exploração ou violência sexual, além de fotografias ou vídeos que apresentem incidentes de violência sexual e imagens compartilhadas por vingança ou sem a permissão das pessoas.

A denúncia no Facebook pode ser feita diretamente no *link* "denunciar" que fica próximo à foto ou ao vídeo, bem como através do acesso a *link* específico[231] preenchendo os dados solicitados e indicando a URL do conteúdo infringente.

No caso de a vítima estar sendo chantageada por terceiro, acerca do compartilhamento de mensagens de conteúdo privado (fotos, vídeos ou mensagens), além de fazer a denúncia na unidade policial, a vítima poderá relatar tal situação no *link*[232], devendo colocar os seguintes dados: nome completo e e-mail para contato, nome do agressor e a respectiva URL e endereço de e-mail para a linha do tempo. Recomenda-se ainda o bloqueio do terceiro, com o intuito de evitar que este tenha acesso à lista de contatos da vítima.

O Instagram não admite o compartilhamento de vingança pornô, permitindo à vítima que faça o relato, através do formulário disponibilizado *on-line*[233], que é o mesmo para os casos de *bullying* ou assédio.

---

231 Disponível em: <https://www.facebook.com/help/contact/144059062408922>. Acesso em: 13 jul. 2016.

232 Disponível em: <https://www.facebook.com/help/contact/567360146613371>. Acesso em: 13 jul. 2016.

233 Disponível em: <https://www.facebook.com/help/instagram/contact/584460464982589#_=_>. Acesso em: 13 jul. 2016.

b) Twitter

Atualmente, há uma tendência por parte das aplicações de internet de coibir postagem que envolva a exibição de conteúdo pornográfico de um terceiro sem consentimento. É o caso, por exemplo, do Twitter, que recentemente alterou suas regras, não permitindo a publicação de foto ou vídeo íntimos, possibilitando ainda a denúncia *on-line* de vingança pornô[234]. Deve-se, para tanto, informar: nome do usuário que está postando o conteúdo; os tweets onde o conteúdo está postado; dados do denunciante (nome completo, localização, informação se for usuário do Twitter); e e-mail para contato.

c) Google

A aplicação de internet possibilita à vítima que envie um formulário *on-line*[235] solicitando a remoção de imagens de nudez e/ou sexo explícito compartilhadas sem o seu conhecimento. A Google irá excluir do seu resultado de pesquisa, do seu buscador, o site, a imagem ou os vídeos pornográficos.

d) Microsoft

Igualmente a outros grandes grupos econômicos, a Microsoft aderiu à luta contra a vingança pornô, na tentativa de que a vítima volte a ter o controle das suas imagens e de sua privacidade. Para tanto, permite a remoção de *links* de fotos e vídeos íntimos, a partir do resultado de pesquisa no buscador Bing. Há ainda a possibilidade de remoção do acesso ao conteúdo quando compartilhado no OneDrive[236] e no Xbox Live.

A vítima deverá acessar o formulário *web*[237] e informar:

- Nome e e-mail para contato.
- URL na qual o conteúdo está disponível.
- Relatar que não houve autorização para divulgação.
- Indicar qual tipo de informação está disponível sobre o ofendido (nome ou dados pessoais).

---

234 Disponível em: <https://support.twitter.com/forms/private_information>. Acesso em: 13 jul. 2016.

235 Disponível em: <https://support.google.com/websearch/answer/2744324?vid=0-635795724602166370-2163847070&vid=0-635795724602166370-2163847070>. Acesso em: 13 jul. 2016.

236 Serviço de armazenamento em nuvem da Microsoft.

237 Disponível em: <https://support.microsoft.com/pt-br/getsupport?oaspworkflow=start_1.0.0.0&wfname=capsub&productkey=RevengePorn&ccsid=635731886316586698>. Acesso em: 13 jul. 2016.

- *Links* para redes sociais em que o conteúdo indevido se encontra disponibilizado.
- Resultados por nome no buscador ou outro tipo de informação relacionada.
- Se já houve reclamação anterior à Microsoft.
- Se já fora registrado boletim de ocorrência ou se há ordem judicial determinando a remoção de conteúdo indevido.

É importante ressaltar que as informações citadas, entretanto, não são imprescindíveis para exclusão do material ilícito pela aplicação de internet.

e) YouTube

O YouTube é uma aplicação de internet especializada no compartilhamento de vídeos, sendo integrante do mesmo grupo econômico da Google. Assim, a vítima ou seu representante legal pode optar pela exclusão de conteúdo pornográfico através do formulário disponível na aba Buscadores — Google.

O vídeo de pornografia pode também ser denunciado diretamente na página do YouTube, uma vez que abaixo do *player* há um botão de "mais" que, ao ser acionado, exibe a opção "denunciar". Entre as opções elencadas, a assinalação de conteúdo impróprio poderá ser feita de duas maneiras:

- **Conteúdo sexual:** imagens de atividade sexual, nudez e outros conteúdos sexuais.
- **Infringe meus direitos:** viola meus direitos autorais, invade minha privacidade ou outra reivindicação legal.

Após o vídeo ser sinalizado, uma equipe do YouTube realizará a análise sobre o conteúdo, a fim de verificar se este viola as Diretrizes da Comunidade e, em caso positivo, o excluirá.

f) XHamster

A aplicação de internet XHamster, sediada em Houston (Texas), é especializada em compartilhamento de conteúdo pornográfico, oferecendo fotografias e *streaming* de vídeos.

A solicitação de exclusão de conteúdo pode ser realizada através de formulário *on-line* disponível em <http://pt.xhamster.com/contact.php?subject=dmca>, cujo preenchimento deve ser em inglês, contendo, obrigatoriamente:

- E-mail.
- Assunto: DMCA — Infrações ao direito do autor ou reportar vídeo inapropriado.
- Nome próprio e apelido.
- Endereço e telefones para contato.
- *Links* para conteúdos protegidos por direito do autor.
- Comentário.

A vítima ou seu representante legal deverá confirmar também que as informações prestadas são precisas e verdadeiras.

g) PornHub

De origem canadense, o PornHub é o maior site de compartilhamento de conteúdo pornográfico do planeta.

Muito embora não conste especificada em sua política de privacidade a remoção de conteúdo, disponibiliza uma página de suporte (*Support Page*) em <http://www.pornhub.com/support>, na qual possibilita o requerimento de exclusão de material infringente, bastando clicar e acessar o tipo *Content Removal Requests* (solicitação de remoção de conteúdo).

h) Xvideos

O Xvideos é um dos maiores sites de compartilhamento de conteúdo pornográfico do planeta e o mais acessado do gênero no Brasil[238].

Para a remoção de conteúdo indevido, basta acessar a aba "content removal", constante no final da página, no *link* <http://info.xvideos.com/content/>. Lá há duas opções para solicitar exclusão:

- Quando o solicitante é proprietário do conteúdo protegido por direitos autorais, deve utilizar o formulário de exclusão DMCA (<http://support.xvideos.com/takedown/>). É o caso, por exemplo, de quando aquela imagem ou vídeo foi produzida pela vítima.
- No caso de solicitação de exclusão referente à privacidade, assédio ou gravação não autorizada, deve-se utilizar o formulário para exclusão de privacidade (*Privacy Take Down Form*) no *link* <http://support.xvideos.com/takedown-amateur>. Nele deverá:

---

238 Alexa.com. Top Sites in Brazil. Disponível em: <http://www.alexa.com/topsites/countries/BR>. Acesso em: 13 jul. 2016.

- ✓ informar a URL em que o conteúdo foi postado;
- ✓ detalhar o teor da infração;
- ✓ repassar os dados pessoais do denunciante;
- ✓ declarar que aquelas informações são verdadeiras;
- ✓ colocar assinatura eletrônica.

9.1.2.1.5. O Atendimento Policial às Vítimas

Quando ocorre um evento relacionado com a pornografia de revanche, a vítima normalmente não sabe que providências adotar. Muitas vezes, ao procurar uma delegacia, recebe como resposta o "não podemos fazer nada", aumentando mais ainda o sofrimento, a sensação de impotência e a revolta em razão da impunidade.

Recomenda-se, para tanto, que o atendimento a tais vítimas seja realizado por unidades policiais especializadas, seja no enfrentamento aos crimes tecnológicos, seja no atendimento à mulher ou de proteção à criança ou ao adolescente, em razão destes constituírem a maior parte das vítimas de pornografia de revanche e necessitarem de acolhimento especializado.

No estado do Pará, tais situações são tratadas normalmente na Divisão de Prevenção e Repressão a Crimes Tecnológicos. Caso o ofensor seja homem que tenha tido qualquer tipo de relação de afeto com a ofendida, o atendimento é realizado pela Divisão Especializada no Atendimento à Mulher. É importante ressaltar que na DPRCT já foram registrados casos de mulheres que divulgaram vídeos íntimos de outras mulheres, apenas no intuito de humilhar as ofendidas, bem como o caso de um homem que obteve um vídeo do qual não participou e passou a extorquir a vítima, exigindo a quantia em dinheiro para não divulgá-lo no antigo Orkut, vindo a ser preso no Pará em 2009[239].

O estado do Piauí, através da Secretaria de Segurança Pública, agiu normativamente de forma pioneira na repressão à pornografia de revanche ao editar a Portaria nº 12000-0181/GS/2015, datada de 23 de abril de 2015, conferindo atribuições ao Núcleo Policial Investigativo de Femini-

---

239 Universitário é preso em Belém acusado de extorquir ex-namorada para não divulgar vídeo erótico. Disponível em: <http://oglobo.globo.com/brasil/universitario-preso-em-belem-acusado-de-extorquir-ex-namorada-para-nao-divulgar-video-erotico-3157533>. Acesso em: 13 jul. 2016.

cídio para apuração de violência advinda de "indevida exposição de imagens e vídeos de mulheres, travestis e mulheres transexuais em situação de nudez ou seminudez, intimidade ou conteúdo sexual na internet". Destacou-se que[240]:

> Os novos riscos da sociedade atual desconhecem estratificação social, limites territoriais e temporais porque invisíveis, é dizer: imperceptíveis aos sentidos humanos, ignorando fronteiras físicas, tempo medido e a certeza quanto aos efeitos, não mais se adequando aos desconhecidos contornos da realidade.

Vislumbram-se esforços dos entes estatais no sentido de acompanhar a evolução em meio digital e as novas relações jurídicas nele advindas, sendo que a divulgação, por parte dos órgãos investigativos, de informações acerca de como evitar a pornografia de vingança também pode contribuir para a prevenção, evitando-se novas vítimas.

9.1.2.1.6. Como Evitar a Pornografia de Vingança: Orientações

Convivemos hoje com a autocontemplação do corpo, onde as pessoas constantemente estão se expondo na internet. Talvez a maior preocupação não seja a invasão de privacidade da era "Snowden", mas, sim, a evasão de privacidade, onde as pessoas estão a todo momento exibindo seus corpos em autofotografias (selfies) e dando detalhes da sua intimidade.

O primeiro passo para evitar ser uma vítima de pornografia de vingança é ter em mente cuidados básicos com sua segurança pessoal e suas informações. Assim, devem ser evitadas fotos ou filmagens com nudez ou sexo, uma vez que nem todos os relacionamentos são duradouros, e, quando essa relação termina, os arquivos podem ser utilizados como "explosivos" para ofender a reputação de uma pessoa.

Segundo pesquisa, 91% das pessoas acreditam que seus parceiros não encaminharão o conteúdo compartilhado a terceiros. Segundo o estudo da McAfee[241]:

---

[240] Diário Oficial do Piauí, p. 10. Disponível em: <http://www.diariooficial.pi.gov.br/diario.php?dia=20150505>. Publicada em 05 de maio de 2015. Acesso em: 13 jul. 2016.

[241] Correio Braziliense. Mais da metade dos brasileiros envia e recebe conteúdos íntimos no celular. Postada em 04 setembro de 2014. Disponível em: <http://www.correiobraziliense.com.br/app/noticia/tecnologia/2014/09/04/interna_tecnologia,445547/mais-da-metade-dos-brasileiros-envia-e-recebe-conteudos-intimos-no-celular.shtml>. Acesso em: 13 jul. 2016.

> Entre os que enviam conteúdo íntimo, 76% se destina a parceiros sexuais, enquanto 17% compartilham com desconhecidos. Mesmo assim, 91% das pessoas confia que seus destinatários não enviarão conteúdo íntimo ou informações privadas para outras pessoas, mas 75% diz que pede para o parceiro apagar as informações quando terminam o relacionamento.

Nesse contexto, é muito importante a conversa dos pais com os filhos, educando e orientando acerca dos riscos no ciberespaço, especialmente porque muitas vezes os adolescentes agem por impulso, sem medir as consequências dos seus atos, principalmente se expondo através de *sexting*[242].

É relevante lembrar, também, que ao se permitir aparecer em vídeos ou imagens íntimas, o equipamento que os armazena (computadores, *notebooks*, *smartphones*, máquinas fotográficas, *pen drives* ou outros dispositivos de armazenamento) pode vir a ser roubado/furtado ou, ainda, *crackeado*, em caso de armazenamento em nuvem. Popularmente, diz-se que a regra em ambiente *web* é de que há mais pessoas em ambiente virtual tentando quebrar a segurança de dispositivos do que para protegê-los.

Por fim, é importante ressaltar que não é o terminal nem um software que possibilitarão a segurança para evitar que o equipamento seja invadido, pois onde houver a figura humana haverá a vulnerabilidade de o conteúdo vir a ser exposto. Nesse sentido, seguem alguns cuidados que devem ser repassados a quem procurar atendimento na unidade policial, no intuito de evitar novos casos de pornografia de revanche:

- Evitar capturar fotos íntimas suas e do(a) parceiro(a) e, caso isso ocorra, o arquivo deve ser apagado de imediato.
- Não armazenar arquivos confidenciais em serviços de nuvem.
- Não armazenar conteúdo íntimo em nenhum dispositivo conectado em rede. O ideal é salvar em HD, CD, DVD, *pen drive* ou outro dispositivo, desde que não tenha conexão à internet e seja protegido por mecanismo de segurança.

---

[242] O *sexting* é a junção das palavras *sex* com *texting*, ou seja, o ato de enviar, através de celulares, conteúdos eróticos e sensuais. Antes o ato era praticado através do envio de SMS (*Short Messenger Service*). Hoje, com a popularização dos aplicativos para celulares, o envio desse conteúdo é feito de forma mais rápida, e em poucas horas uma fotografia e um vídeo já podem ter sidos divulgados para milhares de indivíduos. Pode ser praticado ainda através de redes sociais.

- Salvar o conteúdo íntimo utilizando softwares de criptografia.
- Ao encaminhar o terminal para assistência técnica, verificar se os arquivos encontram-se protegidos.
- Evitar o compartilhamento em aplicativos de troca de mensagens.
- Manter pacote de antispam, *antimalware*, *antispyware* e antivírus de excelente qualidade instalado e com atualização permanente.

9.1.3. Fraudes Eletrônicas

9.1.3.1. Furto Mediante Fraude e Estelionato na Internet

Previsto no Art. 155, parágrafo 4º, inciso II, do CP, o furto mediante fraude nos meios tecnológicos costuma ocorrer de duas maneiras: mediante a clonagem e falsificação de cartões bancários com o uso de *card skimmings* (chupa-cabra) e *card writers* ou pela invasão de contas bancárias pela internet, havendo a subtração de valores.

O tipo penal em comento diferencia-se do crime de estelionato, pois, neste, a vítima, com sua vontade ludibriada, entrega o bem ao criminoso, ao passo que no furto há a diminuição da vigilância da vítima, mediante artifícios fraudulentos, possibilitando ao suspeito a subtração do bem.

É pacífica a jurisprudência dos tribunais superiores nesse sentido[243]:

> RECURSO ESPECIAL. PENAL. PECULATO-FURTO DESCLASSIFICADO PARA ESTELIONATO. IMPROPRIEDADE. FURTO MEDIANTE FRAUDE PRATICADO POR FUNCIONÁRIO PÚBLICO. RECURSO PROVIDO.
>
> 1. O furto mediante fraude não se confunde com o estelionato. A distinção se faz primordialmente com a análise do elemento comum da fraude que, no furto, é utilizada pelo agente com o fim de burlar a vigilância da vítima que, desatenta, tem seu bem subtraído, sem que se aperceba; no estelionato, a fraude é usada como meio de obter o consentimento da vítima que, iludida, entrega voluntariamente o bem ao agente.
>
> 2. A conduta da Ré, consistente em memorizar a senha de empregados, que tem acesso a contas de beneficiários de programas assistenciais do Governo, para desviar valores alheios para si, não pode ser classificada como estelionato.

---

243 STJ. REsp 1046844 RS 2008/0077021-0.

> 3. Estabelecido que o crime é de furto mediante fraude, imperioso esclarecer que a Recorrida, estagiária da Caixa Econômica Federal, equipara-se, para fins penais, ao conceito de funcionária pública, nos amplos termos do art. 327 do Código Penal. Assim, sua conduta subsume-se perfeitamente ao crime do Art. 312, § 1.º, do Código Penal.
>
> 4. Para caracterizar o peculato-furto não é necessário que o funcionário tenha o bem subtraído sob sua guarda, bastando apenas que o agente se valha de qualquer facilidade a ele proporcionada para cometer o crime, inclusive o fácil acesso à empresa pública.
>
> 5. Recurso provido.

A consumação do furto mediante fraude ocorre com a subtração de valores das contas bancárias das vítimas, sendo considerado como competente para eventuais ações criminais o juízo do local da agência da vítima.

Destaque-se que nas tarjas magnéticas de cartões bancários estão gravadas informações acerca do cartão e seu titular, chamadas de trilhas, as quais têm sido clonadas por criminosos por meio de equipamentos chamados de *card skimmings*. Para gravá-las em novos cartões, os criminosos utilizam outro aparelho, conhecido como *card writer*, possibilitando, assim, que sejam reproduzidos vários cartões plásticos com a mesma trilha do original, caracterizando, em tese, o crime de falsificação de cartão bancário, previsto no Art. 298, parágrafo único, do CP.

Durante várias operações policiais realizadas no estado do Pará, verificou-se que os criminosos especializados copiavam trilhas bancárias de cartões de vítimas para cartões de planos de saúde, de parques de diversões, ou até para cartões bancários em seu próprio nome, para que, se fossem abordados pela polícia, não se identificasse, de pronto, que tais cartões estavam fraudados.

Se os criminosos realizarem empréstimos utilizando-se dos dados bancários das vítimas, sem autorização destas, poderá configurar o crime de estelionato.

Configura-se, também, o crime de estelionato quando ocorrem fraudes no *e-commerce*, como, por exemplo, a venda pela internet de bens inexistentes. Nesse caso, o crime consuma-se no local da obtenção da vantagem indevida por parte do criminoso. Exemplificando: se a vítima realizar um depósito na conta do suspeito, em pagamento ao bem que pensava existir, o crime restará consumado no local da agência bancária do suspeito.

Nesse sentido é o STJ:

> PENAL. CONFLITO DE COMPETÊNCIA. **ESTELIONATO** OU **FURTO** MEDIANTE **FRAUDE**. ENGANAR A VÍTIMA PRESTANDO AJUDA NO SISTEMA DE AUTOATENDIMENTO DE BANCO. **ESTELIONATO**. ART. 70 DO CPP. CONSUMAÇÃO NO MOMENTO E LUGAR DA OBTENÇÃO DA VANTAGEM ILÍCITA. COMPETÊNCIA DO JUÍZO SUSCITADO. 1. No delito de **estelionato**, o agente conduz a vítima ao erro ou a mantém nele, para que esta entregue o bem de forma espontânea. Já no **furto** mediante **fraude**, o agente, por meio de um plano ardiloso, consegue reduzir a vigilância da vítima, de modo que seus bens fiquem desprotegidos. 2. "A competência será, de regra, determinada pelo lugar em que se consumar a infração, ou, no caso de tentativa, pelo lugar em que for praticado o último ato de execução" (Art. 70 do CPP). 3. O crime de **estelionato** consuma-se no momento e lugar em que o agente obtém a vantagem indevida. 4. Conflito conhecido para declarar a competência do Juízo Federal da 10ª Vara Criminal da Seção Judiciária do Estado de São Paulo, ora suscitado[244].

É importante ressaltar que o uso da engenharia social, aliada a aparatos técnicos, é fundamental para o êxito da fraude, ludibriando a vítima e fazendo-a acreditar na história defendida pelos golpistas.

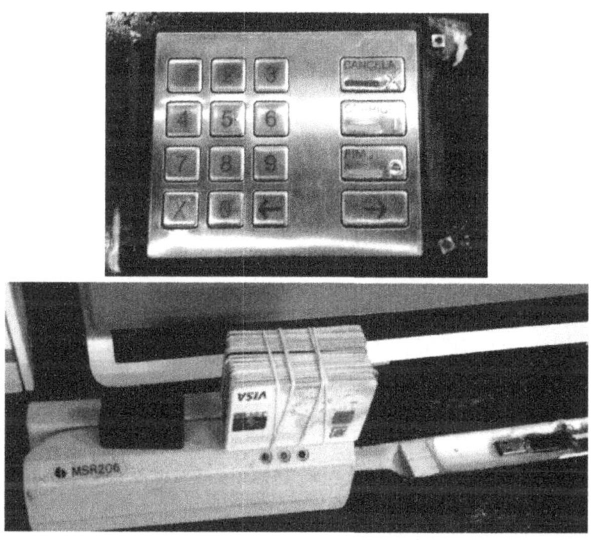

Figura 12. ATM *card skimmings* (chupa-cabras) apreendidos pela DRCT, na Operação "Cheio de Amor Pra Dar", 2013. Arquivo PC/PA. Crédito da foto: ASCOM — PC/PA

---

[244] STJ — Conflito de Competência: CC 100587 BA 2008/0245516-7.

Nos casos dos crimes de furto mediante fraude, são sugeridas as seguintes diligências:

- Registrar BOP.
- Solicitar extrato bancário da "vítima"/receptor do crédito espúrio, bem como autorização de afastamento de sigilo bancário, a ser assinada na própria delegacia, nos termos da Lei Complementar nº 105/2001, destacando-se que, se não for assinado tal termo, o afastamento do sigilo bancário só poderá ocorrer mediante ordem judicial.
- Solicitar que "vítima"/receptor do crédito espúrio faça carta de contestação ao banco, descrevendo quais operações não reconhece.
- Oficiar à agência bancária, requerendo os registros de acesso às contas investigadas (IPs, data, hora e fuso horário), referentes às transações eletrônicas.
- Com os *logs* das transferências eletrônicas, oficiar ao provedor de conexão, a fim de obter o cadastro do usuário do IP e identificar de onde foi feita a transferência eletrônica.
- Solicitar busca e apreensão e prisão preventiva dos suspeitos.
- Em caso de pagamentos de boletos com créditos espúrios, o juízo pode determinar ao emissor do boleto que diga qual o teor deste e onde foi entregue a mercadoria ou endereço relacionado.

Já nos crimes de estelionato no *e-commerce*, são imprescindíveis:

- a consulta nos sites de whois, a fim de identificar qual é o provedor da aplicação e o suposto responsável pela página fraudulenta, uma vez que com tal ferramenta será possível ter os primeiros indícios da autoria delitiva, uma vez que constam número de CPF/CNPJ, e-mails, endereços e telefones ali registrados;
- a pesquisa no sítio eletrônico da Receita Federal e em outras fontes abertas na internet, a fim de coletar dados acerca da pessoa física ou jurídica investigada;
- a requisição judicial do afastamento do sigilo bancário das contas bancárias das pessoas físicas ou jurídicas investigadas.

É importante mencionar que, quando se trata de fraude, normalmente os primeiros nomes a aparecerem nas investigações são falsos ou de "laranjas".

Destaque-se, ainda, que o Decreto nº 7.962, de 15 de março de 2013, regulamentou a Lei nº 8.078/1990 (CDC), no que se refere à contratação no comércio eletrônico, privilegiando a disposição de informações claras a respeito do produto, do serviço e do fornecedor; o atendimento facilitado ao consumidor; e o respeito ao direito de arrependimento.

Justamente a fim de criar mecanismos de segurança nas vendas *on-line*, os arts. 2 e 3, do Decreto nº 7.962/2013, disciplinam que nos sítios eletrônicos ou demais meios eletrônicos utilizados para oferta ou conclusão de contrato de consumo devem constar, de forma clara e ostensiva, entre outras informações:

> Art. 2º (...)
>
> I — nome empresarial e número de inscrição do fornecedor, quando houver, no Cadastro Nacional de Pessoas Físicas ou no Cadastro Nacional de Pessoas Jurídicas do Ministério da Fazenda;
>
> II — endereço físico e eletrônico, e demais informações necessárias para sua localização e contato;
>
> III — características essenciais do produto ou do serviço, incluídos os riscos à saúde e à segurança dos consumidores;
>
> IV — discriminação, no preço, de quaisquer despesas adicionais ou acessórias, tais como as de entrega ou seguros;
>
> V — condições integrais da oferta, incluídas modalidades de pagamento, disponibilidade, forma e prazo da execução do serviço ou da entrega ou disponibilização do produto; e
>
> VI — informações claras e ostensivas a respeito de quaisquer restrições à fruição da oferta.
>
> Art. 3º (...)
>
> I — quantidade mínima de consumidores para a efetivação do contrato;
>
> II — prazo para utilização da oferta pelo consumidor; e
>
> III — identificação do fornecedor responsável pelo sítio eletrônico e do fornecedor do produto ou serviço ofertado, nos termos dos incisos I e II do art. 2º.

Logo, dicas relevantes ao consumidor são verificar se o site onde pretende fazer compras *on-line* possui as informações anteriormente elencadas, bem como qual a respectiva reputação, o que pode ser aferido na própria internet, em páginas como o Reclame Aqui[245], ou, ainda, digitan-

---

[245] Disponível em: <http://www.reclameaqui.com.br/>. Acesso em: 14 jul. 2016.

do em algum buscador na rede o nome do site entre aspas, acompanhado das palavras "reclamação", "golpe" ou "fraude".

O Art. 5, do mencionado Decreto, determina que o fornecedor deve informar, de forma clara e ostensiva, os meios adequados e eficazes para o exercício do direito de arrependimento pelo consumidor, ressaltando-se que o prazo para a desistência é de sete dias corridos, a contar da data do recebimento do produto ou assinatura do contrato, quando a aquisição de produto ocorrer fora do estabelecimento comercial (Art. 49, CDC).

O § 3º do mesmo artigo assegura que:

> O exercício do direito de arrependimento será comunicado imediatamente pelo fornecedor à instituição financeira ou à administradora do cartão de crédito ou similar, para que:
>
> I — a transação não seja lançada na fatura do consumidor; ou
>
> II — seja efetivado o estorno do valor, caso o lançamento na fatura já tenha sido realizado.

Situação complexa daí advém: certa vez, a DPRCT, unidade policial especializada no enfrentamento a crimes tecnológicos da Polícia Civil do estado do Pará, atendeu um cidadão que fez compras em um sítio fraudulento na internet. Quando descobriu que havia caído em um golpe e que, apesar de ter pago o preço da mercadoria através de seu cartão de crédito, nunca receberia tal bem, entrou em contato com a operadora do cartão, a fim de estornar aquela compra, sendo que recebeu como resposta que apenas o fornecedor poderia fazê-lo, nos termos do decreto ora sob estudo.

Na situação em análise, o suposto fraudador se passa por fornecedor. Então, como orientar a vítima? Na hipótese, orientou-se que encaminhasse o BOP, o termo de declarações, *printscreens* das páginas e conversações de negociações à instituição financeira, a fim de demonstrar cabalmente o crime sofrido, visando tentar o ressarcimento ou, ao menos, o estorno das parcelas vindouras.

É muito importante ressaltar que, assim como no mundo real, são necessárias cautelas no ambiente virtual, pois várias são as situações atendidas no cotidiano policial, indo desde a venda de carros "fantasmas"[246] até golpes do "emprego dos sonhos"[247].

---

[246] Presos em Manaus líderes da quadrilha do golpe do carro fantasma. Disponível em: <http://www.fraudes.org/clipread.asp?CdClip=11654>. Acesso em: 14 jul. 2016.

[247] Operação Know-How desmonta quadrilha de golpista que agia em todo o Brasil. Disponível em: <http://www.pa.gov.br/noticia_interna.asp?id_ver=75289>. Acesso em: 14 jul. 2016.

9.1.4. Fraudes em Sistemas de Controle de Comercialização de Produtos Florestais

A União, por meio do Instituto Brasileiro do Meio Ambiente e dos Recursos Naturais Renováveis (Ibama), através das Instruções Normativas nº 112/2006[248] e 134/2006[249], criou e disciplinou o DOF (Documento de Origem Florestal), sistema informatizado destinado ao controle da origem, do transporte e do armazenamento de produto e subproduto florestal, devendo ser declaradas todas as comercializações, nos limites do saldo de seus créditos florestais. O empreendedor não poderá comercializar os produtos e subprodutos florestais sem os créditos virtuais respectivos, que são decorrentes da análise técnica e aprovação do órgão ambiental competente, quanto à origem daquele bem, materializada por meio de plano técnico apresentado pelo empreendedor.

É importante destacar que a Instrução Normativa do Ibama nº 112/2006 estabelece que as pessoas físicas e jurídicas localizadas em estados que possuam sistema específico de controle de gestão ambiental apenas devem declarar o saldo de estoque de produtos florestais que estiverem sob o controle do Ibama, quando houver.

Clara resta a independência dos sistemas de controle de comercialização de produtos florestais nos estados que os possuírem, em relação ao sistema DOF, o que é corroborado pelo disposto no Art. 28 da mesma IN, a saber:

> Art. 28. As pessoas físicas ou jurídicas que importem produtos ou subprodutos florestais especificados na presente Instrução Normativa devem apresentar os documentos de importação ao Ibama, para efeito de lançamento no Sistema — DOF, controle de pátio e de transporte, exceto quando o Estado receptor possuir legislação específica de controle de transporte desses produtos.

O tema mostra-se relevante em razão dos diversos casos de inserção de informações fraudulentas nos sistemas mencionados, visando fraudar documentos para a utilização de produtos e subprodutos florestais extraídos ilegalmente, atividade criminosa que não só traz danos ambien-

---

[248] Disponível em: <https://servicos.ibama.gov.br/phocadownload/legislacao/in%20112-21-8-2006-dof.pdf>. Acesso em: 14 jul. 2016.

[249] Disponível em: <https://servicos.ibama.gov.br/ctf/manual/html/045400.htm>. Acesso em: 14 jul. 2016.

tais incalculáveis, como atinge a economia, prejudicando os empreendedores que trabalham corretamente, em detrimento de atividades ilícitas, normalmente culminando com a lavagem de bens e valores.

Nesse sentido, sempre se observa o questionamento acerca da atribuição de investigação de tais delitos, em razão da interligação entre os sistemas DOF, do Ibama, e sistemas correlatos em âmbito estadual.

Os tribunais superiores pátrios já pacificaram o entendimento de que compete à Justiça Estadual, em regra, processar e julgar crimes ambientais, haja vista que a proteção ao meio ambiente constitui matéria de competência comum dos entes federativos (art. 23, VI e VII, da CF), mais especificamente quando não há evidente lesão a bens, serviços ou interesse da União, autarquias ou empresas públicas. Se houver este interesse, a competência será sempre da Justiça Federal.

Esclarecedor o posicionamento do STJ[250], merecendo a transcrição dos seguintes trechos:

> Dessa forma, conforme jurisprudência sedimentada no STF, a atividade fiscalizatória do Ibama não caracteriza interesse da União capaz de ensejar competência à Justiça Federal para processar e julgar o crime descrito no art. 46, parágrafo único da Lei nº 9.605/98. Ora, tal dispositivo não tem por escopo proteger a atividade de polícia do Ibama quanto a crimes ambientais. Portanto, o interesse da referida autarquia é, evidentemente, mediato.
>
> Tenho como correto o posicionamento do Ministério Público Federal, na medida em que a conduta atribuída aos recorrentes consistia em fraude na inserção de dados inseridos no sistema Sisflora/PA, sistema eletrônico de controle de dados ambiental mantido e organizado pelo Estado do Pará, que, por seu turno, é gerido pela Secretaria de Estado de Meio Ambiente, Sema/PA, cujo objetivo era a obtenção de guias florestais para dar aparência de legalidade à atividade ilícita de extração de madeira.
>
> Ora, nesse contexto, tem-se que a apresentação dessas guias falsas à autarquia federal, no caso o Ibama, representa apenas violação reflexa aos bens, serviços e interesses da União, não atraindo, assim, a competência da Justiça Federal para julgar o feito, pois não foi caracterizada a violação ao art.109, IV, da Constituição Federal.

---

250 Recurso em *Habeas Corpus* nº 35.551 — PA (2013/0031143-0). Rel. Ministro Marco Aurélio Bellizze.

No que se refere às figuras típicas, há que se observar se a conduta foi praticada por agente público ou particular.

Caso particulares lancem informações falsas nos sistemas informatizados, configurará o crime previsto no Art. 299 do CP, o qual poderá ser cumulado com o Art. 46, da Lei nº 9.605/1998, que pune a comercialização de produtos e subprodutos florestais, sem a licença válida emanada por autoridade competente.

Já se a conduta for praticada por funcionários públicos (Art. 327, CP), pode configurar os crimes previstos nos arts. 313-A e 313-B, do CP.

Destaque-se que, no Art. 313-A, exige-se que a conduta de inserir ou facilitar a inserção de dados falsos, alterar ou excluir indevidamente dados corretos nos sistemas informatizados ou bancos de dados da Administração Pública seja realizada pelo funcionário autorizado, com o fim de obter vantagem indevida para si ou para outrem ou para causar dano, sendo cominada pena de reclusão, de dois a 12 anos, e multa.

O tipo penal do Art. 313-B fala na modificação ou alteração do sistema de informações ou programa de informática pelo funcionário, sem autorização ou solicitação de autoridade competente, sendo estabelecida pena de detenção, de três meses a dois anos, e multa. Se resultar dano para a Administração Pública ou para o administrado, há causa especial de aumento de pena, de um terço até a metade.

9.1.5. Ciberextorsão

Muitas pessoas, ao se conectarem ao ciberespaço, experimentam a ilusória sensação de liberdade, acreditando não estarem adstritas às normas legais, éticas e convenções sociais, pois não estão sendo vigiadas fisicamente por outrem. E esse pensamento, infelizmente, passa não só pela cabeça de criminosos, como também, muitas vezes, pela das vítimas, que desconhecem ou não dão relevância aos riscos que correm no ambiente virtual.

Nesse sentido, muitas pessoas acabam por expor para desconhecidos detalhes íntimos de seu cotidiano, vindo, muitas vezes, a sofrer com chantagens pela internet, em redes sociais, por e-mail, em aplicativos de mensagens instantâneas e por telefone.

O Art. 158, do CP, disciplina que é crime, punido com pena de reclusão, de quatro a dez anos, e multa "constranger alguém, mediante violência ou grave ameaça, e com o intuito de obter para si ou para outrem indevida vantagem econômica, a fazer, tolerar que se faça ou deixar fazer alguma coisa".

Nos casos de ciberextorsões, verifica-se que os criminosos, mediante grave ameaça — normalmente de divulgar algo que pode expor a vítima à execração pública, trazendo-lhe prejuízos emocionais, sociais, etc. — constrangem as vítimas a pagarem quantias em dinheiro, sob pena de verem vazadas informações íntimas no ambiente virtual.

É corriqueiro o fato de pessoas mal-intencionadas criarem perfis falsos em redes sociais, unicamente para enganar outrem, prometendo relacionamento amoroso e aproveitando-se de momentos de fragilidade das vítimas em potencial. Uma vez estabelecida a confiança, através de suposto relacionamento afetivo virtual, solicitam vídeos, fotografias e conteúdo íntimo das vítimas, que, ao mandarem para quem acreditavam que seriam seus parceiros, na verdade passam a ser extorquidas, sendo exigida quantia em dinheiro para a não divulgação na *web* daquele material.

Nesse sentido o site <http://meg-golpistasvirtuais.blogspot.com.br/> é bem interessante, sendo recomendada a visita para melhor conhecer os meios de atuação de tais criminosos, em especial da "máfia nigeriana", que age com o *modus operandi* anteriormente citado, atingindo vítimas em vários locais do mundo.

Segundo o STJ, o momento da consumação da ciberextorsão é o recebimento da mensagem eletrônica exigindo o pagamento, ocasião em que a vítima passa a ter ciência da conduta do criminoso:

> CONFLITO DE COMPETÊNCIA. PENAL. JUÍZOS ESTADUAIS. EXTORSÃO VIA MENSAGENS ELETRÔNICAS PELA INTERNET. DELITO FORMAL. MOMENTO CONSUMATIVO. PRESENÇA DOS ELEMENTOS CONSTITUTIVOS DO TIPO. LOCAL DO RECEBIMENTO DOS E-MAILS. Na hipótese dos autos, houve o momento consumativo perpetrado pelo agente ao praticar o ato de constrangimento (envio dos e-mails de conteúdo extorsivo), e o das vítimas que se sentiram ameaçadas e intimidadas com o ato constrangedor, o que ocasionou a busca da Justiça. Consumação do lugar do recebimento das mensagens eletrô-

> nicas. Conflito conhecido, declarando-se a competência do Juízo de Direito da 2ª Vara Criminal de Guarapuava/PR[251].

Destaque-se que, se não houver a exigência de proveitos econômicos, não restará configurado o crime de extorsão, podendo ser a conduta classificada como constrangimento ilegal, injúria, difamação ("vingança pornô"), ou, ainda, estelionato, caso a vítima, ludibriada, entregue valores aos suspeitos por meio de transferências eletrônicas, por exemplo.

Acerca da caracterização da extorsão, esclarecedor o seguinte julgado do TJ-DF[252]:

> 1. O crime de estelionato pressupõe uma vontade viciada da vítima, que entrega a coisa espontaneamente. O ofendido se equivoca quanto à realidade fática.
>
> 2. Qualquer pessoa que frequente sala de bate-papo ou sítios de relacionamentos na internet sabe que nem sempre as informações passadas em tais redes sociais são condizentes com a verdade.
>
> 3. A conduta da ré não se mostra materialmente típica, porque, embora a lei tenha obrigado o estado a tutelar o patrimônio do cidadão das investidas dos estelionatários, não se preocupou com a utilização de ardis ou artifícios pueris, incapazes de enganar o homem médio. Absolvição decretada.
>
> 4. Na extorsão, diversamente, a vítima sabe o que está acontecendo e faz a entrega da coisa contra a sua vontade, em razão de violência ou grave ameaça (Art. 158, CP).
>
> 5. Se a ré a passa a exigir, mediante emprego de grave ameaça, novos depósitos em dinheiro em sua conta bancária, sob pena de noticiar os fatos aos jornais, à televisão, à esposa da vítima, aos seus colegas de trabalho, acusando-o de haver praticado o crime de pedofilia, eis que supostamente contava apenas 16 anos de idade, incide na figura típica do crime de extorsão. (Art. 158, CP)

Nas situações dos crimes em tela, são sugeridas as mesmas condutas do item 9.1.1, devendo-se, ainda, solicitar o afastamento do sigilo bancário da conta indicada pelo suspeito para que a vítima realize o pagamento, ressaltando-se que, na representação, conste a determinação para que

---

[251] STJ — CONFLITO DE COMPETÊNCIA: CC 40569 SP 2003/0187145-1.

[252] TJDFT. APR 452174820108070001 DF 0045217-48.2010.807.0001. Rel. Silvanio Barbosa dos Santos. Julgado em 26/05/2011.

a instituição bancária encaminhe também a fotografia dos realizadores dos saques feitos naquela conta, pois, mesmo que esta esteja em nome de "laranjas", será possível identificar quem obteve o proveito econômico indevido.

9.1.6. Pornografia Infantojuvenil na Internet

Quanto à pornografia infantojuvenil na internet, o Estatuto da Criança e do Adolescente é bem específico, em seus arts. 240 a 241-E. É válido ressaltar que, mesmo quando as imagens são trocadas ou disponibilizadas gratuitamente, como em grupos do WhatsApp, há crime (Art. 241-A), cuja pena é de até seis anos de reclusão.

É relevante mencionar que o Art. 241-A, do ECA, em seus parágrafos, traz a tipificação penal da conduta de representante de provedor de internet, qual seja:

> Art. 241-A. Oferecer, trocar, disponibilizar, transmitir, distribuir, publicar ou divulgar por qualquer meio, inclusive por meio de sistema de informática ou telemático, fotografia, vídeo ou outro registro que contenha cena de sexo explícito ou pornográfica envolvendo criança ou adolescente: (Incluído pela Lei nº 11.829, de 2008)
>
> Pena — reclusão, de 3 (três) a 6 (seis) anos, e multa. (Incluído pela Lei nº 11.829, de 2008)
>
> **§ 1°** Nas mesmas penas incorre quem: (Incluído pela Lei nº 11.829, de 2008)
>
> **I —** assegura os meios ou serviços para o armazenamento das fotografias, cenas ou imagens de que trata o *caput* deste artigo; (Incluído pela Lei nº 11.829, de 2008)
>
> **II —** assegura, por qualquer meio, o acesso por rede de computadores às fotografias, cenas ou imagens de que trata o *caput* deste artigo. (Incluído pela Lei nº 11.829, de 2008)
>
> **§ 2°** As condutas tipificadas nos incisos I e II do § 1º deste artigo são puníveis quando o responsável legal pela prestação do serviço, oficialmente notificado, deixa de desabilitar o acesso ao conteúdo ilícito de que trata o *caput* deste artigo. (Incluído pela Lei nº 11.829, de 2008)

Dessa forma, é fundamental que o órgão investigativo, ao tomar conhecimento de algum dos crimes contra crianças e adolescentes sob comento, encaminhe ofício, podendo ser por meios eletrônicos, aos provedores de internet utilizados pelos criminosos, solicitando a preservação dos registros de acesso, bem como a desabilitação do acesso ao conteúdo ilícito.

A consumação do ilícito previsto no Art. 241 do ECA ocorre no ato de publicação das imagens pedófilo-pornográficas, sendo indiferente a localização do provedor de acesso onde tais imagens encontram-se armazenadas, ou a sua efetiva visualização pelos usuários[253].

Destaque-se, ainda, que possuir fotografia, vídeo ou outra forma de registro que contenha cena de sexo explícito ou pornográfica envolvendo criança ou adolescente, em celulares ou qualquer outro dispositivo tecnológico, também é crime, com pena de até quatro anos de reclusão.

A simulação da participação de criança ou adolescente em cena de sexo explícito ou pornográfica por meio de adulteração, montagem ou modificação de fotografia, vídeo ou qualquer outra forma de representação visual caracteriza figura típica, com até três anos de reclusão.

O Art. 241-E define que a expressão "cena de sexo explícito ou pornográfica" compreende qualquer situação que envolva criança ou adolescente em atividades sexuais explícitas, reais ou simuladas, ou exibição dos órgãos genitais de uma criança ou adolescente para fins primordialmente sexuais, ou seja, deve haver o dolo específico.

Ressalte-se que a investigação de pornografia infantil não deve estar apenas relacionada com fotografias disponibilizadas na internet. É bem verdade que um indivíduo que disponibiliza esse conteúdo possui dezenas de arquivos armazenados em seu computador ou outro dispositivo informático, repassando-os através de sites de compartilhamento de arquivos e e-mails com anexos protegidos por senha.

Dessa forma, a investigação deve ser precisa no sentido de dar cumprimento a medidas cautelares que visem a apreensão desse conteúdo em terminais e dispositivos de armazenamento móvel, sendo imprescindível a solicitação de exame pericial, atentando-se para:

- histórico de navegação e de pesquisa;

---

[253] STJ Processo CC 29886/SP Conflito de Competência 2000/0057047-8 Relator(a) Ministra Maria Thereza de Assis Moura (1131) Órgão Julgador S3 — Terceira Seção Data do Julgamento 12 dez. 2007. Data da Publicação/Fonte DJ 1º fev. 2008.

- compartilhamento de arquivos ou softwares ponto a ponto;
- conteúdo armazenado com pasta e diretórios estruturados;
- armazenamento de arquivos remota ou virtualmente;
- *exif* de imagens encontradas.

Figura 13. Exemplo de site incentivador da pornografia juvenil, cujo proprietário foi preso pela DRCT, da Polícia Civil do Pará, na Operação "Lobo Mau". Arquivo pessoal.

Muito importante frisar que, em decisão proferida em Recurso Extraordinário, com repercussão geral, o STF fixou a seguinte tese:

> Compete à Justiça Federal processar e julgar os crimes consistentes em disponibilizar ou adquirir material pornográfico envolvendo criança ou adolescente (arts. 241, 241-A e 241-B da Lei nº 8.069/1990) quando praticados por meio da rede mundial de computadores[254].

---

[254] STF. RE 628624. Rel. Min. Marco Aurélio. Disponível em: <http://www.stf.jus.br/portal/processo/verProcessoAndamento.asp?numero=628624&classe=RE-RG&codigoClasse=0&origem=JUR&recurso=0&tipoJulgamento=M>. Acesso em: 14 jul. 2016.

Conforme o referido julgado do STF, há três requisitos essenciais e cumulativos determinantes para a fixação da competência da Justiça Federal nos casos de publicação de conteúdo de pedofilia infantojuvenil:

- O fato deve ser previsto como crime em tratado ou convenção.
- O Brasil deve ser signatário de compromisso internacional de combate àquela espécie delitiva.
- Existência de uma relação de internacionalidade entre a conduta criminosa praticada e o resultado produzido (ou que deveria ter sido produzido).

Dessa forma, a tese fixada pelo STF se coaduna com a amplitude global do acesso ao site ou perfil no qual as imagens ilícitas são rotineiramente divulgadas, restando configurada, assim, internacionalidade ou a potencialidade do dano.

Ressalte-se que, nos casos em tela, é fundamental que, quando forem praticados em meio eletrônico, seja salvo o conteúdo de comunidade/perfil/site e a URL, uma vez que provam a materialidade delitiva, sem olvidar as providências necessárias para conferir fé pública àquela prova, seja por meio de certidão policial ou ata notarial, por exemplo.

As diligências a serem adotadas pelos órgãos investigativos são as mesmas referidas no item 9.1.1.

9.1.7. Interceptação Telemática Ilegal x Invasão de Dispositivo Informático

9.1.7.1. Noções acerca da Interceptação do Fluxo de Comunicações em Sistemas de Informática e Telemática

A atual Constituição Brasileira, no Art. 5, inciso XII, dispõe que:

> é inviolável o sigilo da correspondência e das comunicações telegráficas, de dados e das comunicações telefônicas, salvo, no último caso, por ordem judicial, nas hipóteses e na forma que a lei estabelecer para fins de investigação criminal ou instrução processual penal.

A Lei nº 9.296/1996 regulamenta a matéria, disciplinando que é cabível a interceptação de comunicações telefônicas e do fluxo de comunicações em sistemas de informática e telemática, de qualquer natureza, para prova em investigação criminal e em instrução processual penal, desde que respeitado o disposto nela, sempre mediante ordem do juiz competente da ação principal, sob segredo de justiça, após requerimento da autoridade policial, na investigação criminal, ou, ainda, do representante do Ministério Público, na investigação criminal e na instrução processual penal.

É importante ressaltar que, por ser medida extrema, só deve ser deferida judicialmente se atender aos requisitos elencados a seguir (Art. 2):

a) Indispensabilidade, ou seja, deve ser o meio mais adequado para a escorreita colheita probatória.
b) Crime apenado com reclusão, logo não cabe a medida cautelar se o fato investigado constitui infração penal punida, no máximo, com detenção.
c) Indícios razoáveis de autoria ou participação em infração penal.

Especificamente quanto à interceptação do fluxo das comunicações telemáticas, suas formas mais usuais ocorrem por meio da "conta espelho" ou "conta clone" e da interceptação de dados pela linha ou IMEI.

É válido reiterar, contudo, a diferenciação entre dados telemáticos e comunicações telemáticas, amplamente aceita na doutrina e nas jurisprudências pátrias.

Dados são os cadastros e os registros de acesso (IP, data, hora e fuso horário) e não possuem proteção constitucional, podendo sua obtenção mediante ordem judicial ocorrer em qualquer caso de crimes ou contravenções, independentemente da pena. Já o conteúdo de conversações em e-mail, *chats*, postagens, etc. configura o objeto da proteção constitucional e só pode ser violado mediante ordem judicial nas hipóteses abrangidas pela Lei nº 9.296/96.

Por ocasião da operacionalização da interceptação telemática por meio da "conta clone" ou "conta espelho", o mandado judicial deve determinar ao provedor de aplicação o desdobramento digital da conta de endereço eletrônico do investigado, sem a possibilidade de editar ou excluir o conteúdo ali existente, sob pena de inutilizar as provas que eventualmente venham a ser colhidas.

Quando o monitoramento for por meio de interceptação de dados pela linha telefônica ou IMEI, é possível monitorar, em tempo real, todo o tráfego de informações respectivas e não apenas de uma ou mais contas de e-mail, devendo a ordem judicial ser dirigida ao provedor de conexão.

É válido destacar que a Resolução do Conselho Nacional de Justiça (CNJ) nº 59, de 09 de setembro de 2008[255], alterada pela Resolução nº 217, de 16 de fevereiro de 2016[256], regulamenta o processamento judicial dos pedidos de interceptações telefônicas e telemáticas.

Conforme o Art. 2, os pedidos de interceptação de comunicação telefônica, telemática ou de informática, formulados em sede de investigação criminal e em instrução processual penal, serão encaminhados à Distribuição da respectiva Comarca ou Subseção Judiciária, em envelope lacrado contendo o pedido e os documentos necessários (não é dada entrada no protocolo).

O Art. 3 disciplina que na parte exterior do envelope em que estiver a medida cautelar sigilosa será colada folha de rosto contendo somente as seguintes informações: "medida cautelar sigilosa"; delegacia de origem ou órgão do Ministério Público; e "comarca de origem da medida", sendo vedada a indicação do nome do requerido, da natureza da medida ou qualquer outra anotação na folha de rosto referida (Art. 4).

Ainda segundo o Art. 5, deverá haver outro envelope menor, também lacrado, contendo em seu interior apenas o número e o ano do procedimento investigatório ou do inquérito policial, o qual deverá ser anexado ao envelope lacrado referido no Art. 3.

Para fins de concessão de prorrogação das interceptações, é necessário que o responsável pela diligência anexe à representação mídia não regravável contendo os áudios com o inteiro teor das comunicações interceptadas; as transcrições integrais das conversas relevantes à apreciação do pedido; e o relatório circunstanciado das investigações com o seu resultado, justificando a necessidade de continuação do monitoramento.

Destaque-se que o prazo para o monitoramento telefônico e telemático é de 15 dias, prorrogáveis por mais 15 dias, sucessivamente sempre por igual prazo, conforme a complexidade das investigações, sendo este o entendimento pacífico do STF e do STJ.

---

[255] Disponível em: <http://www.cnj.jus.br/files/atos_administrativos/resoluo-n59-09-09-2008-presidncia.pdf>. Acesso em: 14 jul. 2016.

[256] Disponível em: <http://www.cnj.jus.br/files/conteudo/arquivo/2016/02/4bf061e8d9d3d77893aad660797f1086.pdf>. Acesso em: 14 jul. 2016.

9.1.7.2. Invasão de Dispositivo Informático

O Código Penal, com as alterações introduzidas pela Lei nº 12.737/2012, conhecida como "Lei Carolina Dieckmann", prevê o crime de invasão de dispositivo informático no Art. 154-A:

> Invadir dispositivo informático alheio, conectado ou não à rede de computadores, mediante violação indevida de mecanismo de segurança e com o fim de obter, adulterar ou destruir dados ou informações sem autorização expressa ou tácita do titular do dispositivo ou instalar vulnerabilidades para obter vantagem ilícita:
>
> Pena — detenção, de 3 (três) meses a 1 (um) ano, e multa.

Observa-se que são vários os requisitos legais para configurar o crime previsto no *caput* do dispositivo:

a) Invadir dispositivo informático alheio, cuja conceituação se adequa à de terminal[257], prevista no Marco Civil da Internet.
b) Conectado ou não à rede de computadores, ou seja, não é necessário que esteja interligado à internet para configurar o delito.
c) Mediante violação indevida de mecanismo de segurança, logo este deve existir, podendo ser considerados como tal as senhas para acesso ao terminal e aos programas e arquivos nele constantes, ou, ainda, os programas de proteção do dispositivo, tais como antivírus. Sem a existência de mecanismo de segurança, ou, ainda, se existente, não houver a violação, não há o crime.
d) Com o fim de obter, adulterar ou destruir dados ou informações, sendo exigido dolo específico.
e) Sem autorização expressa ou tácita do titular do dispositivo, ou seja, o acesso deve ser indevido.
f) Ou instalar vulnerabilidades para obter vantagem ilícita, através de programas maliciosos, espiões, etc.

É importante destacar a previsão do § 1º, Art. 154-A, onde consta que também pratica o delito quem produz, oferece, distribui, vende ou difunde dispositivo ou programa de computador com o intuito de permitir a prática da conduta definida no *caput*, bem como o disposto no § 2º, que prevê o aumento da pena, caso da invasão resulte prejuízo econômico.

---

[257] Computador ou qualquer dispositivo que se conecte à internet.

O presente tipo penal foi amplamente criticado, em razão das ínfimas penas[258], desproporcionais em relação à gravidade dos prejuízos que podem ser ocasionados às vítimas, devido à violação da intimidade e privacidade destas; assim como são diminutas no tocante à conduta do indivíduo, que, já visando a prática de novos crimes, propaga programas maliciosos.

Outra causa de aumento de pena está prevista no § 5º, configurando-se quando o crime for praticado contra autoridades públicas:

- Presidente da República, governadores e prefeitos.
- Presidente do Supremo Tribunal Federal.
- Presidente da Câmara dos Deputados, do Senado Federal, de Assembleia Legislativa de Estado, da Câmara Legislativa do Distrito Federal ou de Câmara Municipal.
- Dirigente máximo da administração direta e indireta federal, estadual, municipal ou do Distrito Federal.

A ação penal é pública condicionada à representação do ofendido, salvo se o crime for cometido contra a administração pública direta ou indireta de qualquer dos Poderes da União, estados, Distrito Federal ou municípios ou contra empresas concessionárias de serviços públicos (Art. 154-B).

O disposto no § 3º traz a qualificadora do tipo, que eleva as penas para reclusão, de seis meses a dois anos, e multa, se a conduta não constituir crime mais grave, caso da invasão resulte a obtenção de conteúdo de comunicações eletrônicas privadas, segredos comerciais ou industriais, informações sigilosas, assim definidas em lei, ou o controle remoto não autorizado do dispositivo invadido. O § 4º é causa de aumento de pena que ocorre se, na hipótese citada, houver divulgação, comercialização ou transmissão a terceiro, a qualquer título, dos dados ou informações obtidos ilegalmente.

Nesse sentido, é importante diferenciar a conduta prevista no Art. 154-A, § 3º, do que dispõe o Art. 10, da Lei nº 9.296/1996, que trata das interceptações telefônicas e telemáticas:

> Constitui crime realizar interceptação de comunicações telefônicas, de informática ou telemática, ou quebrar segredo da Justiça, sem autorização judicial ou com objetivos não autorizados em lei.
>
> Pena: reclusão, de dois a quatro anos, e multa.

---

[258] Detenção, de três meses a um ano, e multa.

Na hipótese do Art. 154-A, § 3º, do CPB, a invasão possibilita a obtenção de conteúdo de comunicações eletrônicas privadas, segredos comerciais ou industriais e informações sigilosas já armazenadas no dispositivo violado, ou seja, não há a captura ilegal do fluxo de comunicação em tempo real, e, ainda que venha a ocorrer a divulgação, comercialização ou transmissão a terceiro, a qualquer título, dos dados ou informações obtidos ilegalmente, vislumbra-se que o conteúdo propalado estava anteriormente estático no terminal da vítima. É o exemplo de um indivíduo que viola o terminal de outrem, coleta mensagem eletrônica de teor íntimo ali constante e a divulga indevidamente.

Já o tipo penal previsto na Lei nº 9.296/1996 pressupõe a captura ilícita do fluxo de comunicações telemáticas, ou seja, das informações que estão sendo recebidas e transmitidas pelo usuário, em tempo real, de forma dinâmica, como ocorre, por exemplo, caso alguém, mediante o uso de programas de *phishing*, capte os dados e as senhas bancárias da vítima no momento em que esta está acessando o *internet banking*.

Ressalte-se que também é considerada crime, no mesmo dispositivo legal, a quebra de segredo da Justiça, sem autorização judicial ou com objetivos não autorizados em lei.

10. Transparência na Exposição do Conteúdo

Os grandes provedores de aplicação de internet fornecem relatórios de transparência sobre como os dados dos usuários estão sendo solicitados, desde informações sobre determinada conta ou conteúdo até pedidos de restrição ou remoção.

10.1. Google

A Google, por exemplo, disponibiliza os dados sobre pedido de remoção de conteúdo por parte de governo, pedidos de informação de usuários e pedidos relacionados a remoção em razão de direitos autorais. Entre as mais variadas solicitações, os produtos de busca na *web*, Blogger e YouTube são os mais demandados e, entre os motivos especificados, difamações alcançam o maior posto.

O Brasil tem demandado bastante à empresa Google, principalmente em relação a pesquisas na web, seja por ordem judicial, seja solicitação direta por parte da polícia[259], sendo que os principais motivos especificados dos pedidos de remoção de conteúdo são difamação, violação à privacidade e segurança e críticas ao governo, estando a seguir dispostas as figuras referentes a dados de 2010 a 2015:

[259] Google. Relatório de Transparência Brasil. Disponível em: <https://www.google.com/transparencyreport/removals/government/BR/>. Acesso em: 14 jul. 2016.

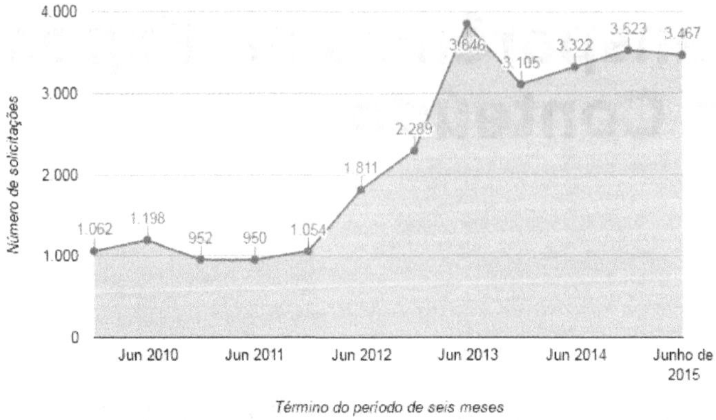

Figura 14. Número de solicitações

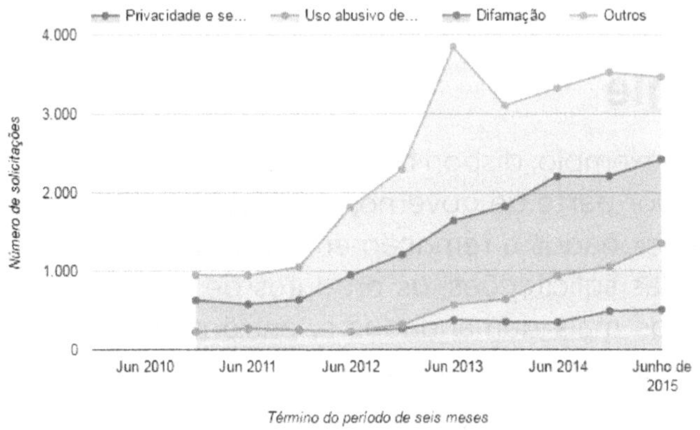

Figura 15. Motivo citados para solicitações

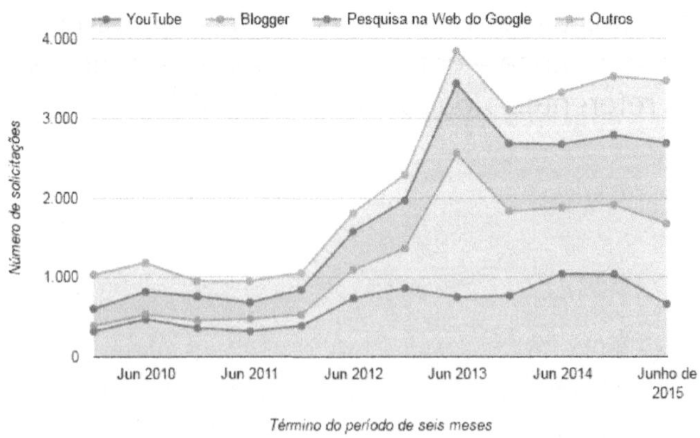

Figura 16. Total de solicitações para cada produto

Figura 17. Total de solicitações de remoção por poder do governo que emitiu uma solicitação

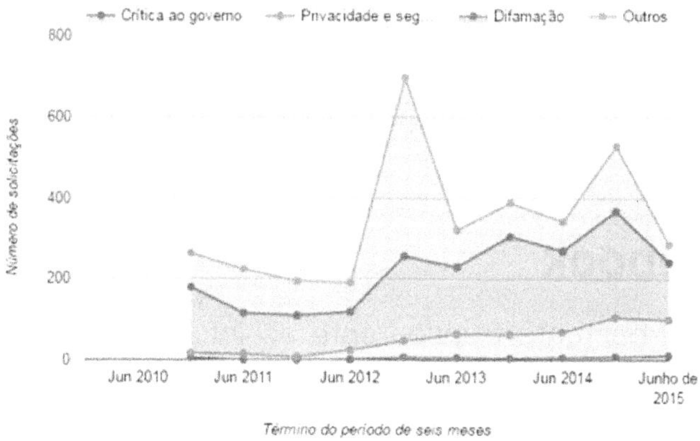

Figura 18. Motivos citados para solicitações

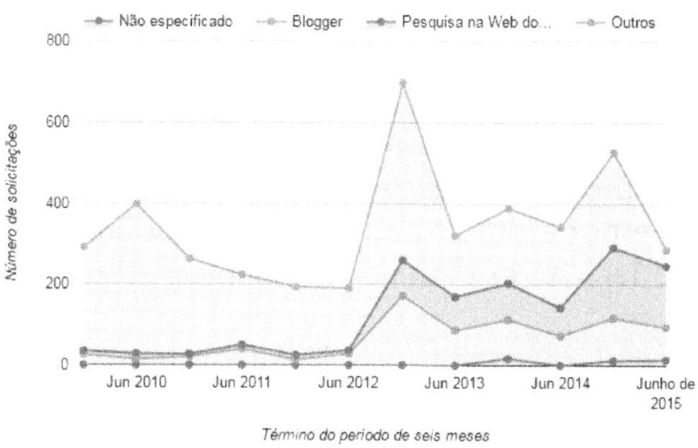

Figura 19. Total de solicitações para cada produto

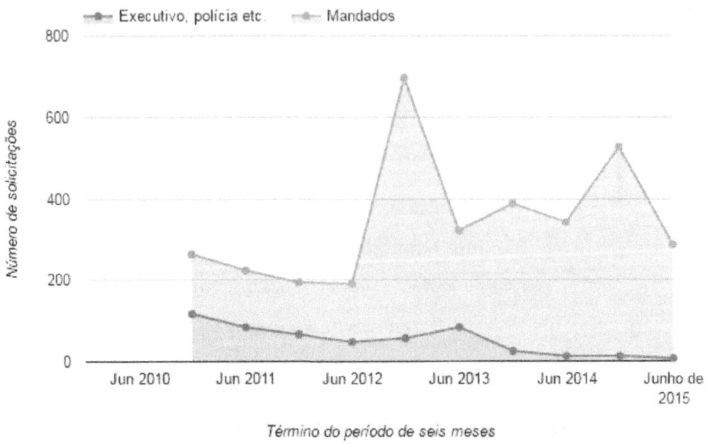

Figura 20. Total de solicitações de remoção por poder do governo que emitiu uma solicitação

Nesta última figura fica clara a influência do Marco Civil da Internet, o qual determina que a remoção de conteúdo seja, em regra, por meio de ordem judicial.

10.2. Facebook

O Facebook é bastante transparente ao informar as solicitações dos governos, demonstrando a natureza e a extensão dos pedidos, com a finalidade de fazer seu usuário entender como são tratadas tais determinações. Detalha as solicitações de governos sobre dados, lista de países solicitantes, número de solicitações e contas especificadas e a quantidade de dados que foram obrigados a repassar em decorrência de lei.

De janeiro a junho de 2014, foram feitas 1.307 solicitações por parte do Brasil relacionadas a 2.269 contas de usuário[260]. Informa ainda as solicitações para restrição de acesso a conteúdo, quando o assunto violar legislação local — por exemplo, tema que verse sobre a negação do holocausto não poderá ser exibido na Alemanha.

[260] Facebook. Solicitações de Dados Feitas por Brasil. Disponível em: <https://govtrequests.facebook.com/country/Brazil/2014-H1/>. Acesso em: 14 jul. 2016.

10.3. Microsoft

A Microsoft publica seu relatório de transparência desde o ano de 2013, sendo os dados divulgados a cada seis meses, sob o argumento de que seus clientes precisam compreender as políticas da empresa e como poderão ser afetados diante dessas solicitações de informações.

Nos seis primeiros meses de 2014, o Brasil solicitou 1.241 pedidos de informação referentes a 1.888 contas de usuários[261].

10.4. Apple

A Apple afirma em sua página[262] que a grande maioria das solicitações vem de autoridades para a localização de equipamentos roubados. No caso de solicitações de contas, afirma que estas requerem a busca do conteúdo do iCloud[263] ou iTunes, como e-mails e fotos.

No caso de a ordem judicial preencher os requisitos, a empresa informa que poderá divulgar ao usuário que suas informações foram solicitadas. Nesse caso, recomenda-se que, no momento da representação visando a solicitação de conteúdo, é de bom termo que a autoridade solicite ao magistrado que no mandado judicial venha expressamente a determinação da empresa não divulgar nenhuma informação do caso a terceiros ou ao investigado.

É importante destacar que outros provedores de internet também disponibilizam os seus relatórios de transparência; entre eles, podem ser citados Dropbox[264], LinkedIn[265], Twitter[266] e Yahoo[267].

---

[261] Microsoft. Microsoft Transparency Hub. Disponível em: <http://www.microsoft.com/about/corporatecitizenship/en-us/reporting/transparency/>. Acesso em: 14 jul. 2016.

[262] Apple. Privacidade. Disponível em: <https://www.apple.com/br/privacy/government-information-requests/>. Acesso em: 14 jul. 2016.

[263] Sistema de armazenamento de arquivos em nuvem desenvolvido pela Apple Inc.

[264] Dropbox. Relatório de Transparência 2015. Disponível em: <https://www.dropbox.com/transparency>. Acesso em: 14 jul. 2016.

[265] LinkedIn. Nosso Relatório de Transparência. Disponível em: <https://www.linkedin.com/legal/transparency>. Acesso em: 14 jul. 2016.

[266] Twitter. Transparency Report. Disponível em: <https://transparency.twitter.com/>. Acesso em: 14 jul. 2016.

[267] Yahoo. Transparency Report: Overview. Disponível em: <https://transparency.yahoo.com/>. Acesso em: 14 jul. 2016.

Referências Bibliográficas

ANATEL. **IPv6 estará disponível para o público a partir de julho de 2015.** 20 mar. 2015. Disponível em: <http://www.anatel.gov.br/Portal/exibirPortalNoticias.do?acao=carregaNoticia&codigo=36710>. Acesso em: 08 jul. 2016.

ASSOLINI, Fabio. **Beaches, Carnivals and Cybercrime:** a look inside the Brazilian underground. Kaspersky Lab, 2016.

BARRETT, David. What is the law on revenge porn? **The Telegraph**, Apr. 13, 2015. Disponível em: <http://www.telegraph.co.uk/news/uknews/law-and-order/11531954/What-is-the-law-on-revenge-porn.html>. Acesso em: 08 jul. 2016.

BARRINGER, Felicity. Internet Makes Dow Jones Open to Suit in Australia. **The New York Times**, Dec. 11, 2002. Disponível em: <http://www.nytimes.com/2002/12/11/technology/11NET.html>. Acesso em: 08 jul. 2016.

BARWINSKI, Luísa. O que é proxy? **Tecmundo**, 17 nov. 2008. Disponível em: <http://www.tecmundo.com.br/navegador/972-o-que-e-proxy-.htm>. Acesso em: 08 jul. 2016.

BRASIL. Acordo nº 24/02 — De Cooperação em Operações Combinadas de Inteligência Policial sobre Terrorismo e Delitos Conexos entre os Estados Partes do MERCOSUL, República da Bolívia e República do Chile. MERCOSUL/RMI/ACTA Nº 02/02 — ANEXO IX. XII REUNIÃO DE MINISTROS DO INTERIOR DO MERCOSUL. Assinado em Salvador-BA, 08 de novembro de 2002.

BRASIL. **Decreto nº 1.320, de 30 de novembro de 1994.** Disponível em: <http://www.planalto.gov.br/ccivil_03/decreto/1990-1994/D1320.htm>. Acesso em: 14 jul. 2016.

BRASIL. **Decreto nº 154, de 26 de junho de 1991.** Disponível em: <http://www.planalto.gov.br/ccivil_03/decreto/1990-1994/D0154.htm>. Acesso em: 08 jul. 2016.

BRASIL. **Decreto nº 3.324, de 30 de dezembro de 1999.** Disponível em: <http://www.planalto.gov.br/ccivil_03/decreto/D3324.htm>. Acesso em: 08 jul. 2016.

BRASIL. **Decreto nº 3.468, de 17 de maio de 2000.** Disponível em: <http://www.planalto.gov.br/ccivil_03/decreto/D3468.htm>. Acesso em: 08 jul. 2016.

BRASIL. **Decreto nº 3.810, de 02 de maio de 2001.** Disponível em: <http://www.planalto.gov.br/ccivil_03/decreto/2001/D3810.htm>. Acesso em: 18 de março de 2016.

BRASIL. **Decreto nº 3.895, de 23 de agosto de 2001.** Disponível em: <http://www.planalto.gov.br/ccivil_03/decreto/2001/D3895.htm>. Acesso em: 08 jul. 2016.

BRASIL. **Decreto nº 3.988, de 29 de outubro de 2001.** Disponível em: <http://www.planalto.gov.br/ccivil_03/decreto/2001/D3988.htm>. Acesso em: 08 jul. 2016.

BRASIL. **Decreto nº 5.015, de 12 de março de 2004.** Disponível em: <http://www.planalto.gov.br/ccivil_03/_ato2004-2006/2004/decreto/d5015.htm>. Acesso em: 08 jul. 2016.

BRASIL. **Decreto nº 5.016, de 12 de março de 2004.** Disponível em: <http://www.planalto.gov.br/ccivil_03/_ato2004-2006/2004/decreto/d5016.htm>. Acesso em: 08 jul. 2016.

BRASIL. **Decreto nº 5.017, de 12 de março de 2004.** Disponível em: <http://www.planalto.gov.br/ccivil_03/_ato2004-2006/2004/decreto/d5017.htm>. Acesso em: 08 jul. 2016.

BRASIL. **Decreto nº 5.721, de 13 de março de 2006.** Disponível em: <http://www.planalto.gov.br/ccivil_03/_Ato2004-2006/2006/Decreto/D5721.htm>. Acesso em: 08 jul. 2016.

BRASIL. **Decreto nº 5.941, de 26 de outubro de 2006.** Disponível em: <http://www.planalto.gov.br/ccivil_03/_Ato2004-2006/2006/Decreto/D5941.htm>. Acesso em: 08 jul. 2016.

BRASIL. **Decreto nº 5.984, de 12 de dezembro de 2006.** Disponível em: <http://www.planalto.gov.br/ccivil_03/_Ato2004-2006/2006/Decreto/D5984.htm>. Acesso em: 08 jul. 2016.

BRASIL. **Decreto nº 6.282, de 03 de dezembro de 2007.** Disponível em: <http://www.planalto.gov.br/ccivil_03/_Ato2007-2010/2007/Decreto/D6282.htm>. Acesso em: 08 jul. 2016.

BRASIL. **Decreto nº 6.340, de 03 de janeiro de 2008.** Disponível em: <http://www.planalto.gov.br/ccivil_03/_Ato2007-2010/2008/Decreto/D6340.htm>. Acesso em: 08 jul. 2016.

BRASIL. **Decreto nº 6.462, de 21 de maio de 2008.** Disponível em: <http://www.planalto.gov.br/ccivil_03/_Ato2007-2010/2008/Decreto/D6462.htm>. Acesso em: 08 jul. 2016.

BRASIL. **Decreto nº 6.681, de 08 de dezembro de 2008.** Disponível em: <http://www.planalto.gov.br/ccivil_03/_ato2007-2010/2008/decreto/d6681.htm>. Acesso em: 08 jul. 2016.

BRASIL. **Decreto nº 6.731, de 12 de janeiro de 2009.** Disponível em: <http://www.planalto.gov.br/ccivil_03/_ato2007-2010/2009/decreto/d6731.htm>. Acesso em: 08 jul. 2016.

BRASIL. **Decreto nº 6.832, de 29 de abril de 2009.** Disponível em: <http://www.planalto.gov.br/ccivil_03/_Ato2007-2010/2009/Decreto/D6832.htm>. Acesso em: 08 jul. 2016.

BRASIL. **Decreto nº 6.974, de 07 de outubro de 2009.** Disponível em: <http://www.planalto.gov.br/ccivil_03/_Ato2007-2010/2009/Decreto/D6974.htm>. Acesso em: 08 jul. 2016.

BRASIL. **Decreto nº 7.582, de 13 de outubro de 2011.** Disponível em: <http://www.planalto.gov.br/ccivil_03/_Ato2011-2014/2011/Decreto/D7582.htm>. Acesso em: 08 jul. 2016.

BRASIL. **Decreto nº 7.595, de 1º de novembro de 2011.** Disponível em: <http://www.planalto.gov.br/ccivil_03/_Ato2011-2014/2011/Decreto/D7595.htm>. Acesso em: 08 jul. 2016.

BRASIL. **Decreto nº 7.596, de 1º de Novembro de 2011.** Disponível em: <http://www.planalto.gov.br/ccivil_03/_Ato2011-2014/2011/Decreto/D7596.htm>. Acesso em: 08 jul. 2016.

BRASIL. **Decreto nº 8.046, de 11 de julho de 2013.** Disponível em: <http://www.planalto.gov.br/ccivil_03/_Ato2011-2014/2013/Decreto/D8046.htm>. Acesso em: 08 jul. 2016.

BRASIL. **Decreto nº 8.047, de 11 de julho de 2013**. Disponível em: <http://www.planalto.gov.br/ccivil_03/_Ato2011-2014/2013/Decreto/D8047.htm>. Acesso em: 08 jul. 2016.

BRASIL. **Decreto nº 8.048, de 11 de julho de 2013.** Disponível em: <http://www.planalto.gov.br/ccivil_03/_Ato2011-2014/2013/Decreto/D8048.htm>. Acesso em: 08 jul. 2016.

BRASIL. **Decreto nº 8.360, de 17 de novembro de 2014.** Disponível em: <https://www.planalto.gov.br/ccivil_03/_ato2011-2014/2014/decreto/d8360.htm>. Acesso em: 08 jul. 2016.

BRASIL. **Decreto nº 8.410, de 24 de fevereiro de 2015.** Disponível em: <https://www.planalto.gov.br/ccivil_03/_ato2015-2018/2015/decreto/d8410.htm>. Acesso em: 08 jul. 2016.

BRASIL. **Decreto nº 8.771, de 11 de maio de 2016.** Disponível em: <http://www.planalto.gov.br/ccivil_03/_Ato2015-2018/2016/Decreto/D8771.htm>. Acesso em: 12 set. 2016.

BRASIL. **Decreto nº 862, de 09 de julho de 1993.** Disponível em: <http://www.planalto.gov.br/ccivil_03/decreto/1990-1994/D0862.htm>. Acesso em: 08 jul. 2016.

BRASIL. **Decreto-Lei nº 2.848, de 07 de dezembro de 1940.** Disponível em: <http://www.planalto.gov.br/ccivil_03/decreto-lei/Del2848.htm>. Acesso em: 08 jul. 2016.

BRASIL. **Decreto-Lei nº 3.689, de 03 de outubro de 1941.** Disponível em: <http://www.planalto.gov.br/ccivil_03/Decreto-Lei/Del3689.htm>. Acesso em: 08 jul. 2016.

BRASIL. **Lei nº 10.406, de 10 de janeiro de 2002.** Disponível em: <http://www.planalto.gov.br/ccivil_03/leis/2002/L10406.htm>. Acesso em: 08 jul. 2016.

BRASIL. **Lei nº 12.683, de 09 de julho de 2012.** Disponível em: <http://www.planalto.gov.br/ccivil_03/_ato2011-2014/2012/lei/l12683.htm>. Acesso em: 08 jul. 2016.

BRASIL. **Lei nº 12.735, de 30 de novembro de 2012.** Disponível em: <http://www.planalto.gov.br/ccivil_03/_Ato2011-2014/2012/Lei/L12735.htm>. Acesso em: 08 jul. 2016.

BRASIL. **Lei nº 12.737, de 30 de novembro de 2012.** Disponível em: <http://www.planalto.gov.br/ccivil_03/_ato2011-2014/2012/lei/l12737.htm>. Acesso em: 08 jul. 2016.

BRASIL. **Lei nº 12.850, de 02 de agosto de 2013.** Disponível em: <http://www.planalto.gov.br/ccivil_03/_ato2011-2014/2013/lei/l12850.htm>. Acesso em: 08 jul. 2016.

BRASIL. **Lei nº 12.965, de 23 de abril de 2014.** Disponível em: <http://www.planalto.gov.br/ccivil_03/_ato2011-2014/2014/lei/l12965.htm>. Acesso em: 08 jul. 2016.

BRASIL. **Lei nº 13.105, de 16 de março de 2015.** Disponível em: <http://www.planalto.gov.br/ccivil_03/_Ato2015-2018/2015/Lei/L13105.htm>. Acesso em: 08 jul. 2016.

BRASIL. **Lei nº 5.869, de 11 de janeiro de 1973.** Disponível em: <http://www.planalto.gov.br/ccivil_03/leis/L5869.htm>. Acesso em: 08 jul. 2016.

BRASIL. **Lei nº 9.296, de 24 de julho de 1996.** Disponível em: <http://www.planalto.gov.br/ccivil_03/leis/L9296.htm>. Acesso em: 08 jul. 2016.

BRASIL. **Lei nº 9.504, de 30 de setembro de 1997.** Disponível em: <http://www.planalto.gov.br/ccivil_03/leis/L9504.htm>. Acesso em: 08 jul. 2016.

BRASIL. **Lei nº 9.613, de 03 de março de 1998.** Disponível em: <http://www.planalto.gov.br/ccivil_03/leis/l9613.htm>. Acesso em: 08 jul. 2016.

BRASIL. **Portaria nº 2.877, de 30 de dezembro de 2011.** Disponível em: <http://www.justica.gov.br/Acesso/anexos-institucional/ri-departamento-de-policia-federal-dpf.pdf. Acesso em: 08 jul. 2016.

CÂMARA DOS DEPUTADOS. **E-democracia.** Disponível em: <http://edemocracia.camara.gov.br/>. Acesso em: 08 jul. 2016.

CÂMARA DOS DEPUTADOS. **Projeto de Lei nº 5012/2013.** Disponível em: <http://www.camara.gov.br/proposicoesWeb/fichadetramitacao?idProposicao=565402>. Acesso em: 08 jul. 2016.

CÂMARA DOS DEPUTADOS. **Projeto de Lei nº 5822/2013.** Disponível em: <http://www.camara.gov.br/proposicoesWeb/fichadetramitacao?idProposicao=581988>. Acesso em: 08 jul. 2016.

CERT. **Cartilha de Segurança para Internet.** Disponível em: <http://cartilha.cert.br/>. Acesso em: 08 jul. 2016.

CONVENÇÃO SOBRE O CIBERCRIME. Budapeste, 23 nov. 2001. Disponível em: <https://www.coe.int/t/dghl/cooperation/economiccrime/Source/Cybercrime/TCY/ETS_185_Portugese.pdf>. Acesso em: 08 jul. 2016.

CORREGEDORIA NACIONAL DE JUSTIÇA. **Instrução Normativa nº 01, de 10 de fevereiro de 2010.** Disponível em: <http://www.cnj.jus.br/atos?documento=208>. Acesso em: 08 jul. 2016.

CORREIO BRAZILIENSE. **Mais da metade dos brasileiros envia e recebe conteúdos íntimos no celular.** 04 set. 2014. Disponível em: <http://www.correiobraziliense.com.br/app/noticia/tecnologia/2014/09/04/interna_tecnologia,445547/mais-da-metade-dos-brasileiros-envia-e-recebe-conteudos-intimos-no-celular.shtml>. Acesso em: 08 jul. 2016.

COSTA, Aldo de Campos. Facebook, esse desobediente. **Jota**, 19 dez. 2015. Disponível em: <http://jota.info/facebook-esse-desobediente>. Acesso em: 08 jul. 2016.

CULTURA DIGITAL. **Marco Civil da Internet:** seus direitos e deveres em discussão. Disponível em: <http://culturadigital.br/marcocivil/>. Acesso em: 08 jul. 2016.

DIDIER Jr., Fredie. **Curso de Direito Processual Civil:** introdução ao direito processual civil e processo de conhecimento. 13. ed. Vol. 1. Salvador: JusPodivm, 2011, p. 158.

DIDIER Jr., Fredie; BRAGA, Paula Sarno; OLIVEIRA, Rafael Alexandria de. **Curso de Direito Processual Civil:** teoria da prova, direito probatório, ações probatórias, decisão, precedente, coisa julgada e antecipação dos efeitos da tutela. 10. ed. Vol. 2. Salvador: JusPodivm, 2015, p. 214.

ÉPOCA NEGÓCIOS. **Japão aprova lei para punir "vingança pornô".** 19 nov. 2014. Disponível em: <http://epocanegocios.globo.com/Informacao/Acao/noticia/2014/11/japao-aprova-lei-para-punir-vinganca-porno.html>. Acesso em: 08 jul. 2016.

EUROPEAN COMMISSION. Mergers: commission approves acquisition of WhatsApp by Facebook. **Press Release Database**, Brussels, 03 Oct. 2014. Disponível em: <http://europa.eu/rapid/press-release_IP-14-1088_en.htm>. Acesso em: 08 jul. 2016.

FACEBOOK. As Empresas do Facebook. **Central de Ajuda**, 2016. Disponível em: <https://www.facebook.com/help/111814505650678>. Acesso em: 08 jul. 2016.

FACEBOOK. **Denunciar um infrator sexual condenado.** Disponível em: <https://pt-br.facebook.com/help/contact/207005222725325>. Acesso em: 08 jul. 2016.

FACEBOOK. **Denunciar uma conta impostora.** Disponível em: <https://pt-br.facebook.com/help/contact/169486816475808>. Acesso em: 08 jul. 2016.

FACEBOOK. **Denunciar uma criança com menos de 13 anos.** Disponível em: <https://pt-br.facebook.com/help/contact/209046679279097>. Acesso em: 08 jul. 2016.

FACEBOOK. **Denunciar uma violação ou infração de seus direitos.** Disponível em: <https://pt-br.facebook.com/help/contact/208282075858952>. Acesso em: 08 jul. 2016.

FACEBOOK. **Padrões da Comunidade.** Disponível em: <https://pt-br.facebook.com/communitystandards>. Acesso em: 08 jul. 2016.

FACEBOOK. **Política de dados.** Última versão: 30 jan. 2015. Disponível em: <https://pt-br.facebook.com/about/privacy>. Acesso em: 08 jul. 2016.

FACEBOOK. **Solicitação especial para a conta da pessoa falecida.** Disponível em: <https://pt-br.facebook.com/help/contact/228813257197480>. Acesso em: 08 jul. 2016.

FACEBOOK. **Solicitações on-line para autoridades públicas.** Disponível em: <https://www.facebook.com/records/x/login/>. Acesso em: 08 jul. 2016.

FAGUNDEZ, Ingrid; SENRA, Ricardo. Executivo do Facebook é libertado em SP. **BBC Brasil**, 02 mar. 2016. Disponível em: <http://www.bbc.com/portuguese/noticias/2016/03/160225_prisao_facebook_sp_if>. Acesso em: 08 jul. 2016.

FEDERAL TRADE COMMISSION. **Fair Credit Reporting Act.** Disponível em: <https://www.ftc.gov/enforcement/rules/rulemaking-regulatory-reform-proceedings/fair-credit-reporting-act>. Acesso em: 08 jul. 2016.

FEDERAL TRADE COMMISSION. **Website Operator Banned from the 'Revenge Porn' Business After FTC Charges He Unfairly Posted Nude Photos.** Jan. 29, 2015. Disponível em: <http://www.ftc.gov/news-events/press-releases/2015/01/website-operator-banned-revenge-porn-business-after-ftc-charges>. Acesso em: 08 jul. 2016.

FIORILLO, Celso Antonio Pacheco; CONTE, Christiany Pegorari. **Crimes no Meio Ambiente Digital.** São Paulo: Saraiva, 2013.

FOLHA DE SÃO PAULO. **Leia a Íntegra do discurso de Dilma na Assembleia-Geral da ONU.** 24 set. 2013. Disponível em: <http://www1.folha.uol.com.br/mundo/2013/09/1346617-leia-a-integra-do-discurso-de-dilma-na-assembleia-geral-da-onu.shtml>. Acesso em: 08 jul. 2016.

GLENNY, Misha. **McMáfia:** o crime organizado sem fronteiras. Porto: Civilização Editora, 2008.

GOOGLE. **Denunciar abuso e atividade ilegal.** Disponível em: <https://support.google.com/sites/answer/116262?hl=pt-BR>. Acesso em: 08 jul. 2016.

HUMANIZA REDES. **Crimes contra os Direitos Humanos na Internet? Denuncie!** Disponível em: <http://www.humanizaredes.gov.br/disque100/>. Acesso em: 08 jul. 2016.

INTERNET ENGINEERING TASK FORCE. **Guidelines for creation, selection, and registration of an Autonomous System (AS).** Disponível em: <http://www.ietf.org/rfc/rfc1930.txt>. Acesso em: 08 jul. 2016.

INTERNET WORLD STATS. **Internet Usage and Population in South America.** Disponível em: <http://www.internetworldstats.com/stats15.htm>. Acesso em: 08 jul. 2016.

JUSTIÇA FEDERAL. Seção Judiciária do Distrito Federal. Habeas Corpus N° 36-71.2014.4.01.3400. Juiz Federal Substituto Antônio Felipe de Amorim Cadete. Julgado em 13 de janeiro de 2014. Disponível em: <http://processual.trf1.jus.br/consultaProcessual/processo.php?proc=367120144013400&secao=DF&pg=1&enviar=Pesquisar>. Acesso em: 18 dez. 2015.

LEMOS, Ronaldo. O Marco Civil Como Símbolo do Desejo por Inovação no Brasil. *In*: LEITE, George Salomão; LEMOS, Ronaldo. **Marco Civil da Internet**. Parte 1. São Paulo: Atlas, 2014, p. 3-11.

LEONARDI, Marcel. **Responsabilidade Civil dos Provedores de Internet**. São Paulo: Editora Juarez de Oliveira, 2005, p. 48.

LIMA, Paulo Ferreira. **Crimes de Computador e Segurança Computacional**. Campinas: Millenium, 2006, p. 31.

LOUREIRO, Rodrigo. FBI consegue hackear iPhone de terrorista e encerra disputa com a Apple. **Olhar Digital**, 28 mar. 2016. Disponível em: <http://olhardigital.uol.com.br/noticia/fbi-consegue-desbloquear-iphone-de-san-bernardino-e-poe-fim-a-briga-com-a-apple/56653>. Acesso em: 08 jul. 2016.

MARTINDALE, Jon. Australian states outlaws revenge porn. **KitGuru**, Dec. 12, 2013. Disponível em: <http://www.kitguru.net/channel/jon-martindale/australian-state-outlaws-revenge-porn/>. Acesso em: 08 jul. 2016.

MERCOSUL. CMC/DEC nº 17/00. Disponível em: <http://www.mercosur.int/innovaportal/v/3192/3/innova.front/decis%C3%B5es-2000>. Acesso em: 10 jan. 2016.

MERCOSUL. RMI/ACORDO nº 03/07. Disponível em: <http://portal.mj.gov.br/mercosul/services/DocumentManagement/FileDownload.EZTSvc.asp?DocumentID={BF6BC795-44BC-4EB9-BD65-A7994CF344F6}&ServiceInstUID={D4906592-A493-4930-B247-738AF43D4931}>. Acesso em: 08 jul. 2016.

MERCOSUL. RMI/ACORDO nº 09/04. Disponível em: <http://portal.mj.gov.br/mercosul/services/DocumentManagement/FileDownload.EZTSvc.asp?DocumentID={5E77A8B1-DD43-49E4-935F-4ED7C8F4E78E}&ServiceInstUID={D4906592-A493-4930-B247-738AF43D4931}>. Acesso em: 08 jul. 2016.

MINISTÉRIO PÚBLICO FEDERAL. Recomendação nº 47/2008. Disponível em: <http://www.prsp.mpf.mp.br/prdc/sala-de-imprensa/pdfs-das-noticias/20-06-08%20-%20MPF%20recomenda%20que%20Net%20armazene%20os%20logs%20de%20acesso%20por%20pelo%20menos%202%20anos.pdf>. Acesso em: 18 jul. 2016.

MOREIRA, Fernando. Vítima de 'pornografia de vingança' decide expor nudez na internet. **Page Not Found**, 12 jan. 2015. Disponível em: <http://oglobo.globo.com/blogs/pagenotfound/posts/2015/01/12/vitima-de-pornografia-de-vinganca-decide-expor-nudez-na-internet-558519.asp>. Acesso em: 14 jul. 2016.

NORTON. **O que é crime cibernético?** Disponível em: <http://br.norton.com/cybercrime-definition>. Acesso em: 08 jul. 2016.

OLIVEIRA, Carlos Eduardo Elias de. Aspectos Principais da Lei nº 12.695, de 2014, o Marco Civil da Internet: subsídios à comunidade jurídica. **Textos para Discussão**, n. 148, abr. 2014, p. 13. Núcleo de Estudos e Pesquisas da Consultoria Legislativa, Senado Federal.

OLTERMANN, Philip. 'Revenge porn' victims receive boost from German court ruling. **The Guardian**, 22 May 2014. Disponível em: <https://www.theguardian.com/technology/2014/may/22/revenge-porn-victims-boost-german-court-ruling>. Acesso em: 08 jul. 2016.

PAESANI, Liliana Minardi. O papel do direito contra o crime cibernético. *In*: **Âmbito Jurídico**, Rio Grande, XIII, n. 79, ago. 2010. Disponível em: <http://www.ambitojuridico.com.br/site/index.php?n_link=revista_artigos_leitura&artigo_id=7972>. Acesso em: 08 jul. 2016.

PORTUGAL. **Lei do Cibercrime.** Disponível em: <http://www.pgdlisboa.pt/leis/lei_print_articulado.php?tabela=leis&artigo_id=&nid=1137&nversao=&tabela=leis>. Acesso em: 08 jul. 2016.

PROCURADORIA GERAL DA REPÚBLICA. **Portaria PGR /MPF nº 412, de 05 de julho de 2003.** Disponível em: <http://cidadao.mpf.mp.br/imagens/port_pgr_412_2013.pdf>. Acesso em: 08 jul. 2016.

RAIOL, Ivanilson Paulo Corrêa. **Ultrapassando Fronteiras:** a proteção jurídica dos refugiados ambientais. Porto Alegre: Núria Fabris, 2010.

ROSSINI, Augusto Eduardo de Souza. **Informática, Telemática e Direito Penal.** São Paulo: Imprenta, 2004.

SANTINO, Renato. O que é a disputa entre Apple e FBI e como ela afeta a sua vida? **Olhar Digital**, 19 fev. 16. Disponível em: <http://olhardigital.uol.com.br/noticia/o-que-e-a-disputa-entre-apple-e-fbi-e-como-ela-afeta-a-sua-vida/55294>. Acesso em: 08 jul. 2016.

SANTINO, Renato. WhatsApp explica por que não entrega os dados que a polícia brasileira pede. **Olhar Digital**, 07 mar. 16. Disponível em: <http://olhardigital.uol.com.br/noticia/whatsapp-explica-por-que-nao-entrega-os-dados-que-a-policia-brasileira-pede/55829>. Acesso em: 08 jul. 2016.

SECURITIES AND EXCHANGE COMMISSION. **Form 8-K.** Disponível em: <http://www.sec.gov/Archives/edgar/data/1326801/000132680114000037/fb_8-kxclosingxofxwhatsapp.htm>. Acesso em: 08 jul. 2016.

SERASA EXPERIAN. **Maio registra 161.102 tentativas de fraude contra o consumidor.** 03 jul. 2015. Disponível em: <http://noticias.serasaexperian.com.br/maio-registra-161-102-tentativas-de-fraude-contra-o-consumidor-revela-indicador-serasa-experian/>. Acesso em: 08 jul. 2016.

SILVEIRA, Beatriz de Oliveira da. **A Violência na Prática de Crimes no Ciberespaço.** Dissertação (Mestrado) — Curso de Defesa Social e Mediação de Conflitos, Instituto de Filosofia e Ciências Humanas, Universidade Federal do Pará, Belém, 2015. 41 f.

STOCO, Rui. Tratado de Responsabilidade Civil. 6. ed. São Paulo: RT, 2004, p. 901.

SUPERIOR TRIBUNAL DE JUSTIÇA. Agravo Regimental no Recurso Especial: AgRg no REsp nº 1.402.104-RJ 2012/0154715-6.

SUPERIOR TRIBUNAL DE JUSTIÇA. Agravo Regimental no Recurso Especial: AgRg no REsp nº 1.384.340-DF (2013/0152794-0), Rel. Min. Paulo de Tarso Sanseverino.

SUPERIOR TRIBUNAL DE JUSTIÇA. Conflito de Competência nº 106625-DF. Rel. Min. Arnaldo Esteves Lima.

SUPERIOR TRIBUNAL DE JUSTIÇA. Conflito de Competência nº 107938. Rel. Min. Jorge Mussi.

SUPERIOR TRIBUNAL DE JUSTIÇA. Conflito de Competência nº 125125-SP 2012/0214861-1. Rel. Min. Alderita Ramos de Oliveira (Desembargadora convocada do TJ-PE).

SUPERIOR TRIBUNAL DE JUSTIÇA. Conflito de Competência nº 132346-RS. Rel. Min. Rogerio Schietti Cruz.

SUPERIOR TRIBUNAL DE JUSTIÇA. Conflito de Competência nº 2.104-ES. Rel. Min. Edson Vidigal.

SUPERIOR TRIBUNAL DE JUSTIÇA. Conflito de Competência nº 2000/0057047-8 Relator(a) Min. Maria Thereza de Assis Moura (1131).

SUPERIOR TRIBUNAL DE JUSTIÇA. REsp nº 1.192.208 MG 2010/0079120-5. Rel. Min. Nancy Andrighi.

SUPERIOR TRIBUNAL DE JUSTIÇA. REsp nº 1.193.764-SP, Rel. Min. Nancy Andrighi, Terceira Turma.

SUPERIOR TRIBUNAL DE JUSTIÇA. REsp nº 1.306.157-SP. Rel. Min. Luis Felipe Salomão. Publicada em 24 mar. 2014.

SUPERIOR TRIBUNAL DE JUSTIÇA. REsp nº 1.308.830-RS, Rel. Min. Nancy Andrighi, Terceira Turma, julgado em 08 maio 2012.

SUPERIOR TRIBUNAL DE JUSTIÇA. REsp nº 1.352.053-AL. Rel. Min. Paulo de Tarso Sanseverino.

SUPERIOR TRIBUNAL DE JUSTIÇA. REsp nº 1.398.985. MG, Relatora Min. Nancy Andrighi, julgado em 19 jan. 2013, DJe 26 jan. 2013.

SUPERIOR TRIBUNAL DE JUSTIÇA. REsp nº 63.981-SP. Relator para o Acórdão. Min. Sálvio de Figueredo Teixeira. 11 abr. 2000.

SUPERIOR TRIBUNAL DE JUSTIÇA. REsp nº 879.181-MA, Rel. Min. Sidnei Beneti, Terceira Turma, julgado em 08 jun. 2010, DJe 1º jul. 2010.

SUPERIOR TRIBUNAL DE JUSTIÇA. Resp. nº 1.168.547-RJ. Relator Min. Luis Felipe Salomão.

SUPERIOR TRIBUNAL DE JUSTIÇA. Trecho do voto do AgRg no Agravo em Recurso Especial nº 495.503-RS (2014/0070834-0). Rel. Min. Marco Buzzi.

SUPERIOR TRIBUNAL MILITAR. MS nº 41-52.2015.7.00.0000-RS. Rel. Min. Marcos Vinicius Oliveira dos Santos. Julgado em 14 maio 2015.

SUPREMO TRIBUNAL FEDERAL. HC nº 76689-PB. Rel. Min. Sepúlveda Pertence. Julgado em 22 set. 1998.

SYDOW, Spencer Toth. **Crimes Informáticos e Suas Vítimas**. São Paulo: Saraiva, 2013, p. 141.

TEIXEIRA, Ellyo. Aplicativo contra 'revenge porn' registra 1.200 downloads em 24 horas. **G1 Piauí TV Clube**, 09 mar. 2016. Disponível em: <http://g1.globo.com/pi/piaui/noticia/2016/03/aplicativo-contra-revenge-porn-registra-1200-downloads-em-24-horas.html>. Acesso em: 20 mar. 2016.

TRIBUNAL DE JUSTIÇA DE GOIÁS. Comarca de Goiânia. Processo nº 357751-62.2015.8.09.0051. Juiz Willian Fabian. Julgado em 25 jun. 2015.

TRIBUNAL DE JUSTIÇA DE MINAS GERAIS. Acórdão que manteve o deferimento do pedido liminar para a retirada de imagens íntimas do banco de dados do serviço WhatsApp. Agravo de instrumento nº 1.0148.14.0030.20-3/001. Facebook Serviços Online do Brasil Ltda. e Priscilia de Oliveira Viana. Relator: Desembargador Amorim Siqueira. 30 abr. 2015.

TRIBUNAL DE JUSTIÇA DE MINAS GERAIS. APR nº 10480110105404001 MG. Rel. Agostinho Gomes de Azevedo. Julgado em 28 ago. 2015.

TRIBUNAL DE JUSTIÇA DE PERNAMBUCO. Processo nº.1136442-4, Acórdão nº 37747. Data de publicação: 30 jul. 2014. Órgão Julgador: 2ª Câmara Criminal. Data de julgamento: 10 jul. 2014.

TRIBUNAL DE JUSTIÇA DE SÃO PAULO. Acórdão de decisão que determinou ao Facebook a obrigatoriedade do armazenamento de informações do WhatsApp. Agravo de instrumento nº 2114774-24.2014.8.26.0000. Facebook Serviços Online do Brasil Ltda. e Stephanie Serrano Costa Ramos. Relator: Desembargador Salles Rossi. 1º set. 2014.

TRIBUNAL DE JUSTIÇA DE SÃO PAULO. Agravo de Instrumento nº 2150710-76.2015.8.26.0000. Rel. Alexandre Marcondes. São Paulo, 31 ago. 2015.

TRIBUNAL DE JUSTIÇA DE SÃO PAULO. Apelação Cível nº 0000592-84.2014.8.19.0087, 24ª Câmara Cível Apelante: Maria Vilma Rosa da Silva. Apelado: Sky Brasil Serviços Ltda. Relator: Des. Sérgio Seabra Varella.

TRIBUNAL DE JUSTIÇA DE SÃO PAULO. Apelação Cível nº 0002565-91.1997.8.26.0405. Rel. Des. Francisco Loureiro. São Paulo, 21 jun. 2011.

TRIBUNAL DE JUSTIÇA DE SÃO PAULO. Mandado de Segurança nº 2271462-77.2015.8.26.0000. Relator: Xavier de Souza. Órgão julgador: 11ª Câmara de Direito Criminal.

TRIBUNAL DE JUSTIÇA DE SÃO PAULO. Terceira Câmara de Direito Privado. Comarca: Araraquara. Apelação nº 0018308-22.2013.8.26.0037. Juiz sentenciante: Fernando de Oliveira Mello. Voto nº 3759. Disponível em: <http://esaj.tjsp.jus.br/cjsg/getArquivo.do?cdAcordao=8030428&cdForo=0&vlCaptcha=HCshM>. Acesso em: 08 jul. 2016.

TRIBUNAL DE JUSTIÇA DO DISTRITO FEDERAL E TERRITÓRIOS. ACJ — Apelação Cível do Juizado Especial. Rel. nº 20141110005018ACJ. Rel. Luís Gustavo B. de Oliveira. Julgado em 27 jan. 2015.

TRIBUNAL DE JUSTIÇA DO DISTRITO FEDERAL E TERRITÓRIOS. Apelação Cível do Juizado Especial ACJ 20140610112806. Rel. Robson Barbosa de Azevedo. Julgado em 09 jun. 2015.

TRIBUNAL DE JUSTIÇA DO DISTRITO FEDERAL E TERRITÓRIOS. APR nº 452174820108070001 DF 0045217-48.2010.807.0001. Rel. Silvanio Barbosa dos Santos. Julgado em 26 maio 2011.

TRIBUNAL DE JUSTIÇA DO PIAUÍ. MS nº 2015.0001.001592-4. Relator: Des. Raimundo Nonato da Costa Alencar. Julgado em 26 fev. 2015.

TRIBUNAL DE JUSTIÇA DO RIO GRANDE DO SUL. Acórdão de decisão que decidiu pela exclusão do perfil e das fotografias íntimas pela adolescente por meio do Facebook e do WhatsApp. Agravo de instrumento nº 7006431157. Relator: Rel. Des. Luiz Felipe Brasil Santos. 02 de jul. 2015.

TRIBUNAL DE JUSTIÇA DO RIO GRANDE DO SUL. CJ nº 70054543715 RS. Rel. Aristides Pedroso de Albuquerque Neto. Julgado em 20 jun. 2013.

TRIBUNAL DE JUSTIÇA DO RIO GRANDE DO SUL. Recurso Cível nº 71003022951. Terceira Turma Recursal. Reparação de Danos. Rel. Des. Carlos Eduardo Richinitti.

TRIBUNAL DE JUSTIÇA DO RIO GRANDE DO SUL. Recurso Cível nº 71004591897. Primeira Turma Recursal Cível, Turmas Recursais. Relator: Roberto José Ludwig. Julgado em 28 out. 2013.

TRIBUNAL REGIONAL ELEITORAL-PI. Representação nº 1183-11.2014, Rel. Dr. Antonio Lopes de Oliveira.

TRIBUNAL REGIONAL ELEITORAL-SC. Ação Cautelar nº 86-37.2012.6.24.0013. Juiz da 13ª Zona Eleitoral Dr. Luiz Felipe Schuch. 11 ago. 2012.

TRIBUNAL REGIONAL ELEITORAL-SP. CJ nº 14819 SP. Rel. Luiz Guilherme da Costa Wagner Junior. Julgado em 12 nov. 2013.

TRIBUNAL REGIONAL ELEITORAL-TO. Representação nº 607-66.2014.6.27.0000, Rel. Denise Dias Dutra Drumond.

TRIBUNAL REGIONAL FEDERAL DA 1ª REGIÃO. Apelação Cível nº 4022620034013100. Rel. Juiz Federal Evaldo de Oliveira Fernandes. Publicada em 23 maio 2014.

TRIBUNAL REGIONAL FEDERAL DA 2ª REGIÃO. ACR — Apelação Criminal APR nº 201050010083067. Rel. Des. Fed. Messod Azulay Neto. Julgado em 12 mar. 2013.

TRIBUNAL SUPERIOR ELEITORAL. Agravo Regimental em Ação Cautelar AgR-AC 138443 DF (TSE). Data de publicação: 17 ago. 2010.

TRIBUNAL SUPERIOR ELEITORAL. Resolução nº 23.370. Instrução nº 1162-41.2011.6.00.0000 — Classe 19 — Brasília — Distrito Federal. Dispõe sobre a propaganda eleitoral e as condutas ilícitas em campanha eleitoral nas eleições 2012. Disponível em: <http://www.justicaeleitoral.jus.br/arquivos/tse-resolucao-tse-no-23-370-eleicoes-2012>. Acesso em: 08 jul. 2016.

TWITTER. **Política de Privacidade Twitter.** Em vigor desde 27 jan. 2016. Disponível em: <https://twitter.com/privacy?lang=pt>. Acesso em: 08 jul. 2016.

UNIVERSIDADE FEDERAL DO PARÁ. **História da Informática e da Internet:** 1990-1999. Disponível em: <http://www.ufpa.br/dicas/net1/int-h199.htm>. Acesso em: 08 jul. 2016.

WECHAT. **Privacy Policy.** Última modificação em 13 nov. 2015. Disponível em: <http://www.wechat.com/pt/privacy_policy.html>. Acesso em: 08 jul. 2016.

WECHAT. **WeChat — Law Enforcement Data Request Guidelines.** Última modificação em 08 out. 2013. Disponível em: <http://www.wechat.com/pt/law_enforcement_data_request.html>. Acesso em: 08 jul. 2016.

WHATSAPP. **Informação Legal do WhatsApp.** Última modificação em 07 jul. 2012. Disponível em: <https://www.whatsapp.com/legal/#terms-of-service>. Acesso em: 08 jul. 2016.

XNAVIGATION. **HTTrack Website Copier 3.48-2.** Disponível em: <http://www.xnavigation.com.br/view/614/httrack/website/copier/download.html>. Acesso em: 08 jul. 2016.

YAAKOV, Yifa. Israeli law makes revenge porn a sex crime. **The Times of Israel**, Jan. 6, 2014. Disponível em: <http://www.timesofisrael.com/israeli-law-labels-revenge-porn-a-sex-crime/>. Acesso em: 08 jul. 2016.